FILLE DE LA CAMPAGNE

Née dans un petit village catholique en Irlande, Edna O'Brien grandit dans une ferme isolée entre une mère sévère et un père alcoolique. Après le pensionnat, elle part à Dublin pour suivre des études en pharmacie. En 1952 elle épouse l'écrivain juif d'origine tchèque Ernest Gébler, et s'installe à Londres. Ses débuts littéraires datent de 1960, année de la parution du premier volet de la trilogie qui la rendit célèbre, *Les Filles de la campagne*. Ses premiers livres, publiés en Angleterre, ont longtemps été interdits en Irlande à cause de leur contenu explicite quant à la sexualité. Divorcée, Edna O'Brien élève seule ses deux fils, menant une vie libre et brillante, entre l'Angleterre et les États-Unis.

EDNA O'BRIEN

Fille de la campagne

MÉMOIRES TRADUITS DE L'ANGLAIS (IRLANDE)
PAR PIERRE-EMMANUEL DAUZAT

SABINE WESPIESER ÉDITEUR

Titre original :

COUNTRY GIRL
Publié par Faber & Faber, London, 2012.

© Edna O'Brien, 2012.
© Sabine Wespieser éditeur, 2013, pour la traduction française.
ISBN : 978-2-253-19412-5 – 1ʳᵉ publication LGF

À mes guerriers de fils,
Carlo et Sasha Gébler.

C'est une fois ici que j'ai vraiment compris : je suis ici.
Tyson GAY, sprinter américain,
à la veille des Jeux olympiques de Londres, 2012

Prologue

C'était dans une clinique du National Health Service. Une fille aimable, avec un casque de cheveux bruns et un accent étranger, m'avait fait un test de surdité. « Vous vous portez à merveille, mais pour ce qui est de votre audition, vous êtes un piano cassé. » Elle regarda si cela avait quelque effet alarmant sur moi, puis enchaîna sur les risques du grand âge. Pour finir, elle écrivit le jour et l'heure auxquels je devrais venir récupérer mes deux appareils auditifs, ce que je fis consciencieusement, même si je n'arrivais pas à m'y habituer. Ils glissèrent comme de petits roulements à billes dans la cavité de mes oreilles, où il fut périlleux de les récupérer. En vérité, ils ont retrouvé l'enveloppe brune d'où ils sortaient.

À la maison, le jardin attendait la seconde floraison des roses, délavées et débraillées mais belles, et les masses de feuilles des trois figuiers ondulaient avec les oiseaux qui y entraient ou en sortaient en flèche, se pourchassant, entre cour et combat.

L'expression «piano cassé», avec toutes ses connotations, ne cessait de se répéter dans ma tête, mais je n'en songeais pas moins à la générosité de la vie envers moi – qui avais connu les extrémités de la joie et du chagrin, l'amour, l'amour partagé et non payé de retour, la réussite et l'échec, la renommée et le massacre, qui avais lu dans la presse qu'en tant qu'auteur j'avais dépassé ma date de péremption et n'étais qu'une «Molly Bloom de bazar» et qui n'en continuais pas moins à écrire et à lire, à avoir assez de veine pour m'immerger dans ces deux intensités qui ont étayé ma vie entière.

Je sortis un livre de recettes de Ballymaloe House, dans le comté de Cork, où j'étais descendue deux fois et où j'avais goûté des plats comme la soupe aux orties, un soufflé aux carragheens, un grog au citron avec du géranium embaumant la rose et de la frangipane à la groseille avec des petits *banoffees*. C'est là que j'avais vu pour la première fois, étonnée, les toiles de Jack Yeats, les épaisses palettes de bleu caillé qui me parlaient aussi profondément de l'Irlande que n'importe quel poème ou fragment de prose. Je cherchai la recette du pain au soda et fis une chose que je n'avais pas faite depuis trente ans. Je fis du pain. Piano cassé ou pas, je me sentais bien vivante, alors que l'odeur du pain en train de cuire emplissait l'air. C'était une vieille odeur, source de maint souvenir, et ainsi, en ce jour d'août de ma soixante-dix-huitième année, je m'assis pour commencer les souvenirs que je m'étais juré de ne jamais écrire.

PREMIÈRE PARTIE

Fantômes

Les deux rêves ne sauraient être plus contrastés. Dans l'un, je remonte l'avenue, en direction de Drewsboro, la maison où je suis née, et c'est un véritable temple. La lumière d'or sur les carreaux, lézardés, les pièces inondées d'une lumière chaude et rose pour festoyer à l'intérieur et, le long du fil qui pâlit, des torches de flammes, ferlant et déferlant. Comme je fais glisser le fermoir du portail et marche vers la porte d'entrée, je vois la rangée des hommes en livrée, des soldats, la pointe de leurs lances, chauffées au rouge, de part en part, comme à l'instant retirées du feu. Ce sont des hommes durs qui barrent le passage.

Dans le second rêve, je suis à la maison, dans la chambre bleue où je suis née. Portes et fenêtres sont verrouillées, et même l'espace sous la porte, où se réfugie la poussière, est scellé par une sorte de capiton. Le mobilier est tel qu'il était: une double penderie de noyer avec une coiffeuse et une table de toilette assorties. Il y a le seau de toilette en vert, avec un bouton de corbeille tressée. Je suis là, seule, incarcérée. Tous les autres sont morts. Je suis là pour répondre de mes crimes. Que mes interrogateurs soient tous morts ne change rien à l'affaire.

*

Il me semble avoir vu les choses avant de les avoir vraiment vues ; elles ont toujours été là, comme les mots, je crois, ont toujours été là, filant à travers nous. Je crois, par exemple, avoir reconnu les murs bleus de la chambre bleue, les murs suintant tranquillement de l'humidité sans fin et pas de feu, alors même qu'il y avait un âtre, ridiculement petit en comparaison de la taille de la pièce, où le couvercle d'une boîte de chocolats avait été placé en guise de décoration. Et Notre Dame ? Elle n'était pas la créature cireuse des peintures que je devais voir sur différents murs, mais une Notre Dame de Limerick bien en chair, avec une foule d'enfants à ses chevilles, comme si elle venait de leur donner naissance. Son accouchement était bien plus heureux que celui de ma mère, qui en parlait encore des années après : le travail, la longueur du travail, la nuit de décembre et la gelée noire qui était habituelle à cette époque de l'année, la sage-femme qui tardait et le raffut, qui se révéla vain, quand on lui dit que j'étais pied-bot parce que je n'étais pas venue au monde comme il faut. L'enfant avant moi était morte en bas âge, mais j'ai toujours cru qu'elle n'était pas morte, qu'elle était dans une des chambres à coucher, dans un placard ou un sac de linge, et quand j'eus appris à marcher, jamais je n'y montais seule, pas même en plein jour.

Mon père et son frère Jack étaient en bas à boire et, sitôt qu'ils surent la bonne nouvelle, ils montèrent, titubant, avec de l'émincé de dinde qu'ils venaient de cuisiner, puisque c'était la Noël. À ce que racontait ma mère, la dinde était à moitié cuite, rose et coriace. Jack y alla de sa version de *Red River Valley* :

Si tu m'aimes
Viens t'asseoir à côté de moi
Te dépêche pas de me dire adieu
Souviens-toi de la Red River Valley
Et du cowboy qui t'a tant aimée.

J'étais une enfant affreuse, tellement affreuse que quand Ger McNamara, fils du couple qui habitait notre pavillon et capitaine dans l'armée irlandaise, vint me féliciter, ma mère répondit que j'étais trop moche pour me montrer et me tint donc cachée sous l'édredon rouge en point de chausson.

Voilà pour le ramassis d'anecdote, ouï-dire, allégorie et consternation qui emplit la toile de mes débuts dans la vie, à la fois belle et effrayante, tendre et sauvage.

*

Drewsboro était une vaste maison à étage, avec des fenêtres en saillie, qui se laissait approcher par deux allées, l'ancienne et la nouvelle. Elle était construite en un grès légèrement doré provenant des ruines calcinées d'une « Grande Maison » qui avait appartenu aux Anglais et qui avait été brûlée dans les Troubles, au cours des années 1920. Ma mère, jeune fille, était invitée à la garden-party donnée chaque année pour les paysans du coin, où l'on servait des petits pains glacés et de la limonade maison avec un essaim de guêpes autour du buffet.

Drewsboro devait quelque chose aux maisons chics que ma mère avait vues en Amérique. Il y avait des piliers ornementaux au portail, des fenêtres en saillie et un porche carrelé, qu'on appelait un vestibule et qui donnait sur une entrée carrelée. Aucune autre maison à l'entour n'avait des fenêtres en baie ni de vestibule. La pelouse comptait de nombreux arbres, non pas plantés l'un à la suite de l'autre, comme dans un domaine, mais chaque arbre avait son empire massif à lui, son feuillage frémissant et somnolent en été et en hiver, et les branches qui geignaient et qui craquaient, comme sur le point d'expirer.

À l'époque où je suis née, nous n'étions plus riches. Certes, nous avions la grande maison et les deux allées, mais les milliers d'arpents ou plus que mon père avait reçus en héritage avaient été vendus par morceaux, cédés dans des accès de générosité ou troqués pour payer des dettes. Mon père avait hérité une fortune d'oncles riches qui, lorsqu'ils furent ordonnés prêtres, émigrèrent en Nouvelle-Angleterre, et servirent dans la paroisse de Lowell, à la périphérie de Boston. Là, ils associèrent pouvoirs spirituel et séculier en brevetant un médicament baptisé « Father John's » censé tout soigner et qui se vendait au gallon.

Non loin de notre maison se trouvaient les ruines de la vieille maison, qui s'appelait aussi Drewsboro et qui comme beaucoup de grandes maisons avait été brûlée pour que la milice anglaise, les *Black and Tans*, ne puisse les transformer en caserne. Mon père prit part à l'incendie et devait raconter comment lui et d'autres braves trempaient des chiffons dans l'essence, puis circulaient avec leurs bidons, aspergeant murs et boiseries. Ils en grattaient des allumettes, et le feu de joie qui s'ensuivait, qu'on voyait à des kilomètres à la ronde, était une marque de victoire supplémentaire sur l'envahisseur.

Bien avant, Lord et Lady Drew avaient vécu là, et le bruit courait que le fantôme de Lady Drew, dans sa robe, écumait nos champs la nuit, pleurant la perte de ses arpents, femme dépossédée.

Mon arrière-grand-mère, qui était veuve, acheta cette maison aux Drew, avec l'argent qu'elle tenait des prêtres de Lowell. C'était une femme hautaine, qui circulait chaque dimanche en voiture attelée pour inspecter ses terres et ses troupeaux, puis, plus avant, entrevoir les cerfs rouges qui détalaient de leurs breuils pour plonger au cœur du bois, où s'enchevêtraient chênes, frênes et hêtres. Dans mon enfance, ce bois était devenu le domaine réservé des renards, des hermines, des blaireaux et des martres qui guerroyaient nuitamment alors que nos chiens, trop effrayés pour y aller, aboyaient hystériquement depuis la lisière.

Bien qu'elle vécût seule, elle s'habillait tous les soirs pour dîner, toujours en noir, avec une collerette de dentelle blanche, et buvait des grogs dans une coupe en corne cerclée d'argent qui portait la devise contestable des O'Brien : *Might before Right*, «la puissance prime le droit». Elle était servie par un factotum du nom de Dan Egan, et il existait un couplet sur lui comme sur bien des gens du pays :

Dan Egan est à Drewsboro
Les Wattles au Portail
Manny Parker dans l'allée
Et le nègre marche droit.

Le nègre avait une face de fraise qui n'était pas noire mais couleur puce foncée, avec des baies qui pendillaient. Il travaillait dans une ardoisière. Manny Parker était un ermite qui se prétendait botaniste, écumait nos champs et couchait parfois sous la tente dans notre fondrière afin de pouvoir étudier les mœurs des oiseaux et des insectes qui, comme lui, évitaient les coins de cheminée, et les porches de granges et d'églises. Quant aux Wattles, ils devaient leur nom à une fille qui était partie en Australie et qui dans ses lettres parlait souvent de *wattles*, de clayonnages. Derrière une fenêtre en façade, ils avaient exposé une de ses cartes postales qui s'ouvrait en accordéon, révélant récifs et îles bleues.

Je préférais l'extérieur, les champs qui donnaient sur d'autres champs, l'orage et la neige fondue, les ondées et les averses de soleil ; puis, comme par enchantement, primevères et coucous surgissaient à côté des grands chardons et des bouses de vache fraîches qu'on appelait élégamment des « crêpes ». Le temps filait dehors, alors que dedans c'était différent, souvent lourd.

La famille de ma mère n'était pas comme celle de mon père, pauvres gens chassés des environs plus riches du comté Kildare, qui crapahutèrent à travers la plaine centrale, rejoignirent la montagne et, dans un lieu béni de Dieu, bâtirent une cabane sur un bout de terre de rocaille. Elle se trouvait à quelque huit kilomètres de Drewsboro et j'attribue parfois mes deux moi conflictuels à mes grands-mères si contrastées : lady pour l'une, paysanne pour l'autre. J'y ai repensé dernièrement, quand un journal irlandais m'a demandé de faire un test ADN avec d'autres gens porteurs de noms de famille historiques. La démarche me fit flancher, mais le journaliste m'assura que, sitôt que j'aurais reçu le kit, il me dirait exactement comment m'y prendre et ce que cela entraînait, ce qu'il fit. Le prélèvement fut donc expédié et, le moment venu, on m'annonça que, d'après leurs analyses, je partageais l'ADN de la dernière tsarine de Russie, de Marie-Antoinette et de Susan Sarandon. Interrogée sur ce que m'inspirait le lignage royal, je sourcillai devant le malheureux destin des deux premières, et mes efforts pour joindre Susan Sarandon se révélèrent futiles.

Les ruines de la grande maison me fascinaient. Outre les belettes, il y avait les signes de sa vie d'antan : des lambeaux de papier peint vert foncé et gaufré de glands restaient suspendus au mur de la salle de réception, et à la cuisine il y avait une série de gongs avec d'épaisses croûtes de vert-de-gris, l'éclat vert et argent des jours révolus. Au sommet d'une montagne de décombres poussait un sureau que les oiseaux avaient dû semer, et dont ma mère et moi ramassions les baies pour en faire du vin qu'il fallait cacher à mon père – des fois qu'il se laisserait tenter et, après une simple gorgée, s'en irait tirer une bordée. Il était réservé aux visiteurs, qui, en dehors des chaudronniers et de Mabel la folle, étaient rares. Les barreaux d'un escalier pendillaient dans ce qui avait été jadis une salle de bal, alimentant les diverses fantaisies que j'imaginais, de bals, de voitures longeant l'allée arrière et de laquais se précipitant avec des mottes allumées pour aider les visiteurs à descendre. Il y aurait des cornemuseurs dans l'avant-cour et des tables avec des pichets de vin chaud, et des banquets comme dans les sagas des anciens. J'imaginais mon arrière-grand-mère en taffetas noir avec une petite veste d'hermine et un corsage, peut-être des violettes ou quelque autre fleur des bois. Ma mère, entendant ces délires, souriait puis se renfrognait, au désespoir de devoir veiller à tout et sentant peut-être que le sang prodigue des O'Brien était souverain en moi, plutôt que le sang des siens, les Cleary, qui s'accrochaient fermement à leur petite terre de montagne.

Un jour que je rentrai de l'école à la maison, un huissier était installé dans notre cuisine, sirotant du thé. Un homme affable, qui ne tarda pas à me parler, me questionna sur l'école et ce que j'avais appris aujourd'hui. Puis il me demanda de réciter un poème. Je récitai *Fontenoy*, une ballade héroïque de comtes et de chefs irlandais, bannis et servant dans des brigades étrangères en Europe, soupirant après leur terre natale. Une ballade très entraînante et patriotique, car, même au seuil de la bataille, ils avaient soif et faim de leur comté de Clare natal.

Ma mère m'appela à l'office et mit son doigt sur sa lèvre supérieure pour me faire comprendre que je ne devais rien dire du déshonneur dans lequel nous étions. Mon père était sorti, vraisemblablement emprunter de l'argent, et il faisait presque nuit quand il rentra et discuta avec l'huissier, qui finit par s'en aller. Le désastre fut ajourné. Puis la dispute. Les chevaux. De l'argent jeté par la fenêtre, les juments, qui se pavanaient dans les champs à bouffer tout ce qu'elles trouvaient, qu'il fallait envoyer au haras pour la saillie, engouffrant encore de l'argent et perdant les courses – ainsi que ma mère voyait les choses par pur dépit. Il y en avait une, Shannon Rose, à laquelle elle vouait une haine particulière, expliquant que la pouliche pouvait arriver première, si elle le voulait, mais qu'elle choisissait d'arriver troisième, et que la différence entre les deux prix était exorbitante. Ça a fini que mon père est allé se coucher, ce qui était de loin préférable à une virée, où, par colère et frustration, il aurait été tenté de boire.

Les chevaux m'ont toujours hantée comme des dangers, des créatures qui étaient source de disputes et de dénuement imminent, et leurs yeux si humides et brillants qui contrastaient avec leurs mouvements saccadés et imprévisibles quand ils passaient d'un champ à l'autre en hennissant. Je les voyais dans les champs, puis de nouveau dans ma tête – cette grande décharge d'énergie, comme explosant dans un galop fou, leurs queues arquées au vent, fonçant si audacieux, si rapides, aspergés de la poussière qu'ils avaient soulevée et donnant l'impression de flotter dans leur ivresse.

*

Il y a deux étés de cela, une plaque a été inaugurée en mon honneur sur l'un des piliers conduisant à l'ancienne allée. Contrairement à l'époque où je passais pour une Jézabel à cause de mes livres, le prêtre qui officiait à l'autel expliqua que mon retour les honorait et recommanda à l'assistance de suivre la cérémonie. Une petite foule vint m'écouter parler de l'influence que Drewsboro eut sur mon écriture, avec les enfants qui tournaient à bicyclette et éclataient de rire. «Une source d'inspiration», dis-je, et les gosses de rire de plus belle.

C'était une chaude soirée d'été, et par la suite mon neveu Michael et moi décidâmes de fouler l'herbe haute et de ramper sous les boucles de barbelés pour visiter la maison. Elle retournait à la nature: arbres, églantiers et buissons avaient avancé telle une armée pour en prendre possession. Lierre et arbrisseaux grimpaient jusqu'à la hauteur où la pierre de taille rejoint le plâtre, avec des pousses, des ronces et des fougères qui se glissaient, pour trouver une prise, affirmer leur propriété sur les lieux, comme aucun des vivants n'était parvenu à le faire. Quelques roses rouge ruban que ma mère avait plantées se faufilaient à travers la haie effondrée et, en cueillant quelques-unes en souvenir pour moi, Michael se coupa, son sang jaillissant aussi vif et vivant que les souvenirs emmagasinés. La voici donc, la maison que ma mère s'efforça de tenir, la maison qu'elle se jura de ne jamais abandonner à son ingrat de fils, la maison de nos histoires inachevées et de nos querelles inachevées l'un avec l'autre.

La mort de ma mère fut soudaine. J'étais allée la voir au Mater Hospital de Dublin, où elle avait été admise pour zona. Avec une religieuse, sœur R., qui était devenue son amie, elle barbouilla les lésions d'un onguent brun ; elle l'avait reçu d'un rebouteux, et toutes deux croyaient que cela allait la guérir. Elle devait sortir dans une semaine, mais, m'appelant à son chevet, elle dit que nous devions nous rendre à la maison, juste pour la journée. Je devais arranger ça avec la surveillante générale et le chef de clinique puis louer une voiture pour le trajet. Ainsi fut fait. Il y a bien longtemps, alors qu'ils couraient le danger de perdre complètement les lieux, mon père, après une de ses beuveries suivies d'une contrition, lui avait cédé la maison, car elle saurait mieux diriger les choses. Deux ans plus tôt, et après avoir lourdement insisté, mon frère John lui avait demandé de faire un testament, ajoutant que sa femme et lui l'accompagneraient chez le notaire. Elle fit le testament, lui donnant Drewsboro, croyant au fond de son cœur qu'elle pourrait plus tard en faire un autre. Ce qu'elle voulait maintenant, c'était retourner en secret à la maison et rédiger le second testament, me donnant la pelouse et la terre à l'entour. Je lui dis que rien ne pressait, qu'on aurait tout le temps de le faire, et au grand jour, quand elle serait rétablie.

À ce jour, et peu importe comment je tâche de la reconstituer, je n'arrive pas à savoir l'heure exacte de sa mort, même si j'en connais les circonstances. C'était en mars 1967. J'étais dans l'avion, au retour de New York, et, quand j'arrivai à la maison, le téléphone sonnait ; c'était ma sœur, m'apportant les nouvelles. Plus tard, de sœur R., j'appris les diverses allées et venues de cette journée agitée. Ma mère rentrait à la maison. Un chauffeur passait la chercher. Elle était prête depuis le petit déjeuner, habillée pour le voyage, assise sur son lit avec un déambulateur et une canne que la religieuse lui avait donnée en douce, qu'elle en fasse cadeau à son mari. Dans les jours précédant son retour, elle avait été indiscrète, confiant à diverses infirmières combien elle était fière de son intention de changer de testament. Une infirmière, qui se vantait d'être une amie de mon frère, l'appela d'urgence à son cabinet de Monasterevin pour lui faire part du plan tordu que concoctait sa mère. Il arriva, furieux. Par malheur, sœur R., absente ce jour-là pour un cours à l'université, n'était pas sur place au moment de l'horrible confrontation, mais, ainsi qu'elle me le raconta dans une lettre, quand elle rentra à l'heure du déjeuner et fit un saut pour dire «Hello», elle perçut une effroyable tension entre la mère et le fils.

«Dommage que vous n'ayez pu venir plus tôt», lui avait dit ma mère, à peine capable de retenir ses larmes, et la religieuse, qui ne voulait pas s'immiscer dans le malheur familial, s'excusa. Mon frère, semble-t-il, partit peu de temps après et, toujours habillée pour le voyage, ma mère attendit son chauffeur, qui avait déjà quelques heures de retard.

La lettre de sœur R. me fut remise à la chapelle par l'ordonnateur des pompes funèbres, après que le cercueil eut été introduit et installé sur les chevalets, et c'est là que je l'ai lue. Elle racontait sa visite en coup de vent à midi et comment elle apprit plus tard que ma mère n'était pas encore partie; elle était donc allée la voir, à seule fin de découvrir qu'elle était aux toilettes et qu'on l'entendait appeler plaintivement. On l'en sortit et, comme elle pâlissait et commençait à trembler, on appela l'équipe de massage cardiaque – direction, la salle d'opérations sur son brancard. Quand je lus les mots de sœur R., «J'ai dû la laisser», je compris quelle amitié profonde s'était nouée entre elles en si peu de temps. Il semble que brièvement, alors qu'on attendait de lui mettre un pacemaker, ma mère ait repris des forces, se soit redressée et, dans un dernier essai désespéré de grandeur, elle ait demandé à ceux qui l'entouraient de ne pas pleurer, car «la mort ne sera plus». Jamais je ne me suis sentie plus proche de ma mère qu'en entendant ces paroles sorties de ses lèvres, elle qui avait trouvé la littérature si hostile, mais qui n'en prononça pas moins ces mots en guise d'adieu.

C'est seulement après les obsèques que le notaire du coin vint chez nous donner lecture du testament. Nous formions un petit groupe, mon père en pleurs, ne cessant de répéter que nous avions perdu la meilleure amie du monde, ma sœur avec son mari, mon autre sœur absente parce que vivant en Afrique du Sud, mes enfants et moi.

De l'autre côté de la cheminée, où aucun feu ne brûlait, et dans lequel mon père avait jeté des centaines de mégots dans les douze jours de son absence, se tenaient mon frère et sa femme. Je sentais rôder le spectre de ma mère quand la porte du vaisselier s'ouvrait sitôt que quelqu'un passait devant. J'entendais sa voix, pleurant les petites tasses à thé aux violettes qui étaient fêlées, mais qu'on gardait, pour y mettre le pain de sucre. Le testament était court. Elle avait laissé Drewsboro et les terres adjacentes à son fils et à sa femme, s'il devait mourir avant elle. Chacune des trois filles reçut des souvenirs : faïences, argenterie et verres. Il y eut un moment de silence, puis mon frère, en un grand geste théâtral, passa le bras autour de la taille de sa femme et dit : « Ma chérie, maintenant nous savons tous qui maman aimait vraiment. »

Je trouvai ses paroles si suffisantes, si creuses, et imaginai les dernières heures de ma mère, assise sur son lit, seule et en rade, secouée par la querelle qu'il lui avait cherchée, et je compris qu'elle avait eu un pressentiment de sa mort soudaine le jour où elle me pria de l'accompagner à Clare, qu'elle pût changer de testament, parce que, comme je m'en allais, elle m'agrippa la main et dit: «J'espère que j'en sortirai vivante.»

Pourtant, mon frère et sa femme n'y ont jamais vécu, choisissant plutôt d'habiter à huit kilomètres de là leur bungalow de Mount Shannon qu'il avait acheté pour sa retraite. Je ne sais quelle peur ou quelle phobie s'était emparée d'eux au point qu'ils ne dormirent pas une seule nuit à Drewsboro, mais laissèrent simplement une radio allumée, cadenassèrent les portes de la chambre à coucher, passèrent une housse sur le bon canapé et mirent des barbelés et une clôture électrifiée pour nous tenir à l'écart. Ils étaient morts maintenant et, comme me dit Michael, les rumeurs abondaient: on allait en faire une clinique, ou un hôtel cinq étoiles, à moins que la maison ne fût rasée et ne laissât place à une centaine de bungalows.

Mais dans la lumière chatoyante de cette soirée d'août, avec le soleil qui se couchait, et une plante cramoisie treillissée le long d'une fenêtre à l'étage, l'endroit paraissait garder, et garderait à jamais pour moi, nonobstant les bungalows ou l'hôtel cinq étoiles, son essence même, ce qui lui donnait le nom sacré et éternel de Maison.

Abdullah

Le champ qui montait à la maison s'appelait la pelouse, mais le nom était trompeur. Chevaux et bétail y paissaient parfois et, de ce fait, le terrain était déchiré, parsemé de touffes, *poché* comme on disait en hiver. On était en plein été, avec à perte de vue jacobées, pissenlits et chardons aussi grands que moi, haute comme trois pommes à cette époque, et les animaux allaient voir ailleurs.

D'humeur aussi aventureuse que curieuse, je décidai de pousser jusqu'au portail inférieur et, à travers les barreaux, de regarder le monde extérieur, qui me fascinait. À l'insu de ma mère, j'avais passé ma plus belle robe bleue, celle qui était arrivée d'Amérique avec ses doubles plis décorés de la bannière étoilée.

Nous avions trois chiens à l'époque. Deux étaient inséparables et passaient la journée à chasser les renards et les lapins, et s'en revenaient le soir avec une forte odeur de sang frais. Le troisième était un poil court, couleur de fumée, un animal renfrogné, un croisement de kerry-blue et d'autres races aux yeux dépareillés. Il appartenait à mon oncle, qui pour je ne sais quelle raison nous l'avait laissé. Il s'appelait Abdullah et passait ses journées couché, planqué près du portail inférieur, comme prêt à bondir et à agresser tout véhicule ou toute personne qui approcherait. Le facteur et les visiteurs en avaient la frousse.

J'avais oublié qu'il pouvait être là et, me voyant, il avança en rampant, grondant, grondant, puis bondit, et ce qui au départ n'était peut-être qu'un jeu prit bientôt un sale tour. Il bondissait, écumant et me sautant aux genoux, alors que je courais vers la maison, ce qui était la pire chose que je pouvais faire. Cela le rendit encore plus enragé. Il était enclin à des crises, pour lesquelles on lui administrait des poudres et on l'enfermait. Visiblement, il avait une nouvelle crise. Il devenait littéralement fou, déchirant la robe et en recrachant des morceaux, mais il continuait de s'accrocher à moi qui courais et courais, redoutant de n'avoir plus une once de souffle dans la trachée. Au portillon, je lui échappai quelques secondes, mais il eut tôt fait de retrouver un passage qu'il avait de longue date percé dans la haie et il fut dans la cuisine presque aussi vite que moi. J'avais sauté sur une chaise pour être en sécurité, puis bondi sur la table, où il me suivit, et me voici qui chavirais sous son poids et sentais la morsure, ses crocs tels des clous s'enfonçant dans mon cou et le morceau de chair qu'il essayait d'arracher. Probablement ne s'écoula-t-il pas plus d'une minute, l'éternité d'une minute, quand quelqu'un, non pas ma mère ni mon père, ni notre ouvrier, Carnero, mais un parfait inconnu, passant devant la fenêtre, aperçut Abdullah écumant de rage et crut qu'il avait sauté pour attraper un bout de pain. Il se précipita à l'intérieur, fit tomber Abdullah à terre, puis le traîna par le pelage hors de la cuisine, sur les dalles, jusque dans l'abri à pompe, où Abdullah se lança contre la porte galvanisée avec des gémissements déchirants.

Le calme était revenu. Juste la vapeur d'une bouilloire, avec son sifflement qui glissait dans l'air, jusqu'à ce qu'ils arrivent, voient l'entaille dans le cou, les marques de crocs, le sang, la robe bleue en lambeaux, ne cessant de demander comment ça avait pu arriver. Peakie eut droit à des félicitations pour avoir entendu les hurlements alors qu'il passait par là avec son sac de tourbe.

La blessure ne cicatrisa pas. Bientôt se forma un renflement de la taille d'un coquetier, qu'il fallut percer chaque matin avec une aiguille pour en vider le pus. Et si elle allait réinfecter une glande tuberculeuse ; entendant « TB », comme on disait, je crus que j'allais mourir. Une camarade de classe de ma sœur aînée en était morte – tout simplement dépérie. On me donna des petits biscuits, des « Diamants irlandais » couverts de glaçage, d'aucuns ronds, d'autres triangulaires, d'autres encore en forme de Starburst.

L'odeur dont je me souviens, plus que tout, c'est celle de la gaze à l'iodoforme, deux compresses, maintenues avec du plâtre, dans l'idée qu'en la cachant la blessure disparaîtrait. Mais très vite il y eut deux odeurs, la bonne odeur de la gaze et l'odeur putride du pus. On fit venir la doctoresse que mon père connaissait de loin, lui demandant d'y jeter un œil : elle fronça le nez à plusieurs reprises, son nez recouvert d'une poudre orange peu seyante, et fit « hum, hum, hum » à l'adresse de ma mère, expliquant que ça nécessitait le bistouri.

Elle revint deux jours plus tard, un matin. Je la vois encore avec sa Baby Ford, son manteau de fourrure et son feutre avec une immense épingle à cheveux emperlée et dentée. Sa sacoche marron de toubib était des plus imposantes, avec son fond carré et le cuir rentré qui allait se rétrécissant sur les côtés jusqu'au fermoir de laiton brillant, cuivré. Elle l'ouvrit en un instant et mon père, y jetant un œil, observa : « Tous les outils du métier, Dr McCann. »

Il fumait, mais prévoyant ce qui l'attendait il éteignit sa cigarette inachevée et la remit dans son paquet de Gold Flake. Ordre fut donné à mes sœurs d'aller faire leur *step-dancing* sur le dallage et de chanter à tue-tête. Je sus sans savoir qu'une chose épouvantable allait se produire. Carnero arriva, l'air penaud, suivi d'un homme qui peignait les tuyaux de cheminée, sa salopette blanche éclaboussée de peinture rouge. Les instruments furent stérilisés dans une casserole d'eau bouillante, et ma mère me dit que, si j'étais une brave fille, il y aurait une récompense.

L'heure était venue, et les trois hommes me saisirent la tête par différents endroits et la tournèrent de côté. Ils sont d'une force terrible. Je pensais aux cochons auxquels on tranche la gorge dans la cour, avec leurs grognements, et je me dis que moi aussi j'allais grogner, sauf qu'une grosse pogne me muselait. L'entaille du bistouri ouvrant la chair et s'y enfonçant fut très différente de celle des crocs du chien, et je crus que ma tête se décollait. Dans mon délire, ridiculement, je me mis à réciter *Humpty Dumpty*, qui avait fait une grande chute et dont tous les Chevaux du Roi et les Hommes du Roi ne pouvaient recoller les morceaux. Si le dernier hurlement fut apparemment si fort qu'on l'entendit au bout de la route, à moi, il me parut faible, prisonnier de la poche des mains qui sentaient le tabac.

Puis l'oubli, hors du temps, et le retour progressif à la vie, et quelques mots entendus comme à travers un brouillard – « Créature », « c'est fini maintenant » – , alors que la doctoresse, avec son aiguille à coudre et son fil assez épais, avait commencé à recoudre la blessure. Ma mère se répandait en remerciements, alors que j'avais peine à croire que ma tête était encore attachée à moi puisque je croyais que, comme celle de Jean-Baptiste, elle reposait maintenant sur un plateau. Le gros bandage était un bouclier entre eux et moi, eux tous et moi. La récompense fut une tranche de gâteau à l'orange avec de la crème de citron, mais pas question de la manger ni de parler.

J'entendis Carnero lâcher « Jamais elle ne nous pardonnera », et vis ma mère lui flanquer un coup de poing, lui disant de filer aux champs et de ne pas débiter des fadaises de ce genre.

J'eus le droit de tripoter le chapelet de ma sœur, qu'elle gardait dans un petit reliquaire d'argent que je convoitais. Les grains étaient bleus et vitreux, et je me souviens de chacun, comment je les pressais.

Par la suite, dans les temps effroyables, je devais toujours me raccrocher à quelque chose, n'importe quoi, pour suspendre l'anéantissement.

La salle à manger

La salle à manger, c'était le Ciel. Le nom était de moi. Il y avait une table en arbousier, aux couleurs brun-rouge foncé tellement frappantes, une table qui, moyennant une rallonge, pouvait recevoir vingt convives, même si je n'avais jamais vu personne s'y asseoir. Il y avait aussi un truc de bambou sur lequel présidait une sage chouette blanche, avec la poussière qui se figeait dans les plis des plumes de sa poitrine. Ma mère raffolait des miroirs de cheminée, et il y en avait un somptueux, dans son cadre doré, qui trônait au-dessus de l'âtre, sauf qu'il était accroché si haut qu'il fallait se percher sur le bord du carrelage et tendre le cou pour s'y voir.

Je me rappelle encore mon ravissement, enfant, contemplant, contemplant une grande amphore de roses-thé artificielles jaunes et rouges, bien plus belles que les églantines des ronces, ou les tisons de Satan du jardin extérieur, qui, à cause de leur façon de brûler, avaient l'air venimeuses. Dans cette même salle, emplie de décorations, se trouvaient les bustes en plâtre de deux dames, que ma mère appelait Iris et Gala, et dont elle fardait tendrement les joues. Sur le buffet reposaient quelques pièces d'argenterie ainsi qu'un pot de verre Vaseline jaune moiré, avec une cuiller suspendue à la poignée qui portait l'image du pape, revêtu de son manteau écarlate et de sa petite calotte à pompon. Lécher cette cuiller était une garantie d'indulgence partielle, ce qui voulait dire quelques heures de Purgatoire en moins dans l'au-delà.

J'aimais m'y asseoir, admirant la pièce et ses murs jaune pâle ainsi que les deux tableaux représentant des vagues qui s'abattaient violemment sur une rangée de falaises gris-noir, quelque part en Angleterre. C'était là, en haut du vaisselier, que je gardais les poupées qu'une protestante, une amie de ma mère, m'avait envoyées à chaque Noël. D'abord la Princesse, que j'appelais Rosaleen, une poupée qui dormait, aux joues vives comme colorées à la cochenille fraîche et des cils au papillotement exquis à la moindre inclination de la tête. L'année suivante, ce fut un poupon, un petit tambour hollandais rouge et fauve, avec son pyjama de velours et son chapeau orange de tambour. Lui aussi arriva dans une boîte oblongue, bien au chaud dans les plis du papier de soie. Et un jour je fis ce que je savais vaguement être une chose sacrilège. Je pris le petit tambour et le couchai sur la princesse dans sa robe de taffetas bleu, avec son tablier de tulle, remis le couvercle et les abandonnai à leurs espiègleries.

Une autre fois, la fille d'un voisin, une dénommée Eily, s'assit sur l'une des chaises à dossier haut et droit de notre salle à manger, les yeux foncés et brillants comme l'encre, son visage ravissant et confiant, attendant l'arrivée d'un amoureux tandis que ma mère allait et venait sur la pointe des pieds, guettant la silhouette qui devait apparaître à travers les vitres de la porte d'entrée, qui était sans heurtoir ni sonnette. À peine deux jours plus tôt, ma mère et Eily avaient fait cinq kilomètres à pied pour aller voir le médecin de la commune voisine parce qu'elle souffrait, disait-elle, de brûlures d'estomac. Je les accompagnai. C'était sur la route du Lac, par temps chaud, avec les vagues et vaguelettes qui dansaient sur l'eau et une brise légère qui nous arrivait par bouffées, sauf que rien ne pouvait guérir les doutes profonds de ma mère. Elle se demandait si c'était possible. Le mot grossesse ne fut pas prononcé, en partie parce que j'étais là et en partie parce qu'il était bien trop terrible pour être prononcé. Eily serrait la main de ma mère par ressentiment, puis, dans une orgie de lamentation, demandait comment ma mère pouvait imaginer une chose pareille, puis les deux femmes pleuraient. Moi aussi j'avais peur de jeter un coup d'œil à son ventre, au cas où des frémissements révéleraient la vérité. Ma mère ne cessait de répéter sa question-clé et, quand nous arrivâmes au cabinet de consultation, Eily avait plaqué ses mains sur ses oreilles, sourde à tout.

La visite chez le médecin ne se passa pas comme elles l'avaient espéré, et il n'y avait pas de guérison en vue.

Le lendemain soir arriva son amoureux, et on les laissa discuter seuls. Plus tard, ma mère annonça à mon père, inconscient de tout ce scandale, des projets de mariage en juin. Parler aux parents de la fille était une tout autre affaire, et il est probable qu'on ne leur dit pas toute la vérité. Tout ce qu'ils surent, c'est qu'Eily se mariait et que le futur venait en visite.

Leur meilleure chambre donnait sur la cuisine et regorgeait d'avoine, qu'il fallait naturellement débarrasser, sans compter le mobilier à se procurer. Ma mère aida en donnant un siège de jardin en bois qu'elle avait verni et décoré, passant un ongle pointu, en zigzag, sur le vernis humide pour créer un effet marbré. La mère d'Eily s'était débrouillée pour trouver une desserte qui fut recouverte d'un tissu de chenille vert. Il y avait une nouvelle carpette en peau de mouton, qui sentait le boucher et perdait encore des poils. Le feu eut du mal à prendre, car cet âtre n'avait encore jamais vu le moindre feu. Le futur arriva, portant un imper de cuir et des gants de cuir à crispin, qu'il retira et lança de côté, non sans grandeur. Il eut droit au meilleur siège. Eily s'assit sur le rebord de la fenêtre, sans regarder ni lui ni personne, tout en tortillant l'extrémité de ses cheveux ondulés auburn. Ma mère et celle d'Eily partageaient le siège de bois et mon père, resté debout, fumait en regardant l'eau de pluie coulant dans un tonneau à pluie qui débordait dans le champ plat.

Le premier faux pas se produisit quand arriva le père d'Eily, sa casquette trempée gouttant sur le bout de son nez ; soudain alarmé par les changements et l'élégance de la pièce, il se tourna vers mon père et dit : « Je suis bien chez moi, monsieur ? » Tous les autres hommes, il les appelait monsieur parce que, n'ayant pas d'éducation, il s'imaginait que les autres étaient des savants et méritaient son respect. Ensuite il serra la main du futur et lui donna du monsieur. Puis on parla récolte, du blé déjà couché dans les champs à cause de toute cette pluie, et allez savoir s'il n'aurait pas mieux valu s'en servir pour le pâturage.

Jamais je n'oublierai cette expression de joie frivole d'Eily, quand elle se leva d'un bond, se plaça devant la cheminée et remercia tout le monde à profusion d'être si bon avec elle. Son père, qui l'adorait et qui avait dû soudain deviner les implications de ce qu'elle venait de dire, sortit de la pièce au pas de course, de peur de pleurer. Puis ce fut le thé et le gâteau à la bière brune.

Le couple déménagea peu après, à l'autre extrémité du comté, où se déroula la noce, et de longues années plus tard je vis Eily dans Grafton Street, à Dublin, bien plus vieille, avec de l'effroi dans les yeux, ces yeux couleur ardoise foncée que beaucoup lui avaient enviés. Elle parlait toute seule, d'une voix de folle, haut perchée, attrapant les gens dont elle imaginait les regards braqués sur elle.

Dans cette salle à manger, un jour, ma mère et moi avons échappé de justesse à la mort. Mon père y était entré avec une bouteille de whiskey et un revolver qui avait appartenu au frère de ma mère, Captain Michael. Il était en haut d'une penderie, avec un étui de cuir et des balles. Là, il jura de tous nous massacrer, nous et les familles de la route qui lui avaient refusé à boire, et on finit par appeler le sergent, qui s'efforça de le raisonner. Au bout d'un moment, alors qu'ils avaient manifestement bataillé ferme, le sergent ressortit et dit que la seule personne à qui il voulait bien remettre l'arme, c'était ma mère, et j'y allai avec elle pour être sa protectrice.

Mon père ne cessait de balancer le revolver chargé, crânement, comme si c'était un jouet. Ma mère demanda d'une voix apaisante ce qu'il voulait. C'était quoi, qu'il voulait ? Il voulait l'argent. « Donne-le-moi, donne-le-moi », répétait-il. Il ne croyait pas qu'elle n'avait plus rien, et il posa le revolver sur le truc de bambou, traversa la pièce pour venir se placer devant nous. Puis il farfouilla dans son corsage, où il lui arrivait de mettre de l'argent et où moi et sans doute lui avions parfois vu dépasser un billet orange de dix shillings. Elle tremblait comme une feuille. Puis il fouilla dans les bonnes tasses du vaisselier et, ne trouvant que les fragiles anses de tasses cassées et conservées dans l'espoir de les recoller un jour, il devint encore plus enragé. Nous le vîmes retourner à la table de bambou et ramasser le revolver. Ma mère lui demanda de le reposer, au nom du ciel, de le reposer. Ce qui ne fit que l'exciter davantage. Le tir fut le plus fort que j'eusse entendu, pas comme les coups de fusil au fond des bois, quand les hommes chassaient lapins et lièvres. Accroupie à côté d'elle, je crus qu'on était mortes et trouvai étrange de sentir une odeur de brûlé. La balle nous manqua et pénétra dans l'encadrement de la porte, où la peinture blanche s'effritait et tombait en petits éclats. Carnero et le sergent étaient là dans la pièce, s'exprimant par rafales, comme s'ils étaient sur le point de l'attaquer, et quand ils le firent sortir, mon père était devenu particulièrement calme, presque contrit.

On ne l'enfermerait pas à la caserne cette nuit-là, car c'eût été trop de honte pour notre famille qui avait été prospère autrefois. On devait le conduire en voiture, ou en voiture de louage, dans un monastère cistercien de Roscrea, parce que l'abbé était un ami à lui. Trois moines s'occupèrent de lui durant l'épreuve du delirium tremens, dont je ne savais pas grand-chose, puis on lui donna du brouet et du pudding de semoule en le priant de prendre une résolution, de faire la promesse de ne jamais plus toucher à un verre.

Ces accalmies, en son absence, étaient les moments les plus heureux à la maison, ma mère et moi cuisinant, lavant les fenêtres dedans et dehors, et une fois, je m'en souviens, maîtrisant la recette compliquée de la reine des puddings qui, quand on l'a sortie du four avec sa crête de meringue légèrement brûlée, parut léviter hors de son plat de Pyrex oblong.

Visiteurs

Les visiteurs importants étaient peu nombreux, excepté les Yank, qui venaient l'été et parlaient du nez, et nous apportaient des colliers et des bracelets en os en cadeaux. Après quoi, quand ils étaient partis, ma mère rêvait de son temps en Amérique, du style qu'elle avait et des glaces parfumées.

La nuit, on devinait l'identité du visiteur au bruit métallique du portail. Pendant un temps, ce fut un nouveau garde qui s'était lié d'amitié avec mon père et passait sans aucune raison, sachant qu'on lui servirait thé et gâteau. L'autre était un vieux garçon qui écrivait un livre sur la paroisse, une « histoire », disait-il en français. Il vivait avec ses deux frères, eux aussi vieux garçons, et ils avaient un seul beau pardessus pour trois. Ce qui voulait dire que, le dimanche, ils devaient aller à des messes différentes, et l'un d'eux devait pousser jusqu'à la paroisse voisine, puisqu'il n'y avait que deux messes dans la nôtre. Nous lisant à voix haute des bribes de son « histoire », il profitait de l'occasion pour effleurer le genou de ma mère, son bas épais en fil d'Écosse, et l'appelait « Mrs O. », répétant qu'elle était une dame. Lui aussi avait droit au thé et au cake aux fruits, puis, lasse de son « histoire » (mon père était monté se coucher), elle toussait et se mettait à circuler, lui donnant ainsi le signe du départ. Quand les visiteurs masculins s'en allaient, elle faisait deux choses : elle tapotait les coussins et flairait le cuir de la chaise, histoire de voir s'ils avaient pété, et, en ce cas, elle retirait le siège amovible pour l'aérer, toute la nuit, sur le rebord de la fenêtre.

On redoutait les romanichelles, fortes femmes avec leurs châles de tissu écossais, frappant leurs boîtes en fer-blanc sur la porte avant et arrière, protestant que nous avions des casseroles à rétamer et réclamant du lait, avec de l'argent. Comme je n'avais pas encore commencé l'école, on m'avait donné pour tâche de guetter leur arrivée, quand ma mère était occupée dans la cour. En maintes occasions malheureuses, elles étaient déjà entrées dans la cuisine, les mâtines, avec leurs manières insolentes de réclamer des choses. Un jour, cependant, je les repérai assez tôt, quand elles arrivaient au portail d'en bas, et je l'appelai d'un cri ; on se cacha toutes les deux dans le placard à chaussures, qui sentait les vieux souliers et les souris, mais c'était la seule cachette sans fenêtre. On les entendait qui circulaient autour de la maison, leurs menaces, leurs suppliques, puisqu'elles nous soupçonnaient d'être à l'intérieur et, quand elles partirent, elles nous accablèrent de malédictions et jurèrent que nous regretterions ce jour.

Ce soir-là, quand ma mère alla chercher ses bons souliers brun-roux qu'elle avait lavés et mis à sécher sur le pilier du portail, ils n'y étaient plus. Plus on regardait, plus ses plaintes se firent sonores. Elle parla de la crème à chaussure qu'elle avait spécialement achetée pour les astiquer, décrivit les vermisseaux de crème à chaussure dans les trous perforés à la pointe et au cou-de-pied, imagina les sorties qu'elle ne ferait jamais plus avec eux. Elle redoutait de devoir admettre que, le plus probable, c'était que les romanichelles les lui avaient piqués. C'est à contrecœur qu'elle parla au sergent, n'imaginant jamais qu'il donnerait suite à l'affaire, sauf qu'il le fit. On retrouva les souliers au fond d'un landau, sous une toile à matelas et un oreiller dans l'hôtel minable où logeaient certaines femmes des familles de Roms. Il y en avait d'autres dans des roulottes sur un champ vide, hanté, où ils buvaient, chantaient en chœur puis se battaient. Une convocation fut remise aux deux femmes, qui avaient le même nom, et, à sa grande honte, ma mère dut se présenter au tribunal, où des tribus de bohémiennes en guerre la sifflèrent et se moquèrent d'elle, surtout quand elle se dirigea vers la barre et identifia ses souliers. Quand la peine fut prononcée – une amende de quinze shillings – , ce fut le tumulte ; frappant du poing sur la table, le juge dit qu'un mois de prison leur ferait à toutes le plus grand bien. Après ça, les souliers ne furent plus jamais les mêmes.

Après les bohémiennes, la visite que nous craignions le plus était celle de Mabel la folle. Elle était si rapide : elle apparaissait subitement, comme surgie de nulle part, grande, la langue bien pendue et les yeux fous, maniant un bâton de marche, criant et frappant tout ce qui se trouvait devant elle. Elle s'installait dans la cuisine, reprochant à notre mère son désordre et sa crasse. Son bâton rebondissait sur le bord du vaisselier, car elle faisait grand cas des assiettes ornementales disposées sur les trois étagères, chaque assiette mordant sur sa voisine pour faire place à la demi-douzaine placée sur chaque étagère. Elles étaient décorées de poires, de pommes et de grenades, et ma mère frémissait à la pensée qu'une d'elles se casse. Puis Mabel flairait les lanières de bacon salé qui pendaient à des clous près du placard, elle les flairait et disait qu'elles étaient pourries. Elle assurait qu'on avait volé des patates et des œufs de cane dans leur cour et que tout devait lui être restitué avant la tombée de la nuit. Pas très longtemps après ces redoutables visites, on apprenait qu'on l'avait conduite à l'asile de fous, mais qu'elle ne voulait pas y aller, qu'elle avait couru autour de la ferme avec une fourche, jurant de se supprimer, si bien que finalement un père, ou un oncle, ou un frère aîné avait dû l'attraper et la ligoter avec une corde et la traîner jusqu'à la voiture à cheval qui attendait. On ne devait plus la voir ni en entendre parler des mois durant, puis elle rentrait à la maison et on l'apercevait à la messe, si calme, avec un drôle d'air et baragouinant toute seule.

Un jour, je décrochais le linge de la corde, tendue sur une colline non loin de la porte arrière, quand elle me surprit. Son ombre et son baragouin la précédaient, grande silhouette dépenaillée avec un bâton, et qui délirait, qui délirait. Elle me demanda de dire son nom, et quand je dis « Mabel, Mabel », elle éclata de rire, devinant que j'avais la frousse, et se lança dans son baratin. *Finie Mabel. Plus de Mabel. Mabel morte. Du sang du sang du sang. Ha ha ha. Plus de Mabel.*

« J'vais vous chercher un verre de limonade », dis-je, n'importe quoi pour lui échapper. Elle le refusa, ne voulait pas de la charité, par-dessus le marché elle avait des choses importantes à faire. Sur ce, elle tira sur la culotte bouffante en jersey de ma mère avec une telle force que les pinces partirent avec, et elle s'en alla, cinglant l'air de son bâton, répétant qu'elle avait à faire, qu'elle devait brûler la caserne, le sergent et tous les bougres qui y étaient. C'est la première fois que je vis la folie en face, tout à la fois effrayée et fascinée par elle.

*

Chaque été, un père et son fils venaient de Dublin. C'étaient des riches cousins de ma mère et elle caressait le lointain espoir d'un petit héritage. Elle multipliait les préparatifs ; la maison était décapée de haut en bas, de nouvelles recettes étudiées. À peine étaient-ils arrivés qu'elle discutait menus avec eux, et il y avait leurs habituelles plaisanteries sur leur « avoirdupois », sauf que je ne savais pas ce que ça voulait dire. Ils apportaient toujours un assortiment de bonbons Roses ou une boîte de chocolats, qu'on mettait sur le buffet. On faisait grand cas de leur cadeau, trop. Ils mangeaient de si bon appétit qu'après leur gros repas de midi, quand ils sortaient aux champs faire une promenade de santé, ils s'affalaient dans un champ de maïs ou de foin et somnolaient, ce qui ne les empêchait pas d'avoir le ventre creux et d'être toujours partants pour le repas du soir, généralement composé de viandes froides avec des pickles à la moutarde et des friands, dont elle était fière.

Il n'avait jamais été question de l'héritage, mais son espoir lui venait de ce que le père avait dit avoir donné son nom et son adresse au notaire. On espérait aussi qu'ils me laisseraient un billet de dix shillings en partant. Je voyais bien sa couleur, un rose doré, prospère, avec une image de dame avec un voile. À peine leur voiture avait-elle franchi le deuxième portail et disparu qu'on fouillait leur chambre, glissait nos mains dans les taies d'oreiller et de traversin, retournait les matelas, regardait sous les décorations et les statues, mais on ne trouvait rien. Ma mère versait quelques larmes parce que, avec toutes ses largesses, on devait maintenant de l'argent à trois boutiques, et, revenant à l'un de ses fidèles lieux communs, elle disait : « L'argent parle, mais dis-moi pourquoi tout ce qu'il sait dire, c'est au revoir. »

Une fois l'an, juste avant Noël, il y avait une partie de cartes à la maison. Il y en avait dans différentes maisons, et le prix final était une oie, que les familles devaient fournir à tour de rôle. C'est là que j'eus mon premier aperçu de disputes politiques. Les tables et les chaises de jeu étaient disposées dans la cuisine, et à l'office, recouvertes d'un coupon de mousseline légèrement humide, on rangeait les doubles assiettes de sandwiches, avec un choix de jambon, mouton et œufs. Il y avait aussi des friandises sur une autre assiette. Une marotte de ma mère, à cette époque, c'étaient les beignets, en sorte que l'odeur d'huile chaude et de sucre chaud imprégnait la cuisine. On jouait au «quarante-cinq», et au début tout le monde était jovial. Les partenaires choisis, les gens s'étaient assis à des tables différentes, avec les cartes de rechange à côté d'eux. Il se peut que quelqu'un ait triché, ou fait une renonce, ou qu'un joueur ait joué par erreur contre son partenaire, mais inévitablement une dispute éclata, les poings s'abattant sur le tapis vert, les cartes éparpillées, et dans la prise de bec qui suivit resurgirent des souvenirs politiques, si crus, si vrais. C'était la vieille histoire de la partition de l'Irlande, les six comtés détachés de la mère-patrie et la dispute enflammée sur les coupables. De Valera, disaient les uns, Michael Collins, répondaient les autres, le *long fella* et le *big fella*, le «long» et le «grand», le cœur de la dispute étant que De Valera avait envoyé Michael Collins en Angleterre négocier un traité tout en sachant qu'il reviendrait en ayant dû accéder à la détestable partition qu'exigeaient les Anglais. Aux griefs furieux contre l'ennemi se mêlaient désormais des griefs mutuels tout aussi furieux, et le calme, ou un semblant de calme, ne revint que progressivement grâce à une ou deux personnes raisonnables recourant aux clichés sur le terrible Moyen Âge que l'Irlande avait traversé et, pour sûr, le pays n'essayait-il pas tout juste de se remettre debout ? La partie reprit, mais l'éclat de la soirée s'était d'une certaine façon dissipé.

Il m'est apparu dès mon plus jeune âge que j'appartenais à un peuple furieux et que les blessures de l'histoire étaient crues et vives, comme les images des paquets de cartes qui avaient voltigé. Le Nord était une région sur une carte, mais à leur façon de haranguer, perdant la raison et se lançant mutuellement des accusations, je pressentis qu'un jour il assombrirait nos vies.

La classe

La classe devait être balayée tous les matins, le plancher aspergé d'eau pour retenir la poussière qui s'élevait en petits tourbillons. Par les trous du plancher, on entendait les souris qui trottinaient au-dessous et parfois on voyait poindre un museau ou une queue marron, et les filles devenaient folles, remontant leurs jambes sous leurs habits et se pelotonnant. L'odeur de poussière était toujours présente, mais l'été elle se mêlait à l'odeur des fleurs dans des pots de confiture sur le rebord de la fenêtre. Les filles qui apportaient des fleurs étaient les « chouchous » de la maîtresse, et l'odeur de fleur qui durait le plus longtemps était celle des giroflées, qui gardaient leur parfum même fanées.

Dès mon tout premier jour à l'école, la maîtresse me prit dans ses bras ; la broche qu'elle portait était identique à celle de ma mère : un nid de fleurs dans une alcôve d'argent en forme de feuille. La sienne, c'étaient des fraises, celle de ma mère des violettes. Elle me demanda en irlandais si j'étais heureuse d'être à l'école, et si j'allais briller et décrocher une bourse, et fièrement elle donna la réponse pour moi en irlandais. Il y avait une boîte pour les bébés noirs d'Afrique et, surprise, elle me permit de glisser un penny dans la fente ; le bébé noir, aux cheveux tressés, disait merci d'un hochement de son crâne de porcelaine. Au mur était épinglée une lettre d'une colonie de lépreux en Ouganda, jaunie par la fumée de la tourbe, où l'école était remerciée des sous envoyés. Juste à côté, sur un parchemin encore plus jauni, se trouvaient les mots de reproche de l'Anglais Sir John Davies, le lord-député du roi, écrits dans les années 1600 :

Car si l'on souffrait qu'eux-mêmes [les simples Irlandais] possèdent le pays tout entier comme l'ont fait leurs septs depuis des centaines d'années, jamais, jusqu'à la fin du monde, ils ne bâtiraient de maisons, ne feraient de cités ou de villages, ne fumeraient ou n'amélioreraient la terre comme il le faudrait. Aussi n'est-il conforme ni à la foi chrétienne ni à la conscience de souffrir qu'un pays si bon et fertile demeure en friches comme un désert, quand Sa Majesté peut légalement le mettre à la disposition de personnes qui y feront une plantation civile.

L'histoire irlandaise était la matière qu'elle aimait le plus enseigner. Elle arpentait la classe, entre les bureaux où nous étions assis par deux, avec les petits pots blancs d'encre diluée dans un encrier émaillé, et une entaille dans le pupitre de bois incliné pour mettre plume et crayon. Non sans hyperbole, elle enjambait les siècles, invoquant sièges et batailles – Slievemurry, Gorey et Athenry – , pleurant la conquête sept siècles auparavant, la cruauté de l'Envahisseur, le shérif saxon. Elle débitait les noms des héros dont la tête fut empalée aux portes du château de Dublin et pourtant, et pourtant, Malachi conserva son collier d'or. Frappant de sa règle la carte entoilée accrochée au mur, elle pointa le nom de Kinsale, les six années de siège qui marquèrent la fin de la crème de la soldatesque irlandaise, les grands comtes, O'Neill, O'Donnell, obligés de fuir leur terre, où ils moururent bientôt le cœur brisé, leurs auxiliaires s'en allant combattre comme mercenaires dans des brigades étrangères. Puis elle récitait, ses yeux emplis de larmes :

Et tout Valladolid sut
Et jusqu'à Simanque tous surent
Où ils inhumèrent Red Hugh.

Elle enjambait les siècles, revenant d'un bond à l'âge des hommes mythiques, dont la vie était faite de batailles et de banquets, dont les femmes étaient toutes belles, avec des yeux pâles et verts comme la mer, et les joues couleur de digitales, et sur leurs épaules se perchaient des corbeaux qui avaient le don de prophétie. Cú Chulainn, qui prit le nom de son chien de meute, était le héros sur lequel elle aimait le plus s'attarder, celui qui avait vaincu toutes les tribus et branches rivales d'Irlande jusqu'au jour fatal où les dieux le laissèrent tomber et, comme l'avait prédit l'oiseau Morrigan, ses boyaux s'ouvrirent sur les coussins de son char.

Seul et saignant, il se courba et but dans un ruisseau, puis tituba jusqu'à un lac dans lequel son sang coula, et il regarda une loutre qui buvait. Plutôt que de mourir défait, il s'attacha par sa tunique déchirée à une pierre debout, parce qu'il savait par l'Olla et les bardes qu'«un grand nom survit à un homme».

Il n'y avait qu'un saut de Cú Chulainn à Pie XI qui, avant de mourir, avait dit au cardinal MacRory, le primat d'Irlande, que les Irlandais étaient l'air pur de Dieu: «Ils étaient partout et comme l'air, donnant vie et vigueur à la foi catholique.» Pour sa mort, ce furent les grandes pompes; on entendait, à ses tons larmoyants, combien médecins, monsignores et son sacristain privé furent frappés d'horreur par son trépas, lorsque le voile écarlate fut retiré de son visage et que le cardinal Pacelli, son chambellan, prit un petit marteau d'argent et lui en administra trois petits coups sur le front, l'appelant par son prénom, «Achille, Achille, Achille». Comme il ne répondait pas, ils tombèrent à genoux en lamentations et récitèrent le *De Profundis*; puis la triste nouvelle fut aussitôt annoncée au Duce, Benito Mussolini, qui à son tour en informa Victor-Emmanuel, le roi d'Italie.

Souvent, après ces grandes sorties, elle s'asseyait, calme et raide, le regard dans le vide et réfléchissant. Réfléchissant à quoi? À son propre destin, ou à celui de l'Irlande? Elle vivait seule dans une ruine à huit cents mètres de l'école. Et un samedi, avant un examen, on eut droit à un cours supplémentaire là-bas. De l'étage, elle descendit une boîte à gâteau, dans laquelle il y avait les restes d'un cake aux fruits bien garni et plein de miettes de glaçage. Ça me rappelait les gâteaux que les mariés gardaient après la noce, en attendant le baptême de leur premier enfant, mais ça ne pouvait pas être son cas parce qu'elle était vieille fille.

Quand la cloche de l'école sonnait pour le déjeuner, on sortait dans la cour avaler notre repas, et une des filles qui était sa « chouchou » restait derrière pour lui faire une omelette au jambon. J'avais envie d'être une de ses chouchous ; j'essayai par tous les moyens, surtout par mes compositions, sauf que, délibérément, elle m'humiliait.

Le jour où l'inspecteur est venu, je crus que je m'étais surpassée. Il portait une veste de tweed avec des boutons de cuir froncés de la couleur des marrons avec une culotte de golf en tweed assorti. Il examina son programme et son carnet de bord, puis, jetant un œil à l'entour, demanda si l'une des élèves aimerait réciter un poème ou un peu de catéchisme. Comme je dévorais les choses par cœur, elle me dit de me lever et de réciter le miracle des pains et des poissons de l'Évangile selon saint Luc. Non contente de le réciter, j'ajoutais des fioritures de mon cru, expliquant que, une fois tout le monde rassasié, Jésus ordonna à ses disciples de ramasser les pains et poissons restants qui jonchaient les rives de la Galilée. L'inspecteur me demanda si je m'intéressais beaucoup à Jésus, sur quoi je répondis que j'étais déçue qu'il ait été si cassant avec sa mère aux noces de Cana, craignant que le vin ne manquât, quand il lui répondit : « C'est pas mon affaire ni la tienne. » Il y eut des gloussements dans la salle et il déambula en souriant, regarda les cahiers par-dessus les épaules des filles, prit un crayon attaché au bord de son petit carnet, nota quelque chose, puis nous quitta et, devions-nous apprendre plus tard, fit un long déjeuner au pub qui revendiquait fièrement le nom d'hôtel. Loin de me féliciter à cause du rapport chaleureux qu'il envoya, la maîtresse m'avait dans le nez, bien décidée à me punir. Elle me demanda d'apporter ma poupée de porcelaine Rosaleen pour la pièce de la Nativité, à Noël, où on ne m'avait pas donné de rôle. Ce fut blessant de voir Rosaleen, dans sa robe de satin ivoire parsemée de violettes, passer maladroitement de main en main et, pire encore quand un des trois Mages faillit la faire tomber. Après le spectacle, quand j'allai la récupérer, la maîtresse dit qu'elle ne pouvait pas la rendre, car on attendait un photographe qui devait faire une photo de la crèche, avec Marie, Joseph et les animaux qui avaient été confectionnés en paille. En attendant, elle garda la poupée chez elle et, rentrant de l'école, je la voyais par la fenêtre du salon, installée sur un buffet, ses jambes trapues ouvertes et ses deux mains de porcelaine qui m'imploraient, imaginais-je, de l'enlever. Mon cœur bouillait de colère. Ma mère finit par écrire, expliquant combien j'étais attachée à la poupée, mais elle ne répondit pas et fit comme si de rien n'était.

Un autre jour, elle m'envoya en ville pour deux sous de carré. Je remarquai le sourire du père et du fils quand ils entendirent l'humble demande. Je me tenais entre les gros cuissots de viande suspendus au plafond, avec leurs peaux blanches et lardées et du papier tue-mouches qui se balançait entre eux. D'un garde-manger fermé par une gaze, le fils retira quelques morceaux de viande sans doute bons pour les chiens qu'il enroula à double tour dans un papier blanc, puis s'essuya les mains sur son demi-tablier de toile cirée noire.

Dans la classe, ce fut l'hilarité générale. C'était deux sous de craie qu'elle m'avait envoyée chercher. J'étais une *amadán*, une simplette. Elle me mit au piquet devant le pare-feu, tenant grandes ouvertes les feuilles de papier éclaboussées de sang, que tout le monde voie bien, et après, quand je me rassis, les filles compatirent, sauf les quelques-unes qui lancèrent des bouts de gomme et des papiers de toffee dans ma direction.

Mon frère et mes sœurs, plus âgés, étant partis au pensionnat, rentrer seule à la maison n'allait pas sans multiples dangers. Il pouvait y avoir des bohémiennes ou une espèce de sauvage caché derrière un mur qui tortillait du doigt en crachant « je veux faire pilou-pilou avec toi ».

Un jour que j'arrivais à la maison, je découvris que ma mère n'était pas là ; à voir le second portail grand ouvert, les poules sur le dallage, affamées et picorant la chaux, notre porte arrière qui n'était pas verrouillée, à voir toutes ces preuves, je savais qu'elle avait filé chez sa mère après une effroyable dispute. Ça voulait dire que je devais me réfugier chez la famille Mac, au pavillon du portail, un vieux couple qui sentait l'essence de wintergreen, avec le mari qui se grattait la tête et demandait à sa femme combien de temps il leur faudrait me supporter. Elle avait les cheveux blancs comme neige et aussi ondulés que les vagues de la mer, et me voyant qui pleurnichait et triste, elle me laissait veiller un peu pour réciter le rosaire avec eux. Je dormais au grenier, auquel je grimpais par une échelle, et, à travers la lucarne, je scrutais le ciel, les étoiles, et implorais ma mère de rentrer à la maison, ce qu'elle fit toujours, jurant que nous serions dorénavant une famille heureuse, car mon père avait promis. Pour marquer le coup, elle ferait un gâteau à l'orange et, quand il serait presque cuit, elle le sortirait du four et me laisserait plonger dedans une aiguille à tricoter que je pourrais lécher – c'est si bon le goût de la pâte chaude orangée.

Nos poules se mirent à pondre comme il faut ; nous le savions au yodle de joie qu'elles lâchaient après avoir pondu, et il nous restait alors à aller dans la cour ramasser les œufs sous elles, dans leurs nids humides et moites, et dans leurs yeux l'éclat de perles. Elle nettoyait les œufs avec un linge humide et un peu de soda à pain et elle les portait dans sa corbeille à un nouvel épicier. On lui faisait crédit là-bas, son nom était le tout premier inscrit sur le grand et gros livre de comptes, qui ressemblait à un dictionnaire. Je fus autorisée à prendre un pot de deux livres de confiture de cassis. C'est à l'endroit où le sentier s'arrêtait, débouchant sur la route elle-même, que je le laissai tomber. Et voilà, un dégueulis pourpre et noir, des bouts de verre partout, et les minuscules cassis pareils à des crottes de bique. Une femme du garage voisin sortit, pour compatir, puis apporta une vieille aile d'oie et un morceau de carton pour balayer tout ça.

Il se trouvait que je m'étais entichée des stars de cinéma dont les photos accompagnaient les paquets de cigarettes, que je recueillais auprès de tous les hommes qui fumaient. Les femmes ne fumaient pas. Les photos étaient si ensorcelantes que je concoctais de petits drames sur elles, et mes deux préférées, c'étaient Clark Gable et Dorothy Lamour, que j'entortillais dans une histoire romantique, jurant de s'aimer, et cetera, jusqu'au jour où, sottement, Dorothy fit part de ses soupçons concernant Greer Garson, qui habitait dans le voisinage, également dans un manoir ombragé. Clark fulminait. Elle n'avait pas confiance en lui ? Les choses s'envenimèrent et Clark partit fâché, annonçant qu'il allait au bord de l'océan. Greer profita de l'occasion pour traverser la pelouse, apparemment pour consoler son amie, mais en réalité pour la persécuter. Cette petite pièce finit par être connue, et un jour que je rentrais de l'école, un dénommé Tim me fit entrer dans sa boutique puis dans un petit bureau où se trouvait un second monsieur assis sur un tabouret haut. Une bouteille de whiskey posée sur le plateau incliné du bureau de bois marron, les deux hommes minaudaient. Ils me demandèrent de jouer ma pièce, ce que je fis, ponctuant le dialogue avec les images des paquets de cigarettes, le spectacle durant à peu près cinq minutes. En guise de récompense, j'eus droit à une pièce de trois pence. Elle était chaude au creux de ma main et, dessus, il y avait l'image d'un chien. Je la rendis à Tim, qu'il la déduise de la note ; l'espace d'une minute, les deux hommes regardèrent ailleurs, ne sachant qu'en faire, et je nouai la pièce dans mon mouchoir pour ne pas la perdre.

*

Des années plus tard, quand j'eus fait, comme on dit, « mon chemin dans le monde », ma mère me demanda de passer voir ma vieille institutrice, souffrante depuis quelque temps. Sa chambre avait cette odeur de moisi que possédaient toutes les chambres de malade, car la fenêtre restait fermée, mêlée à l'odeur des médicaments et de l'orangeade. Sa peau était très jaune, comme si elle avait la jaunisse, son corps squelettique, mis à part le petit ballon de son ventre sous le drap, et la seule trace de son tempérament nerveux était sa façon de tripoter la frange de l'édredon de coton sur son lit. C'est à peine si elle parla pendant un certain temps, puis, de sa voix qui sifflait à travers sa trachée et m'agrippant la main, elle demanda si elle n'avait pas été la première à détecter l'étincelle de l'écriture en moi, la première à allumer le feu. Puis un éclair de lumière passa dans ses yeux, comme si elle entendait le bruit de Cú Chulainn et de ses hommes qui remontaient la rue paisible au pas de charge.

Carnero

Notre ouvrier agricole était surnommé Carnero. Il était polisson, nonchalant et peu enclin à se laver. Il mangeait comme un glouton. Ma mère devait découper le bacon ou le poulet à l'office, sans quoi il se servait dès qu'elle avait le dos tourné. Il beurrait son pain des deux côtés, tout en marmonnant dans sa barbe, d'un ton provocant, « et que je t'en file une, et que je t'en file une ». Il avait autour de dix-huit ans. Le samedi soir, dans sa pelisse, quand il se lavait dans la barrique d'eau de pluie pour la messe dominicale, il chantait quelques-unes de ses chansons favorites. L'une d'elles, c'était « Oh mamzelle Nicholas, soyez pas ridicule, le jour ça me plaît pas, c'est la nuit qui me va, allons mamzelle Nicholas, soyez pas ridicule... ». Il n'était pas particulièrement pieux. Les hommes l'étaient très peu. Ils se plaçaient au fond de la chapelle et se flanquaient des petits coups de coude quand le prêtre buvait le vin du calice, chuchotant que c'était un soiffard. En revanche, la plupart des femmes priaient avec ferveur, les yeux levés vers le plafond blanchi à la chaux, que Dieu entende mieux leurs pitoyables suppliques.

Carnero allait au pub tous les soirs, du moins dans l'un des nombreux pubs, au gré de l'accueil reçu. Étonnamment, pour un bled paumé, le village comptait vingt-sept débits de boissons, trois épiceries, un magasin de nouveautés, une pharmacie, pas de cinéma et pas de bibliothèque. Carnero trouva le filon quand un vieux bistrotier glissa sur les pavés de secours et eut besoin d'aide pour soulever ses barriques cerclées de bière brune. Carnero devint son adjoint et, en échange, il buvait sans payer, mais, pour se faire encore mieux voir, il nous volait du bois et des planches afin de préparer un grand feu dans ce bar qui détournait les clients des autres établissements. Tous les samedis soir, il me rapportait une barre de chocolat, du chocolat noir fourré de blanc, ou du chocolat au lait avec des raisins et des amandes, sans oublier la Peggy's Leg cannelle, sucrée et collante. Comme je jeûnais beaucoup pour sauver notre famille de diverses catastrophes, je gardais tout ça dans une mallette, que j'ouvrais de temps en temps, comme pourrait le faire un commerçant, bien décidée à ne pas les manger. Le goût et la texture du Délice turc surpassaient tout, et rien que d'y penser, je revenais souvent sur ma résolution. J'ouvrais la valise et en avalais deux barres entières d'un coup. Mon autre péché mignon consistait, à main nue, à goûter au diplomate que ma mère avait mis à reposer dans une coupe de verre sur le sol du vestibule, puis, pour cacher mon forfait, à en lisser la surface d'un coup de cuiller à soupe.

*

Le samedi, en été, on m'envoyait à la tourbière avec le repas de Carnero, lequel consistait en épaisses tranches de pain au soda beurrées et aspergées de cassonade parce qu'il avait la bouche sucrée. Déjà lacté, le thé était en bouteille. J'adorais ce trajet. Mabel la folle ne mettait jamais les pieds là-bas, et il n'y avait pas d'hommes ou de hobos planqués pour essayer de vous attirer derrière un mur pour un baiser, un « zoziau » comme ils disaient en vous tripotant manteau et jupe. Déjà, dans ma sotte ambition d'être écrivain, j'étudiais la nature en sorte de pouvoir soumettre des articles à l'hebdomadaire local. Il y avait un scribe anonyme, dont j'étais jalouse, qui écrivait des articles sur les tempêtes, les oiseaux de mer et les falaises en pente. Dans la partie ouest du comté, sur l'Atlantique. Nous étions dans les terres, et je trouvais que Drewsboro était l'endroit le plus charmant, le plus feuillu du monde. De part et d'autre de la piste, il y avait des talus herbus pleins de fleurs sauvages, bardanes et mauvaises herbes en fleurs, des abeilles qui bourdonnaient en allant et venant dans ces enclaves mellifères, et l'odeur des orties, si chaude. Les oiseaux piquaient en rafales aléatoires, et les papillons, brun velouté, bordeaux ou écaille de tortue, avec leurs couleurs ravissantes, qui ne juraient jamais, jamais criardes, évoluaient dans les strates supérieures, comme des bouts de soie volante.

Quand j'arrivais à l'entrée de la tourbière, Carnero me faisait signe de me dépêcher, parce qu'il «crevait la dalle». La tourbière elle-même (autre lieu de rendez-vous pour ma future composition) était un horizon de couleurs qui s'étendait sur des kilomètres et des kilomètres jusqu'à la paroisse voisine, où l'on voyait le bleu ardoise de la flèche de l'église. La tourbe coupée était encore noire, mais les flancs des remblais étaient d'un noir plus noir suintant d'eau de tourbe et la bruyère, soufflée par les vents d'hiver, avait des fleurs pourpres et brun-pourpre. Une grande frange de laîche vert tendre entourait le lac où les oiseaux aquatiques nichaient et lâchaient de temps à autre des cris d'alarme. Sur l'eau saumâtre, quelques iris jaunes, gorgés de soleil et dorés, ne permettaient pas de douter qu'on était en plein été. Il n'aimait pas le thé tiède et, arrachant la bruyère par les racines et utilisant quelques branches de bouleau, il allumait un feu pour le réchauffer dans une gamelle. L'odeur du feu au grand air était si pure, et la fumée légère s'élevait en crachouillant. J'avais une surprise pour lui. «Quoi, quoi?» Je n'arrêtais pas de le faire marcher. Ça concernait Sacko, qui était à la fois son ami et son rival. J'avais apporté un journal, enroulé autour de la bouteille de thé, qui relatait en termes enlevés les frasques de Sacko. Carnero s'allongea, roulant sa langue à plusieurs reprises sur ses dents jaunes et sales. À cette époque, j'étais trop jeune pour remarquer que Carnero ne savait lire ni écrire.

Pas plus tard que la semaine passée on se tenait les côtes de rire en lisant l'histoire d'une Mrs Considine, de West Clare, qui avait flanqué une beigne à une certaine Mrs Berg pour le vol de deux livres de sucre, de petits pains de quat'sous et de deux bougies. Le témoin, qui poussait la bicyclette de Mrs Considine, déclara à la Cour qu'il s'était tenu à l'écart « du paysage », mais admit que les deux femmes avaient des égratignures au visage, mais aussi du sang et des dents déchaussées. Une autre femme encore avait été accusée du vol d'une pièce de mouton, d'une valeur d'un shilling et six pence. Son excuse était qu'elle avait posé ses paquets sur le comptoir et, le boucher étant très occupé, elle avait sans le vouloir pris la pièce de mouton. « Et c'est ainsi que le mouton a disparu du comptoir pour se glisser sous votre châle ? » fit le juge du district, qui était connu pour sa rudesse, sur quoi elle invoqua sa mauvaise vue et son grand âge. Sa chicanerie lui valut une amende de dix shillings et six pence.

Mais celui que j'étais sur le point de lire nous touchait plus directement, il s'était produit dans la boutique même où ma mère achetait des biscuits fourrés à la confiture de framboise quand elle était en fonds. Il concernait Sacko, appelé le « Voleur nocturne ». Un vagabond qui allait et venait et, après de longues absences, s'en retournait avec un mouchoir de soie ou un étui à cigarettes avec un monogramme d'argent, expliquant qu'il les avait reçus pour services rendus à un amiral ou un lord en Angleterre. Tout le monde savait pour son entrée par effraction dans le magasin d'Eamonn, et les œufs qu'il avait volés, et comment Sacko avait été suspect, mais jamais ça n'avait été raconté aussi magnifiquement que dans l'article dont je donnai lecture à Carnero :

Eamonn le boutiquier, assoupi au premier, entendit un bruit d'effraction au-dessous et, descendant, s'aperçut que deux carreaux avaient été enlevés d'une fenêtre arrière, qu'une lampe avait été retournée et qu'un certain nombre d'œufs, mais aussi deux œufs d'oie, avaient disparu du plateau. Bien qu'inquiet, Eamonn le boutiquier retourna se coucher. Au matin, avec l'aide du garde local, ils firent un travail de détective et en arrivèrent à la conclusion que le grossier intrus était probablement une personne d'un mètre soixante-sept et ne devait pas peser plus de quatre-vingts kilos pour pouvoir se glisser par la fenêtre. Interrogé, le suspect Sacko s'est présenté comme un bon voisin irréprochable et a retracé ses déplacements entre minuit et quatre heures du matin. Il était sorti faire un tour dans le village, s'était arrêté à la pompe paroissiale pour boire un coup, avait engagé la discussion avec le veilleur de nuit sur les perspectives d'une guerre prochaine et, étant un bon Samaritain, il avait conduit quatre veaux égarés, errant sur la route, dans la cour du commerçant, pour les mettre en sécurité. Après quoi, il s'était rendu à un kilomètre cinq du village, dans un coin où un paysan lui avait permis de roupiller, quand il n'avait pas où crécher. Reste que son histoire comportait une « lacune ». Le moulage effectué de ses empreintes correspondait aux empreintes de l'arrière-cour et, par-dessus le marché, il était la seule personne à l'entour connue pour gober les œufs crus. Le plaignant se surpassa, racontant au juge comment il avait passé la nuit, usé par la marche, s'était rendu à l'appentis, avait pris un vieux bâton, qu'il avait posé de travers dans un coin et s'était assis, les mains jointes, priant Dieu comme il l'avait toujours fait dans les tranchées.

« Les tranchées, mon cul », fit Carnero, mais sa curiosité était à vif.

Sacko raconta ensuite au juge que jamais de toute sa vie il n'avait fait le moindre mal à personne et que s'il avait pris des œufs c'était uniquement à cause de ses affreux rhumatismes d'une vie de vagabond qui dormait à l'étable.

« Rien de plus passionnant ? demanda le juge
– Si... J'suis un homme polyvalent, doué pour la musique... J'suis ventriloque et prestidigitateur, des dons que notre surintendant local ne possède pas, j'en suis sûr... pour ça qu'il cherche à me noircir.
– Il y a des dons dont je suis heureux de me passer », répondit le surintendant, se levant d'un bond, le visage écarlate, furieux qu'un hooligan menteur se moque de lui. Mais le juge, qui aimait boire, fut clément ce jour-là, à moins qu'il n'eût apprécié la repartie, si bien que Sacko fut acquitté, sous prétexte que l'effraction n'était pas grave, et qu'est-ce que c'était, quelques œufs manquants, pour un homme prospère connu sous le nom d'Eamonn le boutiquier.

« Bon sang, rien ne peut l'arrêter maintenant », observa Carnero, fixant la photo de Sacko dans son blazer mal ajusté avec des boutons de laiton et les lunettes cerclées d'acier qu'il avait mises pour faire de l'effet.

Alors même que l'autre article que je lus ne l'intéressait pas, Carnero écouta, n'importe quoi pour se prélasser et glander. Je lui demandai si c'était mieux que mes articles à moi, plus pâlichons, sur les tourbières, les abeilles et les papillons.

Sur la côte ouest de l'Irlande, entre Clare et Kerry, se trouve l'embouchure du Shannon avec la péninsule de Loop Head, côté Clare, qui perce agressivement sur une trentaine de kilomètres le vieil ennemi implacable et sans âge, l'Atlantique. Les guerres élémentaires du vent et de l'eau ont vaincu toutes les fortifications terrestres qui la soutiennent au nord et au sud et le grand flot du Shannon, allié à l'océan, a attaqué l'arrière, ou le côté terre, et en a presque fait une île. Grise et toujours plus étroite, la péninsule s'élance avec ses falaises surplombantes, les flancs vers Kilbaha, où elle porte un phare qui, comme le grand vieux guerrier qu'il est, flashe le chevaleresque avertissement : « Attention ! Je brise l'océan, je naufrage les bateaux. »

Il était temps de rentrer. Si au retour j'apercevais le même papillon porte-bonheur, la composition que je comptais écrire s'envolerait. Il s'était posé sur un rocher, ouvrant et refermant ses ailes à plusieurs reprises, des ailes comme des bijoux, violet foncé, avec un soupçon de marcassite, et il faisait tout le temps la même chose, ouvrant et fermant les ailes comme une coquette, enivré peut-être par le nectar qu'il venait de goûter sur les baies, ou peut-être pour en attirer un autre de son espèce.

*

Puis, une nuit humide où nous étions assis au coin du feu, nos chiens se mirent à aboyer comme des fous, et nous nous étonnâmes que des visiteurs s'aventurent dehors par une nuit pareille. Nous attendîmes, attendîmes encore, mais personne ne frappa. Finalement, ma mère se dirigea à l'arrière de la maison dans la cuisine, où une lettre avait été glissée sous la porte. La chose redoutée, une lettre anonyme. Elle lut les premières lignes à voix haute. Chaque nuit, après qu'il quittait le débit de boissons, on voyait Carnero dans nos bois, avec la bonne du médecin. Les lignes suivantes étaient si scandaleuses que ma mère demanda à mon père de sortir et referma la porte, que je ne puisse pas les surprendre. Quand ils revinrent, elle dit, d'un sinistre chuchotement, qu'on allait devoir lui donner son congé, à Carnero. En ce cas, on serait vraiment coulés. C'est lui qui tenait la maison. Qui trayait, affourrageait, labourait, hersait, tuait le cochon deux fois l'an et, l'été, tordait le cou aux jeunes coqs pour les repas dominicaux, qui consistaient en poulet bouilli accompagné d'une sauce blanche au persil.

Associant le contenu de la lettre anonyme et le terrible rendez-vous de Carnero, je devins folle de jalousie et craignis pour son âme, sans considération pour la sienne à elle. Le seul châtiment que je pouvais lui infliger était de refuser les barres de chocolat et, par-dessus le marché, de ne plus lui parler. Je ne sais combien de temps dura cette bouderie, sauf qu'on sut que la bonne, enfermée dans un débarras par l'épouse du médecin, avait été ensuite sèchement congédiée.

*

Un beau jour, des années plus tard, l'impensable arriva. Carnero annonça qu'il partait. Il allait en Angleterre, où ses cousins lui avaient trouvé un boulot dans les chemins de fer. Une minute, comme dit mon père furieux, il allait à Cambridge, et la minute d'après c'était Oxford, et l'université qu'il allait fréquenter était l'objet de tous les sarcasmes. Mais, le jour de son départ approchant, la réalité nous rattrapa. Ma mère se mit à paniquer et cessa d'énumérer ses insuffisances, son manque d'hygiène, son pot de chambre – une boîte de conserve – qu'il vidait la nuit par la fenêtre sur une dalle qui, du coup, était toujours salopée, sa manie de beurrer son pain des deux côtés quand elle avait le dos tourné, sans compter qu'il prenait non pas un, mais deux œufs à la coque au petit déjeuner.

Rentrant de l'école, je vis ma mère assise en pleurs à la table de la cuisine. Elle s'asseyait rarement et, le plus souvent, elle réprimait stoïquement ses larmes. Mais elle était bien là, se tordant les mains et pointant du doigt la chambre du bas, où il dormait et où, vraisemblablement, il faisait ses bagages. Elle n'arrivait pas à comprendre pourquoi il était si long. On écouta à la porte et, de temps à autre, elle frappa, mais pas de réponse. On retourna à la cuisine, tout en nous demandant, de nos mines abattues, comment, grands dieux, nous allions nous débrouiller sans lui, tout en attendant de le voir reparaître avec une valise marron et d'autres affaires, peut-être, dans un sac de farine. Elle se demandait déjà qui ferait la traite (mon père ne l'a jamais faite), et elle-même ne l'avait plus faite depuis qu'elle était jeune fille, dans une ferme de montagne, quarante ans plus tôt. Des dangers inouïs nous guettaient. Soudain, elle se rappela qu'elle avait confectionné un gâteau de pain dans une cocotte, et elle courut le chercher à la chaudière dans la cour.

Je commis l'irrévocable. Sans frapper, je fis irruption dans sa chambre. C'est l'une des rares fois où je lui vis un air contrarié, et son premier instinct fut de lever les mains et les bras pour m'envoyer promener. Il savait pourquoi j'étais venue. Ses affaires étaient sur le lit : son beau costume bleu marine, deux pardessus, des chemises, des souliers marron cloutés avec de la bouse séchée dessus et de la camelote – trucs de vélo, tuyaux de cuivre, piles humides et piles sèches et autre bazar – qu'il avait l'intention de vendre à un ferrailleur de Limerick.

La petite fenêtre était grande ouverte, mais la chambre sentait encore le renfermé. Je n'ai souvenir d'aucun mot qui ait été prononcé. Ce que je fis, c'est que je m'agenouillai et lui attrapai les chevilles, l'implorant de ne pas partir. Il était planté là comme une statue, n'essayant pas une seule fois de se libérer. Je m'accrochai à lui, toujours plus fort, jusqu'à l'instant où il remonta ses manches et me regarda d'un air que je dois bien dire de défaite absolue.

Exultant, ma mère lui prépara la côtelette qu'elle destinait au thé de mon père. Nous mangeâmes en silence, ma mère et moi à un bout de la table, avec du pain et de la confiture, et Carnero qui boulottait la côtelette, avec le rognon rouge et dodu qui était resté attaché. La tension était insupportable. J'avais fait quelque chose d'épouvantable, je le savais. J'avais tué l'amour, avant même de savoir l'énormité de ce qu'était l'amour.

Vacances d'été

J'entre dans la cuisine de la maison de grand-mère et j'en fais le tour, mal assurée. Elle était sombre, même en plein jour. Il y avait une fenêtre très basse qui admettait bien peu de lumière, reliquat du temps passé, quand moins de fenêtres signifiait moins de rente versée aux seigneurs anglais, sauf que je ne le savais pas alors, à huit-neuf ans.

Je faisais le tour de cette cuisine pour apprendre à la connaître et ne pas m'y sentir seule. Loin de l'âtre et du feu, où les casseroles et une bouilloire étaient suspendues à une grille de fer, il y avait une table, jamais entièrement mise ou débarrassée, des soucoupes qui séchaient sur les tasses renversées pour le prochain thé. Un voile de mousseline recouvrait le broc de lait pour écarter les mouches et les moucherons, et le beurre de pays était excessivement jaune, dégageant une forte odeur de sous la cloche de verre dont il était recouvert.

À côté d'un mur se trouvait un coffre-lit qui, fermé, était une malle, et où un ouvrier avait dormi jadis, obligé d'attendre que les autres fussent montés se coucher pour se mettre au lit. Les hommes s'y asseyaient au réveil de mon grand-père, fumant leurs pipes d'argile en faisant circuler la bouteille de whiskey et parlant à voix basse. La mort était à l'étage. Le visage blanc de mon grand-père semblait d'autant plus blanc que le drap blanc amidonné était remonté jusqu'au menton, et sa moustache blanc-gris paraissait artificielle sur un visage mort. Les veines enflées du dos des mains étaient un alphabet plein de raccordements, avec des escarres et des grains de beauté marron dans les fronces de la peau. Quelqu'un avait glissé un rosaire entre les doigts sans vie. Deux grandes chandelles se consumaient sur une table basse recouverte d'un linge blanc, tandis que régnait dans la pièce une odeur de cire fondue et de désinfectant, parce que la femme qui avait fait sa toilette avait récuré le lino.

Sur le buffet à côté se trouvaient les faïences et les casseroles de lait à écrémer. Ma tante le faisait délicatement du bout des doigts, et la crème, qui eût été délicieuse sur des mûres, était destinée à être barattée pour la prochaine livraison de beurre à l'odeur corsée, dont elle portait l'essentiel en ville à l'épicerie en échange de provisions. Désœuvrée et ne sachant combien de temps pouvait durer mon incarcération, je ne pensais qu'à rentrer à la maison. Pour éviter la cuisine avec ses odeurs et les geignements de ma grand-mère, je passais les jours dans la petite plantation, où ma tante avait semé des dahlias rouges qui contrastaient si joyeusement avec les ifs sombres et funèbres.

En fin de soirée, ma tante sortait traire, nourrir les veaux qu'elle cajolait et crier « tchouk, tchouk, tchouk » aux poules qui ne voulaient pas rentrer dans leur poulailler étriqué. Je m'asseyais avec grand-mère dans l'obscurité qui gagnait. Économe par nécessité, elle savait les heures de lumière que pouvait donner une bougie et tardait à l'allumer. Quand les criquets se mettaient à crier comme des malades. Ils nichaient dans les trous du mortier au-dessus de la cheminée, mais, avec la lueur des bougies et la diablerie qui était en eux, ils sortaient en essaims. Ils se posaient toujours sur une serviette ou un torchon mouillé qu'on avait mis à sécher, pour en sucer l'humidité. C'est de ça qu'ils vivaient. Dans l'almanach écorné d'un tiroir, il y avait un article sur les criquets qui expliquait que leurs cris perçants ne venaient pas de leurs gorges mais de la rapide attrition de leurs ailes. Aucune de nous ne savait ce qu'était l'attrition. Ma grand-mère divaguait sur les épreuves qu'elle avait endurées et les fiers patriotes dont je descendais. L'un d'eux, surnommé « Da Stick », avait pris part à une insurrection ; blessé, il avait été pourvu bien plus tard d'une jambe de bois. Jamais je ne sus de quelle insurrection il s'agissait, car il y en a eu tellement dans ces années-là, et toutes, je le savais par l'école, bousillées, à cause du manque d'armes et de la trahison de mouchards, de frères ou de cousins qui dénonçaient les leurs. Son fils Michael avait été chef de la 3e brigade à East Clare, soldat intrépide recherché par l'armée britannique, avec sa tête mise à prix. Il avait tenu un journal, qu'elle sortait d'un recoin du mur comme si c'était le Livre des Psaumes. Elle lisait tout haut, d'une voix tremblante :

Commencé à labourer, eu une sale passe après le dîner, quand j'ai aperçu le camion des Tans tournant Lyon's Cross. Juste au centre du champ, bien en vue. Courir serait absurde. Continué de labourer en me dirigeant vers eux jusqu'au cap. Ils étaient à une centaine de mètres, mais sous des arbres dans l'ombre. J'ai ouvert la clôture et battu en retraite dans le bois et me suis assis là tranquillement à les regarder qui me cherchaient. Passé la nuit chez John Mack, à trois heures du mat, entendu les camions, planqué dans le lit, puis envoyé Billy Mack prévenir Turner. À son retour, Billy a dit qu'ils avaient encerclé la maison de Turner et que ça sentait mauvais. Battu en retraite, traversé Bo River vers Griffins et attendu les nouvelles urgentes.

À ce stade, ma grand-mère avait toujours succombé aux larmes et me chargeait de déchiffrer la page suivante, et la suivante, alors que l'encre effacée par tant d'années était devenue marronnasse. Je ne désirais qu'une seule chose, une cuillerée de sirop de sucre roux, qui glissait si facilement dans la gorge.

Une nuit, longtemps après que ma grand-mère était allée au lit, ma tante Delia, gentille par ailleurs, décida de me faire une farce. Elle avait une visiteuse, qui s'appelait aussi Delia, et elles ne cessaient de répéter : « Voyez-vous ça, deux Delia dans la même humble paroisse ». L'autre Delia avait été en Amérique, et c'est de là qu'elle tenait cette expression, et ce

« fichu » au lieu de « foutu ». L'autre Delia passait son temps à se vanter de l'harmonie avec son cher époux défunt, comment ils s'asseyaient le soir au coin de leur gentil feu, se prodiguant l'un à l'autre les encouragements nécessaires, et disant : « Quoi qu'il en soit de ces fichues récoltes, toi et moi on va se détendre. » Mais on savait bien qu'ils se chamaillaient âprement, et souvent il quittait la maison de nuit et disparaissait plusieurs jours.

J'étais donc là, les dévorant des yeux, buvant chacun de leurs mots, quand ma tante dit soudain que ma mère n'était pas ma vraie mère. Exactement ces mots. Ma vraie mère, qu'elle dit, était en Australie. Je commençai par frissonner avant de me pétrifier. Elles continuèrent à rire et à enjoliver leur histoire. Je dis que ma mère était ma mère. Elles dirent que j'étais trop petite pour me rappeler quand l'échange s'était produit. Elles en rajoutèrent, se délectant de la plaisanterie et de ce que j'étais de plus en plus agitée, debout, autant que je me souvienne, et frappant de mes pauvres petits poings, de mes petits poings inutiles alors que cette mère australienne commençait à se matérialiser. Elle s'appelait Peg, elle était brune et sans cœur, la preuve était qu'elle m'avait abandonnée. Elle vivait sur un élevage de moutons dans quelque trou perdu et, à l'occasion, envoyait des billets de cinq shillings pour mon éducation. Un jour, on me renverrait vers elle, et je serais séparée de la mère que j'aimais tant que je me promettais de mourir à l'instant même où elle mourrait. L'endroit où je devais aller dans ma tête, en admettant que je n'aie pas de mère, était effroyable, suscitant des terreurs, grandes et petites. Les objets de la cuisine commencèrent à se brouiller, comme elles, et prise d'une frénésie violente, je filai pour leur échapper, dans l'intention de parcourir les huit kilomètres qui me séparaient de la maison sur des routes sombres, à tout prix, retrouver ma mère et entendre de ses lèvres la phrase douce et rassurante : « Je suis ta mère, tu es mon enfant. » Au premier portillon, elles m'attrapèrent par la manche de mon cardigan pour me ramener à la maison et m'installer sur un rocking-chair, à demi allongée. Elles me mirent une serviette sur la poitrine et sur la bouche, pour étouffer ce qui dut être mon rugissement. Je ne cessai de répéter : « Je veux rentrer à la maison, je veux rentrer à la maison. »

Le lendemain, ma tante dut se rendre à vélo jusqu'au carrefour pour attendre la fourgonnette postale, avec un mot destiné à ma mère, qu'elle envoie Carnero me chercher et me ramener à la maison. Sans donner la moindre raison. L'homme qui conduisait la fourgonnette fut imploré d'interrompre son trajet entre deux bureaux de poste pour monter spécialement chez nous avec le billet. J'avais déjà fourré mes quelques affaires dans une petite valise et passai la journée dans la plantation, parce que ma grand-mère, apprenant que j'avais le mal du pays, se mit à grommeler, disant que j'étais une enfant gâtée et que j'étais sacrément ingrate, vu comme elles m'avaient gâtée, avec gelée et blanc-manger le dimanche. Les heures passaient.

Des kilomètres à la ronde, les oiseaux faisaient leurs excursions du soir, fondant en piqué sur le tonneau d'eau de pluie où les moucherons avaient essaimé, et déjà les freux se perchaient dans les arbres pour la nuit. Dans la brune j'attendais encore et, j'étais tellement sûre que Carnero viendrait, que je ne cessais d'entendre le frottement du portillon sur l'ardoise où il était accroché. Je l'imaginais posant sa bicyclette en bas du terrain et prenant un raccourci par l'herbe haute, pestant que la rosée allait abîmer les chaussures du dimanche qu'il venait de cirer.

Puis on m'appela pour le souper. Prise de remords, ma tante avait découpé une tranche de pain du commerce en petits bouts que, pour m'amadouer, elle avait arrosée libéralement avec la boîte de sirop de sucre roux. Grand-mère criailla à propos de toutes les souffrances et pénitences qu'elle avait dû endurer et priait tout haut que le Seigneur vînt bientôt la chercher. Ma tante et moi regrettions toutes deux le froid entre nous, parce qu'avant cela nous étions très amies. Chaque nuit, quand grand-mère était montée se coucher, on s'asseyait pour bavarder. Elle me parla d'abord de son défunt mari, son partenaire, l'homme dont elle portait l'image dans un médaillon près de sa poitrine et avec qui elle s'était entretenue de temps en temps. Il avait les yeux noirs et les cheveux noirs.

Sa seule consolation, c'étaient les romans d'amour sur lesquels elle pouvait mettre la main. À la différence de ma mère, elle adorait lire et, comme par miracle, un instituteur à la retraite du comté de Kerry lui avait envoyé un exemplaire de *Guerre et Paix* à peine quelques mois plus tôt : une édition en trois petits volumes et imprimée en minuscules caractères sur du papier si fin qu'il fallait mouiller les pages pour les tourner. Elle me l'avait montrée durant les vacances en me demandant de recopier les noms des personnages russes avec leurs patronymes, qu'elle se familiarise avec eux lors de sa seconde lecture, qui serait dans les prochaines nuits d'hiver. J'en vins à connaître un prince André qui ne voulait pas se marier, une Maria Dmitrievna qui haletait fortement en dansant, une belle Natacha, Pierre qui se trompait de chapeau dans le salon d'Anna Pavlovna, et un vieux prince entêté des monts Chauves qui tourmentait sa malheureuse fille, Marie, et qui sur son lit de mort l'invita pourtant à passer sa robe blanche, qu'il aimait lui voir porter. J'avais recopié ces bribes dans un carnet qui contenait aussi le rendement obtenu du meunier pour leurs grains au fil des ans et les prix variables des aliments pour les bêtes.

Assise à cette table je désirais, et je suis sûre que ma tante aussi désirait une trêve, mais aucune de nous n'était prête à faire le premier pas. Puis voilà. Une ombre passa derrière la fenêtre basse et, avant que je n'aie pu trancher si c'était lui ou pas lui, Carnero fut dans la cuisine, dans son beau costume bleu marine, disant qu'il était mort de soif. Ma tante lui servit une goutte de whiskey dans un gobelet qui accompagnait une bouteille de tonic. Il tenait un coussin à mettre sur la barre du vélo sur lequel il allait me ramener à la maison, et déjà s'estompaient la morosité et les persécutions des vacances. Ma tante me donna un shilling neuf tout propre et me fit jurer de ne jamais raconter les bêtises sur Peg, là-bas en Australie.

En chemin, Carnero et moi avons bavardé, et il m'a donné les nouvelles depuis que j'étais partie, ajoutant qu'il n'y avait pas eu de grabuge. À plusieurs reprises, nous avions dû descendre de vélo sur les pentes raides, parce que c'était un gars assez corpulent et qu'il y avait mon poids à moi par-dessus le marché. On s'assit sur un petit pont de pierre bas, avec la rivière juste en dessous, haletant sur un rythme presque musical. C'était Bo River, l'endroit même où mon oncle mort avait battu en retraite quand il était en cavale. Un troupeau de vaches était couché dans le champ, tout près les unes des autres, avec cette respiration poussive qu'elles ont la nuit. Dans le bleu vaporeux de la nuit qui tombait, la montagne et le ciel s'étaient fondus l'un dans l'autre et paraissaient sans substance. Heureux et satisfait, Carnero alluma une cigarette et de la manière sauvage et spontanée qui était la sienne, il se mit à chanter :

À la foire d'Athy m'en allais
Quand j'ai vu sécher un vieux jupon
Aussi sec, j'y accrochai mon caleçon
Que le vieux jupon soit bien au chaud.

Livres

Le premier livre que je me rappelle avoir eu entre les mains était un livre toilé avec des images et une berceuse :

Hé liolon liolon
Le chat et le violon,
Sur la lune vache se couche
C'est rigolo, dit le petit chien,
Le plat s'enfuit avec la louche.

Les lettres, grandes et peintes, étaient pareilles aux piliers peints d'une maison qui ne dégringolerait jamais.

Assise sur les genoux de ma mère, sentant son odeur, sentant la démangeaison de la laine de son cardigan, le soulèvement particulier de sa poitrine, j'étudiai chaque trait de son visage qui était si beau pour moi, sauf le front, qui était une carte de rides, et sur cette carte j'écrivis mes premiers mots, à sa louange.

Notre maison était pleine de livres de messe et de trésors religieux, aux couvertures de cuir douces et alvéolées avec des liserés d'or aux pages qui scintillaient quand le soleil perçait par la toute petite fenêtre de l'office où on les empilait. Il y avait des rubans de diverses couleurs, si bien qu'on pouvait ouvrir une page au hasard et lire les Sept Douleurs des Saintes Vierges, des prières à saint Pierre d'Antioche, saint Bernardin de Sienne, saint Aelrod, saint Cloud, saint Colomba et saint Colman de Cloyne, de Dromore, de Kilmacduagh, et, les plus déchirantes de toutes, les prières spécialement adressées aux stigmates de saint François, que la chair soit crucifiée par ses vices.

Les mêmes livres d'office se trouvent sur mes étagères à Londres et il m'arrive d'en prendre un et de mesurer combien ils ont inspiré ma réflexion et même mes rêves, alors que ma mère et moi, blotties l'une contre l'autre au lit, récitions sans cesse les mots :

Que rien dans nos esprits n'excite
Vains rêves et fantômes de la nuit ;
Garde-nous de nos ennemis,
Que nos corps ignorent l'impureté.

Il y avait les prières du matin, les prières du soir, mais aussi vêpres, contritions, psaumes et versiculets. Il y avait des exhortations sur l'orgueil, la vanité, les plaisirs sales, la difformité de nos péchés étant si grande que l'intelligence humaine ne parvenait à les comprendre pleinement. Les flammes de l'Enfer paraissaient aussi réelles que la tourbe brûlant dans le feu. Parfois, quand une motte tombait, ma mère l'attrapait à main nue afin d'éprouver sa force en vue des flammes futures et possibles de l'éternité. L'Enfer était bien plus réel, pour nous, que le Ciel. Le Ciel était doré et vaporeux.

J'allais toute seule à la chapelle et, «par contrition, récitais vingt Pater, Ave et Gloria, et d'un air contrit baisais le crucifix». Puis c'était la méditation, précédant les Stations de la Croix, où je m'attardais sur les Cinq Plaies saintes, la plaie du pied gauche, du pied droit, de la main gauche, de la main droite et le flanc sacré que les soldats romains avaient percé de leurs épées, faisant jaillir sang et eau. Tout, là-dedans, était si immédiat, comme si l'image de chaque station ensanglantée avait pris vie, et je pouvais presque effleurer la couronne d'épines, ou le vêtement pourpre qui était déchiré, ou la serviette avec laquelle Véronique essuya le visage de Jésus, et entendre les railleries des soldats à son endroit, alors qu'ils lui crachaient au visage. Je pouvais presque goûter le vinaigre et le fiel qui étaient sur l'éponge à laquelle on le fit boire.

Pour lire à la maison, nous avions le *Messager* irlandais, organe de l'Apostolat de la prière qui sortait tous les mois et coûtait trois pence. Sur la magnifique couverture mate rouge foncé, il y avait une image du Sacré-Cœur, bras tendus, afin que les pécheurs rampent sous les plis des manches amples et tombantes. Des années plus tard, mon ami Luke Dodd me raconta que sa mère et ses tantes se servaient de cette riche couverture mate en l'humectant avec leurs doigts : aussi efficace que n'importe quel rouge !

Le but avoué du magazine était de promouvoir le bonheur au foyer, de repousser l'intrusion des « orchestres endiablés » et prévenir l'avancée du communisme qui avait asservi la Russie, un pays quarante fois la taille de l'Irlande et livré à « cette ruine rouge ».

Il y avait aussi des tuyaux pour faire une veste de bébé avec des engrêlures et monter les mailles avec des aiguilles à tricoter numéro neuf, dix et onze pour ce beau cardigan de Fair Isle. Dans une rubrique qui s'appelait « Réponse à votre question », toutes sortes de préoccupations étaient abordées. Un lecteur en proie à une grande perplexité demandait si frire le pain dans la graisse le vendredi était un péché, puisque la viande était interdite, et une autre si c'était complaisant de baiser trop fréquemment la croix qu'elle portait autour du cou. Les colonnes « actions de grâce » débordaient de gratitude : *Saignement de nez arrêté, Succès à l'examen de l'école de couture, Retrait d'arbres dangereux à proximité de la maison, Gangrène évitée, Colis parvenu à destination, Beau temps pour le match de hockey, Père tient ses promesses, Argent gagné au sweepstake.*

On pouvait lire les aventures de religieuses et de prêtres irlandais qui écumaient le monde pour aller au-devant d'infortunés païens, aspirant au baptême. Il y avait des images de religieuses en pousse-pousse traversant le fleuve Han, à Hanyang, et empruntant une passerelle, avec la silhouette de Shanghai à l'arrière-plan. C'étaient les filles d'Érin, parce que « partout où un besoin humain se déclarait, il y avait une religieuse irlandaise pour le combler ». Des prêtres, comme le Christ face aux centurions, bravaient les blizzards ou une chaleur suffocante pour rejoindre les trous perdus de l'Amérique, le bush australien, le veldt africain, les asiles de lépreux, les villes de Chine, les collines du Kachin en Birmanie : des lieux où les indigènes n'avaient encore jamais vu de Blanc, sans parler d'un prêtre barbu arrivant à dos d'âne ou sur un char à bœufs.

Les préparatifs pour célébrer la messe dans ces missions étaient aussi astreignants et improvisés que ceux des théâtres itinérants. Il fallait installer un confessionnal portable pour les pénitents qui brûlaient de se convertir, tandis que pour l'autel on se servait d'un pressoir de bois au-dessus duquel un linge noir était suspendu à un bambou. Deux petits enfants de chœur de Hanyang, dans leurs surplis blancs, complétaient le tableau parfait, dans quelque jardin abandonné, au milieu de ruines antiques, de temples et de pagodes en surplomb, qui étaient infiniment plus beaux que le pressoir de bois, mais notre Dieu, qui n'était pas leur Dieu, ne séjournait pas dans les temples ornementaux en saillie. Après avoir dit la messe, le prêtre, se servant de baguettes, avalait un petit bol de riz, puis remontait sur son âne ou son char à bœufs pour répandre le saint pâturage dans le prochain lointain avant-poste.

Le *Messager* publiait aussi en feuilleton des histoires romantiques, qui tournaient invariablement autour de crises de conscience. Ainsi de la jeune Blanche, « vingt-deux ans, bien de sa personne », à qui tante Louisa avait légué Honeysuckle Cottage, dans le comté de Wicklow, à condition qu'elle ne se marie jamais. Blanche abandonne son modeste emploi de secrétaire d'un notaire, s'installe à Wicklow, soigne ses rosiers, ses pommiers et, à l'occasion, invite quelques amis de Dublin à lui rendre visite le dimanche, en été. Elle est la plus heureuse des Blanche jusqu'au jour où un artiste itinérant frappe à sa porte : un homme aux yeux qui lancent des éclairs, pauvre mais fier et fatalement persuasif. « Oh amour, quelle créature irraisonnée est-elle devenue. » Incapable de dormir, ses cheveux se détachant de ses épingles, Blanche fait les cent pas, appréhendant l'amertume de la vie solitaire parce qu'elle ne doit pas céder, d'autant que, mis à part la condition de tante Louisa concernant le lit conjugal, l'artiste itinérant n'est pas catholique romain, tandis que Blanche est douée d'une intense nature spirituelle et du sentiment religieux de sa race. À la fin de chaque épisode, il y avait le titre de la prochaine livraison palpitante – « Son sang sauvage » ou « Flétrissement d'un soir » –, mais jamais je n'arrivai au chapitre « Quand le rideau tomba », car ce numéro ne nous est jamais parvenu, probablement par manque d'argent. Trois sous, ça ne semble pas grand-chose, mais il y avait des fois où nous ne les avions pas. Je me souviens de la honte cuisante d'avoir à quémander au pavillon du portail un penny pour ma classe de danse et, du coup, d'avoir détesté la prof de danse avec ses beaux escarpins de daim noirs, et ses mollets si fins et si galbés dans ses bas de soie bleu marine.

Un dimanche, dans une malle du grenier d'un voisin, je tombai sur un livre. Comment il était arrivé là, je ne le saurai jamais. Un livre d'occasion, offert en 1907 par l'Edinburgh School Board à une certaine Mary McDonald pour la récompenser de sa régularité et de son assiduité. La couverture était aussi d'un magnifique rouge sombre, comme celle du *Messager*, mais, au lieu du Sacré-Cœur, une piquante jeune femme tendait les bras, et dans les plis de son manteau rouge, deux pages blanches suggéraient le drame de sa vie de rebelle. Il s'intitulait *East Lynne*. Il était illustré avec goût, représentant des familles heureuses, le père en queue-de-pie et la mère en robe longue avec des manches en patte de mouton, avec leur enfant blond qui était l'image même du bonheur. Cinq cent quarante-huit pages débordant d'amour, d'intrigues, d'infidélités, de mouchoirs en coton trempés dans l'eau de Cologne, de rêves affligeants, de sacs à secrets, et une scène d'agonie où une mère dévoyée, revenue auprès de ses enfants déguisée en gouvernante, use d'équivoques, ne sachant si elle doit révéler son effroyable secret à Willy, son petit garçon moribond. Cette mère fourvoyée, la Lady Isabel, avec ses belles joues vermeilles et son abondante chevelure, était la fille d'un comte débauché, mort en la laissant démunie et donc dans l'obligation de se marier. Certes réticent et attentif à la différence d'âge, Mr Carlyle, qui habitait à West Lynne, s'éprend d'elle et Isabel, tout en ne l'aimant pas du fond de son cœur, l'estime et espère que l'amour mûrira au fil des ans. Alors qu'elle remonte l'allée centrale de la petite église de campagne, dans une fine robe de gaze noire parce qu'elle porte le deuil de son père, elle ne sait pas grand-chose de l'infâme jalousie de Barbara Hare, qui avait jeté son dévolu sur Mr Carlyle. Deux femmes devaient alors voiler d'une ombre cette union par ailleurs heureuse : Barbara, qui a du poison dans le cœur, ainsi que l'impérieuse et obstinée Miss Corny, sœur de Mr Carlyle, qui vient habiter chez eux et en veut à Isabel de son bonheur et de ses ravissantes robes noires avec leurs perles de jais. Le couple s'installe dans la vie conjugale, se promène sur ses terres le soir, et Isabel s'assied au piano pour chanter d'une voix douce des couplets de *La Bohémienne*, tandis que, incapable de se retenir, Mr Carlyle attire à lui le visage chéri, « lui arrachant des baisers passionnés ». Mais les ombres se profilent. Isabel surprend des domestiques qui parlent de Barbara Hare et de son ancienne amitié avec Mr Carlyle et, la jalousie, tel un incube, prend possession de la jeune épousée. Eh oui, les années passent. Il y a des pleines lunes et des demi-lunes, trois enfants qui leur naissent, mais Isabel ne parvient à se guérir de l'affliction qui lui ronge maintenant le cœur. Elle tombe malade et décline, au point qu'on lui recommande un changement d'air. Seule, à Boulogne-sur-Mer, elle retrouve alors le fringant capitaine Levison, dont elle s'était jadis follement éprise. Chaque matin, quand elle s'assied sur le sable pour goûter l'air marin, le capitaine Levison l'accompagne, jouant les frères anxieux en l'absence de Mr Carlyle. Elle se laisse bientôt toucher par les brises grisantes de ses attentions, et les symptômes du bonheur clandestin s'enracinent. Son cœur bat la chamade, les cieux sont plus bleus, les arbres qui se balancent ont l'éclat de l'émeraude et elle répugne de plus en plus à se séparer de ce dangereux ennemi. Un matin, « prenant terriblement possession de son bras », il lui dit que, si jamais deux êtres humains ont été faits pour s'aimer, c'est bien eux. Elle fuit Boulogne, et ses dangereux sophismes, elle met la mer entre eux, à seule fin de découvrir qu'il la suit, s'insinue dans les bonnes grâces de son mari, et un jour, à minuit, forcément à minuit, un cabriolet à quatre chevaux déchire la campagne anglaise, laissant un foyer dans le désarroi : servantes qui défaillent, enfants sans mère et mari éberlué qui lit une lettre d'adieu, dont l'écriture manuscrite tourne sous ses yeux, avec le fait inévitable – qu'Isabelle avait *fui*. Ici, l'auteur, Mrs Henry Wood, peignait les effroyables couleurs et la noirceur de la culpabilité, s'adressant à ses lecteurs, probablement rien que des femmes :

Lady, femme, mère, si jamais vous étiez tentée de quitter votre foyer, cela vous réveillera... quoi qu'il en soit des épreuves de votre vie conjugale, lors même qu'à votre esprit accablé elles paraissent démesurées au point que votre endurance de femme ne les saurait supporter, soyez résolue à les porter, portez-les dans la mort plutôt que de salir votre nom et votre bonne conscience, car soyez assurée que l'autre solution, si vous vous y précipitez, sera pire que la mort.

Bientôt Isabel se trouve plongée dans un abîme d'horreur ; l'infidèle capitaine Levison est le plus souvent à Paris, tandis qu'elle se languit, frissonnant de froid, de faim et d'esseulement dans une grange de Grenoble. Complètement abandonnée, un accident de chemin de fer la laisse non seulement défigurée mais éclopée. C'est la bénédiction qui lui permet de retourner déguisée à East Lynne pour devenir la gouvernante de ses propres enfants sous le nom de madame Vine. Entièrement vêtue de noir, le crêpe noir enveloppant sa gorge et son menton, chaussant d'épaisses lunettes et s'exprimant avec un accent français prononcé, elle doit supporter les caresses entre Mr Carlyle et sa nouvelle épouse, Barbara Hare – des caresses qui lui étaient autrefois réservées. Une bougie solitaire brille de ses rayons froids dans une chambre de malade où son petit garçon se meurt tandis que, agenouillée, le visage enfoui dans le couvre-lit, dont elle a fourré un coin dans sa bouche, la mère inconsolable n'en finit pas de pleurer, et son ancien mari, tempéré et héroïque, demeure dans l'ignorance de sa véritable identité.

Fort à propos, sa nouvelle épouse, Barbara, est à cinquante kilomètres de là, dans une ville d'eaux, et à peine les funérailles sont-elles terminées qu'Isabel elle-même est frappée, comme l'avait été son petit garçon, et rapidement, sans qu'on n'y puisse rien, son état se dégrade. Va-t-elle lui dire ce dont elle n'avait jamais compté parler? Tendant ses pauvres mains chaudes, elle lui révèle tout et implore son pardon. Après mûre réflexion, Mr Carlyle redresse sa noble silhouette, dégage ses cheveux, essuie de son front la rosée de la mort et « souffre que ses lèvres reposent sur les siennes ».

Cette même rosée de la mort et de folle ébriété que j'allais retrouver dans les pages de Tolstoï quand Anna Karénine, dans sa robe noire, avec ses bras arrondis, ses bracelets, son collier de perles, ses mèches récalcitrantes, ses yeux voilés, succomba elle aussi aux leurres diaboliques et enchanteurs des amours illicites. Mais alors que l'histoire d'Anna m'est restée toute ma vie, celle de la pauvre Isabel s'est estompée. Les scénarios étriqués, les frissons bon marché et la manipulation des émotions ont pâli. Anna à la gare, sur le point de se jeter sous un train, à la fois pour punir Vronski et pour échapper à la malveillance des autres, se rapproche de la voie, regarde les écrous, les chaînes, les grandes roues de fer de la première voiture qui avance, histoire de mesurer le milieu entre les roues d'avant et les roues d'arrière, comme pour choisir le bon moment où sauter. La pauvre Isabel, en comparaison, est enlevée dans un cabriolet par un clair de lune d'opéra.

Pour une part, les penchants sirupeux de Mrs Henry Wood ne m'en ont pas moins suivie dans ma première incursion dans la fiction, autour de huit ans. Rédigée dans un cahier de brouillon, elle avait pour titre *Gitan*. Isolde, la jeune héroïne incarcérée, rêvait d'évasion : souvent frappée par un père cruel et intempérant, elle ne connaissait pas l'influence harmonieuse d'une mère qui avait été éliminée. Son charmeur arrive en la personne d'un Gitan intrépide, avec une boucle d'oreille en or et un bandana rouge, écumant la campagne en caravane et à cheval. L'apercevant un jour dans les champs, il est frappé par sa beauté, ses frisettes, son air pensif et sa jeunesse. Il attend la brune, quand elle mène les vaches à la traite, pour l'enlever, l'installer en amazone sur sa selle, voilant sa tête et son visage d'un linceul, et l'emmener dans son bastion des montagnes lointaines. Là-bas, elle découvre un monde d'étrangers, des femmes aux yeux étincelants mais sans tendresse qui la prennent à part et lui donnent un nouveau nom, un nom de bohémienne, si bien qu'elle n'est plus l'Isolde qu'elle était. Puis on l'habille, la pomponne et l'apprête pour sa nuit de noces, dont je n'excluais pas qu'elle fût fatale. À minuit, on entend des chevaux. Un détachement d'hommes est arrivé à cheval, conduit par son père ; suit une volée de coups de feu, et les deux camps engagent la bataille. Par chance, je n'eus pas à décrire la bataille, car l'histoire était racontée du point de vue de la palpitante héroïne, empaquetée au fond de la caravane et cachée sous un tapis roulé. Il me suffisait de dire qu'ils se battirent avec l'âpreté des Apaches (peu importait ce que ça voulait dire), qu'elle fut sauvée par les siens et ramenée à la maison où elle retrouva son ancienne vie de corvées et de soumission.

Je fourrai mon histoire dans une malle verte où ma mère mettait l'avoine pour les poules, et soit on finit par la jeter, soit les souris ont grignoté le papier.

Après ces fictions, ce fut le charme du drame. Deux fois l'an, des comédiens itinérants venaient en ville et, à l'hôtel de ville, sur une scène éclairée de quelques lampes à paraffine, on nous régalait des caprices d'*East Lynne*, de *Meurtre dans la vieille grange rouge* ou de *Dracula*. La vue d'une grande épingle de nourrice plantée dans la tendre gorge de la jeune héroïne de Dracula était trop terrible à regarder, mais aussi captivante. Les filles et les femmes pleuraient ou réprimaient leurs larmes, tandis que les hommes faisaient semblant de trouver ça drôle, et pourtant, rentrant à la maison sous les étoiles, on ne pouvait parler de rien d'autre.

L'acteur qui jouait Dracula logeait avec sa femme dans un meublé au-dessus d'un débit de boissons. Je décidai d'y aller et de demander si je pouvais rejoindre leur troupe. La situation domestique était déprimante. Il y avait un enfant au berceau, que Dracula faisait rouler pendant que sa femme, un petit bébé sous le bras, remuait une casserole de je ne sais quoi sur un réchaud de camping. Sans sa tartine de maquillage, elle avait le teint un peu rougeaud. Quant à lui, de sa séduisante présence sur scène, ne restaient que des mèches argentées sur les tempes. Ils furent surpris qu'on m'eût laissée monter, et Dracula demanda la raison de ma venue. «J'aimerais partir avec vous», dis-je, sur quoi la femme rit et Dracula montra quelque commisération. Il demanda gentiment pourquoi je voulais fuir avec eux. Je dis que j'avais écrit une pièce, *La Fille de Dracula*, et que je voulais la voir jouer sur scène. Cela excita son intérêt, au point qu'il me dit de revenir un autre jour et qu'on pourrait la lire ensemble. Dans une explosion théâtrale, sa femme saisit la casserole, me visa et, de sa belle voix d'actrice, lança: «Fiche-moi le camp!»

*

J'allais écrire dans les champs. Les mots se sauvaient avec moi. J'écrivais des histoires imaginaires, des histoires situées dans notre tourbière et notre potager, mais ça ne suffisait pas, parce que je voulais être dedans, comme j'aspirais à retourner dans le jabot de ma mère. Tout en elle m'intriguait : son corps, son être, son corset rose, ses marottes et les obsessions auxquelles elle était encline. L'un d'elles était une petite cuiller en argent d'un ensemble de six qu'elle avait depuis sa lune de miel. Elles étaient rangées dans un coffret doublé de velours, d'un velours passé et laiteux, et on les prêta une fois à l'école professionnelle où les dignitaires venaient pour une cérémonie. Toutefois, quand le coffret lui fut restitué, il en manquait une, et ma mère enfourcha sa bicyclette pour aller faire du ramdam à l'école. On fouilla partout, dans les tiroirs, les armoires, sous les tables, à l'office, dans les poubelles et la remise à tourbe. On fit des enquêtes à travers tout le village, mais ma mère avait le pressentiment qu'elle ne la reverrait jamais plus, cette cuiller, et jamais elle ne le pardonna. Elle était convaincue de savoir qui l'avait prise, un commerçant jaloux de notre semi-grandeur, et à compter de ce jour, il y eut un froid entre eux.

Quand, bien plus tard, j'écrivis sur ma mère, cette obsession que j'avais d'elle s'était intensifiée au point qu'elle imprégnait tout : *Sa mère était l'armoire avec tout ce qu'elle contenait, le tabernacle avec Dieu dedans, le lac et ses légendes, la mer avec les huîtres et les cadavres, un royaume dans lequel elle brûlait de disparaître à jamais.*

Épouses du Christ

Au total, nous étions trois cents femmes dans ce couvent, bastion de calcaire hébergeant sœurs de chœur, sœurs converses, pensionnaires et orphelines, la progéniture pécheresse des mères célibataires. Nous, les pensionnaires, étions de petites recrues pour le ciel, où nous apprendrions à nous immuniser contre les passions, à nous mortifier de toutes les façons et à supporter nos engelures.

Les odeurs dominantes étaient celles du parquet ciré et du chou, mais à la chapelle il y avait l'odeur de l'encens qui brûlait, si exotique, puis l'odeur qui persistait avec les volutes de fumée qui ennuageaient l'air.

Peu de temps après mon arrivée, traversant la cour, un sifflement m'arrêta dans ma course, et il me sembla que c'était le son le plus doux et le plus mélodieux qui se pût imaginer. J'eus le sentiment que c'était un jeune garçon qui rentrait du travail, et un très profond désir ardent me prit d'être non pas dans cette cour mais là-bas, marchant, marchant sous les étoiles. Alors que nous étions à la lisière de la ville, nous aurions tout aussi bien pu être à Tombouctou. Nos dortoirs occupaient deux niveaux : un pour les petites, un pour les grandes. Les grandes avaient une alcôve privée fermée par un rideau, tandis que nous, nous devions nous laver avec une bassine à côté du lit, les filles s'aspergeant avec des aiguières d'eau glaciale tout en s'efforçant de ne pas laisser glisser leur saut-de-lit. Le mien avait appartenu à ma mère. Il était fauve et rêche, avec une étiquette à mon nom cousue au revers du col. On voyait les filles qui avaient des parents riches à leurs sauts-de-lit, capitonnés ou satin, de couleur rose ou pastel. Ma mère avait cousu des étiquettes à mon nom sur tout mon uniforme et, comme elle disait, cousu son cœur dans chacune. Elle pleura une semaine durant après mon départ et pas une seule fois n'interrompit son jeûne. Je jeûnai moi aussi, tant la nourriture était infecte : la viande filandreuse nageant dans une sauce brune, l'immanquable chou et, pour le thé du soir, du pain déjà tartiné d'un mélange de beurre et de graisse. C'était la guerre, et le beurre était rationné. Les premières semaines, une fille dont le lit était adossé au mien avait des pommes qu'elle cachait dans sa penderie et, à l'extinction des feux, elle les mangeait. Suivant son humeur, elle m'en offrait ou non. Mais je n'allais pas tarder à apprendre d'une grande que la meilleure façon de réprimer la faim était de mettre sur la langue une goutte de Vicks VapoRub, qui provoquait une légère nausée, même si, quand je suis tombée amoureuse, je n'avais pas faim du tout.

*

Les religieuses, soixante ou soixante-dix au total, portaient de volumineux habits noirs, avec une guimpe blanche raide qui encadrait leur visage et le ciselait. Les religieuses qui avaient prononcé leurs vœux portaient une alliance à l'annulaire droit, qui voulait dire qu'elles étaient les Épouses du Christ, et les converses, qui différaient des sœurs de chœur, avaient aussi ces alliances, mais portaient des tabliers et s'occupaient des tâches domestiques. Trois cents femmes avec leurs humeurs et leurs caractères, leurs désirs et leurs doutes, sans compter leurs diverses menstruations. Ma ferveur religieuse devait s'envoler et sombrer au fil de ces années où je fus gavée de tant de connaissances et d'informations que je devais oublier au fil du temps.

Il y eut des années austères, où j'en vins à aimer le latin, avec ses mots si justes dans ma bouche, comme si c'était ma langue maternelle : *amo, amas, amat, amamus, amatis, amant* ; des années où je ratai de quelques points une bourse, la bourse que mes parents espéraient si ardemment me voir décrocher, car les quarante livres de frais de scolarité annuels pesaient très lourd sur nos ressources ; des années où je tombai amoureuse d'une religieuse, d'un amour pas différent, non moins extatique, que les amours successives que je devais concevoir plus tard pour des hommes.

Trois fois par semaine, nous étions autorisées à franchir la grille, mais sans pour autant traverser la ville, puisque nous pouvions être soumises à des tentations mondaines ou profanes. La ville, Loughrea, qui devait son nom au lac, comptait plusieurs centaines d'âmes et, nous expliqua-t-on, faisait son chemin dans l'industrie en extrayant du zinc et de l'argent à une douzaine de kilomètres. Nous marchions deux par deux et étions censées ne pas parler, même si le lancer de nos casse-croûte dans le lac tournait immanquablement à l'hilarité générale. Au bout d'une semaine, dégoûtée par la viande filandreuse et les lanières de chou, je fis comme toutes les filles, enveloppai mon déjeuner dans un bout de papier que je fourrai dans ma tenue de gym pour le balancer dans le lac. La sauce dégoulinait sur la poitrine, y laissant une tache chaude et humide. J'en garde le souvenir de sorties venteuses et, un jour que le lac était gelé, un homme en salopette vint armé d'un marteau de forgeron et brisa les épaisses couches de glace pour permettre à deux cygnes de circuler, ce qu'ils firent imperceptiblement, dans les sombres poches d'eau libérée.

Le couvent avait ses règles, ses amitiés, ses pénitences et ses hilarités. Un jour, une fille avait laissé tomber un billet de dix shillings dans la cuvette des toilettes et tiré la chasse d'eau. Elle était totalement désespérée. Il se trouvait que c'était l'époque où arrivaient les colis pour Halloween, et quand la supérieure fit son homélie du soir, évoquant les paquets qui s'empilaient au parloir, elle ajouta que la chasse aux liquidités semblait ouverte. À ces mots, les filles éclatèrent de rire. Tout le monde riait, y compris la fille qui avait perdu son billet. Notre religieuse était si déroutée par cette espièglerie, et notre refus de dire de quoi il retournait, qu'elle se mit elle aussi à rire, et c'est la seule fois qu'il me vint à l'idée qu'elle pouvait avoir un trait humain.

La religieuse dont j'étais sur le point de tomber amoureuse était différente. Elle était plus jeune, avec des joues d'une pâleur extrême, couleur ivoire avec parfois un très léger rouge vin sur les pommettes quand, exaspérée, elle sortait de ses gonds parce que nous ne comprenions pas un théorème de géométrie qu'elle venait d'écrire au tableau. Je l'observais. Je l'attendais. Je me précipitais pour l'aider quand elle descendait les escaliers avec une cargaison de manuels et de cahiers, souvent, trop souvent battue par d'autres beaux brins de fille qui en pinçaient aussi pour elle. Mais, un soir où je la croisai contre toute attente dans la salle de récréation, elle me gratifia de ce que je ne saurais appeler qu'une ébauche de sourire, mais *c'était* un encouragement. Dans la chapelle, je vis où elle s'agenouillait, l'escarpement de son long dos incliné, les piliers du Parthénon de ses clavicules, pour employer ces comparaisons dernier cri que j'avais glanées dans un livre trouvé dans la bibliothèque vitrée qui était ouverte le dimanche quand, une heure durant, nous étions autorisées à lire pour nous détendre. Il y avait des livres vieux, les vies de saints, les sermons du cardinal Newman et les salubres romans du chanoine P. Sheehan décrivant la vie austère des familles dans le comté de Tipperary. Le livre que je pris par hasard était une encyclopédie des dieux et des déesses, pleine d'événements étranges et improbables. Dionysos, le dieu du vin et de tout élément humide, visitant le roi Dion en Étolie, s'amouracha de Carya, que ses sœurs jalouses étaient sur le point de dénoncer à son père quand Dionysos les frappa de folie et les transforma en rochers. Les dieux étaient habiles à se déguiser, qui en vent du Nord ou en coucou débraillé, qui en toison de brebis, pour ravir nymphes et déesses, d'où s'ensuivaient des conceptions miraculeuses qui n'avaient cependant rien à voir avec celle de la Vierge Marie, laquelle avait conçu par le Saint-Esprit. Ces dieux d'autrefois, avec leurs roueries et leurs débauches, étaient si différents de notre Dieu sévère qui vivait en haut, dans le tabernacle, où je devrais un jour me poster à titre de châtiment.

*

À mon grand étonnement, quand les paquets de Halloween furent distribués, j'en reçus un. Une coupe de verre conique pleine de sucreries et recouverte d'un papier transparent rouge avec une couronne fixée par un nœud de satin blanc. Elle avait été envoyée directement d'une boutique et, sur une carte blanche, étaient imprimés un nom de femme et ses compliments. Je me souvins que ma mère et moi lui avions rendu visite hors de Galway, à Salthill, et combien elle était élégante dans son costume ajusté alors qu'elle s'était assise et nous regardait manger sans goûter la nourriture qui avait été préparée pour nous. Elle nous raconta quelque chose, et ma mère fut au bord du malaise. Pour son opération, son « op » comme elle disait, et je soupçonnais qu'il s'agissait des souffrances féminines, son mari avait été admis dans la salle d'opération un moment auparavant, et la vit nue. Elle était fière de le raconter. Pourquoi m'avait-elle envoyé un colis, je ne le saurais jamais, mais ma popularité monta en flèche quand je distribuai des tranches de gâteau au chocolat tous les soirs et donnai des cacahuètes et des noisettes aux filles du dortoir, pour se remonter.

L'air était humide, ce qui, s'ajoutant aux nuits glacées, où nous frissonnions sous une couverture et un édredon de coton, signifiait que les filles attrapaient des engelures, des maux de gorge et de mauvaises toux : certaines étaient confinées au grand dortoir isolé et recevaient une tasse de séné pour remède.

Un soir, à la Bénédiction, la toux devint irrépressible. Au moment même où le prêtre, les mains couvertes d'un voile blanc, élevait l'ostensoir qui contenait le Saint-Sacrement et qu'une sœur de chœur épanchait son extase en un *Stabat Mater*, un accès de toux multiples éclipsa tout le reste. Sacrilège ! Plus tard, la mère supérieure demanda aux coupables de lever la main, et ma main se leva automatiquement, mais je fus la seule. En guise de punition, elle me dit que, le lendemain, je devrais passer ma journée debout à la chapelle quand les autres filles sortiraient se promener.

Debout près de la rampe qui menait à l'autel, je redoutais que ma religieuse ne vînt réciter une prière à la hâte et, me voyant, ne se demandât quel pouvait bien être mon très abominable péché. Sans les cierges allumés et les autres filles, la chapelle était désolée, et le parfum des chrysanthèmes sur les marches de l'autel avait aussi une triste odeur d'argile.

Mais ça en valait la peine, la retenue, l'humiliation et l'injustice cuisante de voir que les autres filles n'avaient pas avoué. Au rosaire du soir, je remarquai que mon missel n'était pas à sa place. Les filles rangeaient leur missel dans des cagibis, au fond de la chapelle, et la religieuse avait dû découvrir le mien avec le nom « Drewsboro » sur la page de garde. Il y avait une image pieuse sur parchemin jaune. Du halo doré du ciel, des rayons de lumière aqueux, de la finesse d'une aiguille, pleuvaient sur une armée d'anges également suspendus dans une sorte de lumière éthérée. L'image était si pieuse qu'elle pouvait faire office de petit autel portatif. Mais ce sont les mots écrits au dos qui me suffoquèrent : *Ô Seigneur, ne me reprends pas dans ton courroux, ne me châtie pas dans ta colère*. Qu'est-ce que ça voulait dire ? Peu importe ce que ça voulait dire. Ces mots devaient me porter à travers les leçons et les théorèmes, la viande mal cuite et le chou, parce que maintenant, dans le secret, j'avais été aspirée dans le cœur sauvage des choses.

*

Pour les divertissements de Noël, on nous descendit une malle, que nous y prenions nos costumes. Qu'on se serve parmi les robes fantaisie, les capes, les châles, qui tous sentaient le camphre. Comme je devais réciter le lugubre discours de Marc-Antoine sur le corps de César, je choisis une toge de velours qui était beaucoup trop grande avec un cordon de rideau pour la retenir. Quand ma religieuse arriva, je répétais déjà fébrilement : « Amis, Romains, compatriotes, prêtez-moi vos oreilles » – et elle me prit à part et me dit de prendre le discours de manière un peu moins impulsive, de vivre les vers jusqu'à avoir pitié d'eux, pitié du César impérial que sa femme avait averti ce matin-là de ne pas sortir, ayant vu qu'il serait massacré. Elle m'aida à mettre les sabots trop grands pour moi et, avec une éponge légèrement humide, me tartina la figure d'une épaisse couche de maquillage blanc. Lors du spectacle, elle resta en coulisse à prier, et j'avais conscience de sa présence. Après, elle me fit un signe de tête, et je la suivis au parloir de réception, qui était réservé à la mère supérieure, mais elle prit le risque. Elle avait une surprise pour moi, qu'elle sortit de sa grande poche profonde. Une boîte de chocolats d'un quart de livre avec une image de martin-pêcheur bleu sur le papier d'emballage. D'où la tenait-elle ? Je me dis que ce devait être un cadeau pour elle et, plutôt que de le donner à la révérende mère, elle avait clairement désobéi en la cachant pour moi.

*

Ce premier Noël à la maison, je me montrai plus froide avec ma mère, qui n'arrivait pas à comprendre le changement. Je ne touchais pas aux cakes ni au diplomate qu'elle m'imposa, et je sortis tous les soirs, chez les voisins, alors que ma mère n'avait qu'une envie : que je reste avec elle. Il y avait une veuve dont la nouvelle maison était à mi-chemin entre les deux villages, une maison crépie avec des plates-bandes devant. Elle sentait le ciment et la peinture fraîche. Dans sa petite cuisine, nos genoux tout près de l'évier émaillé, on s'essayait à la table, à l'extrémité de laquelle se trouvait déjà le nécessaire du petit déjeuner : tasse et soucoupe, bol de porridge et serviette dans son anneau en os. Elle me servait les dernière nouvelles, qui étaient toujours les mêmes : les bistrotiers qui avaient des ennuis avec les gardes parce qu'ils servaient à boire après l'heure, les voisins qui se déchiraient à propos de terres, et maris et femmes qui menaçaient de s'entretuer. Après un intervalle décent, elle demandait : « Et si on se prenait un petit grog ? », et disparaissait pour revenir très vite avec la bouteille de sherry sous le bras et deux verres, un petit verre de liqueur pour moi et un verre de cristal taillé plus grand pour elle. Le sherry était d'une magnifique couleur ambre foncé, et il y avait des biscuits tendres au citron qu'on brisait pour les tremper dedans et les sucer. Au bout de quelque verres, soit elle faisait la coquette, soit elle devenait larmoyante, son mari qui s'était noyé et qui lui manquait, et elle qui était toujours très affectée parce que des gens malveillants disaient que c'était pas un accident, qu'il l'avait fait exprès, pour lui échapper. Sur ce, s'abandonnant aux larmes, elle récitait un poème : « Les gens vont parler. »

*

Je ne versai pas une larme au retour des vacances, sachant que ma religieuse était là-bas et m'attendait et à peine étions-nous tombées l'une sur l'autre que je sus, à certains signes, que ses affections, si possible, n'avaient fait que croître.

Le Foyer du Comté, dirigé par le même ordre, se trouvait à quinze cents mètres de la ville, donnant sur le lac, et une cousine de mon père, une infirmière, en était directrice. L'établissement était plein de vieilles gens, de vieux et de vieilles, bavassant, menant leur petit train-train et s'occupant d'un petit jardin de rocaille. On n'y était pas aussi à cheval sur le règlement qu'au couvent, parce que les religieuses étaient des infirmières et qu'elles montraient un peu plus de compassion. J'avais porté un gâteau de Noël de ma mère à la cousine de mon père et fus donc autorisée à le lui remettre. Minuscule – elle ne m'arrivait pas à l'épaule – , elle voletait comme un oiseau, tout excitée en posant le plateau du thé, entrant et sortant en coup de vent, appelant ses subalternes, disant qu'elles étaient sourdes comme un pot, donnant des ordres qu'elles n'entendaient pas, et allant elle-même chercher tasse, soucoupe et théière, sans oublier la grosse tranche de gâteau-éponge à la confiture de framboise qui était sur une assiette recouverte d'un napperon blanc. Elle était l'affection même et plus carrée, dans sa manière de parler, que les autres religieuses. Elle disait que si elle avait su à quel point la vie religieuse devait être dure, les épreuves et les rigueurs qui l'attendaient, jamais elle n'y serait entrée.

Je ne restais pas longtemps parce que j'avais un plan. Prendre une route plus longue qui faisait le tour du lac et pousser jusqu'au bout de la ville, pour ne pas être épiée. Une statue de Stoney Brennan, avec sa tête bulbeuse, que les Anglais avaient pendu pour avoir volé un navet, se trouvait dans un renfoncement du mur et, peut-être en l'honneur de Noël, quelqu'un lui avait barbouillé les joues de rouge cardinal et lui avait fourré un mégot dans la bouche. L'autre signe de Noël, c'étaient les longues guirlandes tournant à loisir dans la vitrine de la pharmacie.

L'exultation était presque insupportable : être dehors dans la rue, respirer cet air que je croyais vicié, nourrissant un amour fébrile pour ma religieuse et sur le point de lui acheter un cadeau qui serait une aubaine dans ses nuits froides, glaciales. Dans la vitrine du marchand de nouveautés, il y avait un mannequin de dame, une Miss Moderna, dans sa robe de crêpe noir, coupée de biais, et j'aurais donné n'importe quoi pour être assez mince pour la passer. La boutique sentait toutes sortes de tissus, laine, lin et serge, et la femme derrière son comptoir leva les yeux, surprise de voir une fille du couvent dans une gabardine marine et la coiffe de l'école. Elle se dit que j'avais dû me défiler. J'étais venue acheter des chaussettes rouges. Elle posa brusquement sur le comptoir une boîte à chaussures blanche pleine de chaussettes, d'été et d'hiver, où je piochai une paire en laine angora avec des rayures de roses différents. La dame me complimenta sur mon goût et dit que j'avais choisi la paire la plus chère du lot. Je n'avais en tout et pour tout que deux shillings, mais puisqu'elle savait où me trouver, et que j'étais en infraction, elle était sûre de recevoir les six pence qui manquaient. Elle n'en écrivit pas moins mon nom et un reçu dans un gros livre de comptes qui avait l'air plein de noms et de reconnaissances de dettes écrits en pattes de mouche d'une épaisse encre marron. Elle enveloppa les chaussettes dans du papier d'argent. Un argent non pas brillant, mais plutôt grisâtre, le même qu'on utilisait pour un gâteau, l'Oxford Luncheon, que ma grand-mère offrait à ma mère quand elle venait pour ses vacances annuelles, sans jamais rester la semaine, parce que la maison et les montagnes lui manquaient; d'une certaine façon, il y avait une brouille entre elles, mère et fille. Le papier d'argent autour de l'Oxford Luncheon sentait le raisin sec de Smyrne et l'écorce confite, alors que le papier d'argent autour des socquettes roses ne sentait rien. Je les plaçai sur le banc où s'asseyait ma religieuse.

Je sus qu'elle les avait reçues, et peut-être les aimait, parce que peu de temps après, et comme un cheveu sur la soupe, elle parla de la différence entre laine angora, qui est le duvet du lapin, et cachemire, qui vient du duvet de la chèvre, et qui sont tous deux très recherchés.

Ce fut un trimestre d'extases et de doute, le mouvement de bascule de l'amour, les frissons, me privant du plaisir de la voir pour penser à elle puis me jetant ensuite à sa tête, tel un chien démonstratif qui attend sa récompense. Nos moments les plus chaleureux, nous les passions à la cuisine, quand, après la classe, elle me demandait parfois de rester pour l'aider à ranger. Sans façons : de la farine blanche sur les doigts et son habit, empilant casseroles et passoires, il nous arrivait de nous dire des petites choses qui voulaient dire des multitudes. Elle sembla deviner que j'avais décidé de devenir religieuse et que, dans quelques années, nous serions toutes les deux sous le même toit, soumises aux mêmes règles, dans nos chemises de crin, dormant sur des sommiers de fer, stoïquement protégée des passions et des tentations.

*

Puis c'est arrivé. Le froid. On la vit d'abord les traits tirés et pâle, avec des accès de mauvaise humeur en classe. Elle laissait d'autres filles porter ses livres. Elle passait de classe en classe comme une possédée. J'en rêvais avant que ça n'arrive, je rêvais qu'elle allait devoir partir. Un soir, on la vit à l'arrière d'une voiture, avec une autre religieuse, toutes deux avec leurs gros châles de tricot, partant visiblement pour un long voyage. Je crus qu'elle partait pour toujours, qu'elle avait dû renoncer à ses vœux et qu'on la rendait à ses parents en disgrâce ; c'est des semaines plus tard, des semaines d'angoisse, que j'appris la vérité par une jeune postulante qui venait d'une paroisse voisine de la maison. Ma religieuse avait eu une sorte de crise, un genre de dépression, et on l'avait envoyée se rétablir dans une maison-sœur à Ballinasloe. Un trimestre entier passa sans elle.

Pourtant, quand je la revis, de longs mois après, mes espoirs se réveillèrent. Nous étions toutes réunies pour l'homélie vespérale de la mère supérieure quand elle entra doucement, si doucement, chuchota quelque chose à la mère supérieure puis, quand nos yeux se rencontrèrent brièvement, j'eus le sentiment que j'avais raison d'être euphorique. Mais les choses se passèrent autrement. Je ne devais plus la revoir seule. J'étais désormais dans la classe supérieure, où une autre religieuse, plus alerte, se chargeait de la géométrie et des maths. Nos chemins se croisaient rarement, mais un soir, autour de la chapelle, je la vis venir vers moi, seule. Il n'y avait que nous. Elle chuchotait ses prières, mais, quand elle m'aperçut, ses mains sortirent de ses amples manches et s'élevèrent en un geste de défense, comme si j'étais une ennemie. Elle passa vite, récitant ses prières beaucoup plus fort.

*

En raison de ma dévotion et de mon obéissance apparentes, on me fit l'honneur de jouer « Notre Dame de Fatima » dans la pièce de l'école. Ce n'était pas un rôle parlant. Tout ce que j'avais à faire, c'était rester debout en prière, les mains jointes, et regarder les trois petits bergers de Fatima qui s'agenouillaient en bas et à qui je devais secrètement transmettre le troisième secret. Mon trône consistait en quatre caisses de beurre en bois, le tout recouvert de tulle bleu clair. Moi aussi, j'étais drapée de tulle bleu. Une autre fille, postée d'un côté de la scène, informa l'auditoire des deux premiers secrets, qui étaient de faire pénitence et de prier pour la conversion de la Russie sans Dieu. Le troisième secret fut précédé de lumières, pour représenter un soleil qui tremblait, un soleil qui sortait des lois cosmiques, un soleil cerclé d'écarlate et de pourpre, qui avait mis à rude épreuve les talents des accessoiristes, lesquels ne pouvaient compter que sur une torche électrique et quelques ampoules de bicyclette. Alors que je m'arrêtais pour transmettre le troisième secret, les trois enfants récitèrent le rosaire tandis que le public attendait, ou était censé attendre, subjugué. La prophétie elle-même, qui était la plus significative, fut relayée par la narratrice, qui avait tant bien que mal deviné les paroles secrètes que j'avais transmises aux enfants. Elle prédisait qu'une effroyable calamité s'abattrait sur l'Église et le martyre du pape, sur quoi des vagissements s'élevèrent d'un chœur de filles en tenue de gym marine, et les pastoureaux restèrent sur scène, inconsolables. Mon seul devoir était de demeurer totalement immobile, de ne pas osciller, comme il seyait à la profondeur de mon message. Les deux premiers soirs, j'eus droit à maints compliments, mais c'est la troisième soirée qui comptait le plus, parce que les prêtres et l'évêque de Galway y assistaient. La nervosité et l'excitation étaient à leur comble. Grimpant sur les caisses de beurre, je me sentis chancelante. Elles ne me semblèrent pas aussi solides que tantôt, et la distance entre moi et les bergers paraissait énorme. Je fus secouée de tremblements, de tremblements irrépressibles, et m'agrippai au tulle bleu, ce qui en soi était sacrilège, puisque j'étais censée demeurer les mains jointes. Je voyais les enfants, à mes pieds, qui commençaient eux aussi à s'affoler, mais impossible de me dominer. Tout ce que je demandais, c'était tenir les quarante-cinq minutes et ne pas me déshonorer, et j'avais presque retrouvé mon sang-froid quand ça me reprit, mais en pire : le soleil trembla et eut bel et bien des mouvements échappant aux lois cosmiques, comme je commençais moi aussi à voir des choses, puis je perdis connaissance et, comme Humpty Dumpty, tombai à la renverse au grand effroi des deux enfants tandis que, dans la consternation générale, la narratrice et une religieuse m'évacuaient. Il fallut baisser le rideau. Ma doublure, qui ne portait pas de tulle, monta sur les caisses de beurre et il fallut recommencer le spectacle.

Dans mon alcôve, où j'étais allée me cacher, j'entendais les applaudissements ; plus tard, une converse m'apporta une tartelette à la confiture et, même si je ne pouvais en être sûre, j'imaginai qu'elle venait de *ma* religieuse, manière de dire qu'elle avait vécu ma honte avec moi.

*

Il était connu pour être un hobo, et pourtant, quand il descendit du bus du soir en ville, les choses s'animèrent et le bruit courut que Roland était ici. Même son nom, Roland, avait un accent de légende. Il venait de quelque part dans le comté de Limerick et devait habiter chez un vieux garçon de la ville qui possédait une quincaillerie et élevait plusieurs lévriers qu'il laissait mourir de faim, ce qui ne l'empêchait pas de lancer d'une voix tonitruante : « Roland, donne de l'eau aux chiens. » C'était aux « sauteries » du dimanche soir que Roland donnait sa pleine mesure, dans son blazer marine et sa chemise ouverte, ses pantalons à pattes d'éléphant et ses cheveux lissés en arrière avec de la brillantine. Sa technique était bien connue : il observait en affectant la désinvolture puis tirait le bras d'une fille, accompagnant son invitation à danser de l'habituel « ça t'va ? ».

Les « sauteries », dont le droit d'entrée était de six pence, étaient destinées à financer le nouvel autel de la chapelle, qui devait être en marbre à l'italienne, avec une mosaïque d'or, d'après un autel du Vatican. Le curé de la paroisse se postait à l'entrée, où l'on prenait son billet, puis s'asseyait sur une chaise, dans la salle, pour veiller que les couples se tiennent bien en dansant. Du fait de quelque nouvelle poudre miracle qu'on avait découverte, le sol était glissant et l'on n'avait plus à supporter l'affreuse odeur d'huile de paraffine dont on se servait autrefois.

J'attendais les résultats de mon examen. Après la honte de Fatima, la froideur de ma religieuse et d'autres impatiences, je me mis en tête d'abréger mes études et de présenter l'examen final avec un an d'avance. Ça supposait d'étudier sans relâche, y compris de nuit dans mon alcôve, avec une lampe de poche sous les couvertures. Je ne cessai de lire, dévorant tout. J'avais eu droit à une alcôve privée et, du fait de mon acharnement à l'étude, je devins plus ou moins la préférée de plusieurs religieuses. Quand j'attrapai des orgelets et des tics nerveux, la mère supérieure me prit à part et m'administra de la valériane, qu'elle versait avec une pipette dans un gobelet – sans compter l'acide borique en poudre pour les bains d'œil.

C'était la première fois que j'assistais à une sauterie et j'étais tout excitée. Un dénommé Percy m'invita pour une valse et, comme nous évoluions aux accents d'un air très sentimental, il voulut savoir de quelle couleur étaient mes yeux et si j'habitais loin de la ville. Une manière oblique de décider s'il allait demander ou non à me raccompagner. Les garçons cherchaient toujours à ramener les filles à la maison et, si les choses se passaient comme ils l'espéraient, ça voulait dire qu'ils quitteraient la route principale pour descendre jusqu'à Dock Road ou un chemin sous le pont, à travers champs où il y avait des vacheries et des fours à chaux. Mais aucune fille du pays ne pouvait espérer rivaliser avec Dolly, la chanteuse de charme. Une blonde peroxydée avec des bas résille noirs et des talons hauts noirs en daim. Elle portait aussi des gants de velours noirs qui lui montaient jusqu'aux coudes, et les hommes, la voyant micro en main chanter sa chanson sirupeuse, se donnaient de petits coups de coude, se demandant s'ils la tomberaient. Mais elle était toujours accompagnée d'un malabar, un diamant brut qui avait des anneaux métalliques à plusieurs doigts, de quoi dissuader les m'as-tu-vu. En fin de soirée, ses chansons tournaient autour des cœurs brisés et de l'infidélité. Il y eut *Après le bal*, où plus d'un cœur était brisé, *Jalousie* et *La Valse de Tennessee* où, de manière humiliante, un ami vole la petite amie d'un autre.

Un soir, avant mon dernier trimestre à l'école, je devinai plus ou moins que Roland allait m'inviter, ce qu'il fit avec son habituel « ça t'va ? ». Je ne me souviens pas comment nous nous en sommes sortis, sauf que, une fois la danse terminée et l'extinction des feux, on s'en alla, traînant dans les rues jusqu'à ce qu'il n'y ait plus le moindre phare de voiture ni aucune lampe de poche. Pas un seul mot ne fut prononcé. Je le suivis à demi spontanément et nous arpentâmes la ville sous un ciel qui était un banquet d'étoiles, toutes plus brillantes les unes que les autres. Il n'y avait pas âme qui vive dans la rue, tous les citadins dormaient à poings fermés dans leurs lits.

Sitôt installés sur une voie de garage, près d'une porte galvanisée menant à une cour, je commençai mes procrastinations. Le résultat est que j'ouvris mon manteau et le laissai retrousser ma chemise. Quant à la partie de lui qu'il exposa, il la camoufla à demi dans un mouchoir, et ses efforts furent si brutaux qu'il aurait pu tout aussi bien se dépenser sur la porte elle-même, qui bougeait et bringuebalait. Je craignis qu'il n'alerte ainsi quelque sainte Marie qui pouvait rôder, armée d'une lampe de poche, à l'affût d'une telle indécence. Les phares de la voiture en bas de la colline soulignaient l'éclat luisant de la chaussée, et tout se précipita quand il déverrouilla la porte et me poussa dans la grande cour. Au pâle clair de lune, je vis que la cour était pleine de recoupe de pierres, dont le commerçant assurait la distribution.

Roland ne me raccompagna pas à la maison.

De retour au couvent, je passai mon temps à étudier, ne voulant pas rater mon examen final, ce qui eût signifié une année d'incarcération supplémentaire. Le monde avec ses péchés, ses ruses et ses blandices m'appelait.

DEUXIÈME PARTIE

Percée

Après les trébuchements sur les routes de campagne et dans les champs la nuit, le faisceau intermittent de la torche et la pile menaçant toujours de rester en rade, Dublin était ensorcelante : l'éclairage de rue était aussi merveilleux que les illuminations, dit-on, qui éclairaient le ciel de *Laudamus, Adoramus* et *Glorificamus* lors du Congrès eucharistique de 1932. La lumière inondait la chaussée et se reflétait sur l'acier des défuntes lignes de tram, envoyant un halo de fils d'or sur une rangée d'arbrisseaux où perchaient les oiseaux.

C'était un samedi soir de la fin des années 1940, et ma première promenade en ville avec ma sœur Eileen, Anna, la fille avec qui nous partagions un meublé, et Maeve, une amie à elle, bras noués par paires. Nous passâmes devant un hôtel qui avait l'air assez miteux et où, à ce qu'on disait, les joueurs de hurling et leurs supporters buvaient après les matches, puis une épicerie fine, avec des jambons cuits en vitrine, si tentants, avec leur croûte de chapelure, de moutarde et de sucre brun garnie de clous de girofle. J'avais une faim de loup. De nourriture. De vie. D'histoires que j'allais écrire, sauf que tout était effervescent et rudimentaire dans ma cervelle surexcitable.

« Et voilà Bang-Bang », dit Maeve. Tous les soirs, tenant une clé comme une arme à feu, Bang-Bang sautait sur les bus, se lançait sur la plate-forme, criait des avertissements, puis resautait, mais personne ne lui prêtait attention, sachant qu'il avait été traumatisé par une explosion au cours de la guerre.

Nous restâmes bouche bée devant le Gresham Hotel, l'apogée de la grandeur, avec sa marquise de fer et de verre en surplomb. Anna dit que c'était là que descendaient les prêtres de la campagne quand ils venaient à Dublin, si bien que s'en dégageait une aura à la fois sacrée et salubre. La colonne géante du pilier de Nelson était si grande qu'il était impossible de voir le visage de Nelson avec son œil aveugle. Les échevins l'avaient érigée en 1811 pour célébrer la victoire sur Napoléon dans la bataille de Trafalgar. Mais le pauvre Nelson devait encore souffrir d'autres périls. Un explosif de l'IRA devait faire tomber sa colonne, et sa tête, demeurée intacte, fut entreposée dans un appentis, à seule fin d'être volée, le voleur envoyant un mandat aux autorités, *via* un journal du soir, pour couvrir les frais du verre brisé, du cadenas, de l'encadrement de la fenêtre et des vis. Beaucoup, dont le boxeur « Strongman Buttie Sugrue », convoitaient cette tête, si bien qu'elle ne tarda pas à être de nouveau volée pour reparaître dans la vitrine d'un antiquaire à Londres, avant d'être restituée et de retrouver son site d'origine. C'est là qu'elle fut conspuée tandis qu'un employé de la Corporation la retirait, à seule fin de la laisser tomber en la chargeant dans le camion, si bien qu'après de nouvelles espiègleries Nelson fut transporté dans les environs calmes d'une bibliothèque pour y finir ses jours.

À la base de la colonne, des femmes, connues sous le nom de «Shawlies», chargeaient leurs brouettes de fruits pressés, de légumes et de fleurs, tandis que la peau et la pulpe rendaient le sol glissant. Tout Dublin connaissait ces vendeuses à la criée – «Pommes Cox... Oranges sanguines... oranges sanguines» – qui s'en retournaient au pub le samedi soir, se chamaillant comme des chiffonnières, avec des jurons de plus en plus «choisis» tout en se promettant de s'arracher les «tripes pour en faire des jarretelles». L'une d'elles, une dénommée Rosie, expliqua Maeve, était un numéro, connue pour son afféterie, chacune de ses phrases commençant par «Comme dirait De Valera». De Valera était notre Taoiseach, notre chef de gouvernement, un austère personnage qui passait chaque jour une heure devant le Saint-Sacrement, un homme si pieux qu'il apportait en cadeau des scapulaires bénits à distribuer parmi les païens des délégations étrangères.

Se pavanait aussi là une piquée en costume de tweed avec son chapeau à cocarde rouge, menant sa croisade morale, donnant à baiser aux passants un crucifix de grosses perles, psalmodiant entre chant et paroles :

Tout est dans la main de Marie,
Dans la puissante main de Marie,

*Tout est dans la main de Marie
Sa légion est en marche.*

Face à la colonne se trouvait la Poste centrale, où les hommes de la rébellion de 1916 proclamèrent la Constitution irlandaise, hissant le drapeau irlandais, mais furent bientôt submergés et sommairement exécutés à Kilmainham Yard. Plus loin, une statue de Daniel O'Connell, l'émancipateur catholique : un homme de fer dans son manteau de fer noir avec des anges de fer pour le garder. Mais j'en avais fini avec tout ça, avec l'histoire et les martyrs, les champs et les sept bois ou les maniaques religieux – étant, imaginais-je, au seuil d'une audacieuse émancipation.

Les quatre coins du O'Connell Bridge étaient flanqués de grands lampadaires sur de robustes piédestaux de fonte qui lui donnaient un air majestueux. Nous entrions dans le sud de la ville, réputé plus rupin, en direction des abords de Grafton Street, qui était « le sanctuaire de la mode ». Il y avait encore des statues imposantes et à College Green, sans la moindre touffe d'herbe en vue, une enseigne de Bovril, si éblouissante, si ensorcelante, que rester posté devant, absorber l'éclat rouge or de chacune des six lettres capitales, c'était assister à une aurore boréale terrestre.

Nous scrutâmes les vitrines de Grafton Street, les styles si fastueux, si enviables, mais sans étiquettes sur les robes diaphanes. Puis regagnant l'autre rive nous passâmes devant une mendiante sur le pont avec une botte d'oignons, soit qu'on les lui eût donnés par pitié, soit qu'elle espérât les vendre. La lumière des lampadaires donnait à sa peau une étrange coloration verdâtre. À notre passage, elle marmonna. Nous nous arrêtâmes devant un glacier italien, regardant avec envie les cuillers à glace dans de délicates coupes de verre, le tout arrosé de chocolat fondu ou de cordial rouge et, dans des verres plus grands, des sundaes avec leur crête de crème fouettée dessinant un tourbillon parfait. Ne pas avoir d'argent était râlant.

Le premier réveil devait survenir le lendemain, dimanche, quand ma sœur et moi rendîmes visite à des cousins de Phibsboro et, du canapé de velours, les regardâmes manger leur repas dominical, s'en régaler sans rien nous offrir, pas même une part de tourte aux pommes qu'une domestique fit circuler avec une pelle à tarte, l'ayant déjà découpée dans la cuisine.

N'empêche. Ce lundi matin, je partis pour la boutique du pharmacien de Cabra Road avec une fierté peu commune. J'avais passé ma plus belle jupe plissée et un cardigan marine et par chance, puisqu'on était en septembre, le miteux manteau de tweed dont j'avais honte resta accroché dans la penderie. J'allais passer les quatre prochaines années à la pharmacie, me formant à une profession qui n'était pas celle que j'avais choisie, mais convaincue qu'un jour je rencontrerais des poètes et qu'un jour je serais admise dans le monde des lettres.

Le pharmacien qui m'accueillit, et sous la tutelle duquel je serais placée, avait un visage pâle et pincé et des lunettes cerclées d'or, et la femme du patron se montra d'abord bonne pâte, puis ronchonne, quand il apparut que j'étais venue sans blouse de travail. À contrecœur, elle retira deux livres de la caisse et me pria d'aller m'en acheter une au magasin de nouveautés, sur le boulevard, ajoutant que chaque semaine elle déduirait une demi-couronne de mes gages. Mon salaire était de sept shillings six pence par semaine et, dans ce cas, il ne me resterait que cinq shillings dans les semaines à venir, ce qui ne laissait pas beaucoup de place aux distractions. Au demeurant, le temps manquait parce que, trois soirs par semaine, je suivais des cours de pharmacie dans le sud de la ville et, deux autres soirs, des cours pour devenir opticienne – mon frère ayant décidé que cela ne manquerait pas de bénéficier à la famille. Les leçons d'optique avaient lieu Kevin Street, dans les taudis, si gaiement immortalisés dans les pièces de Séan O'Casey, les Joxer et les Fluther buvant leur paie au pub tout en philosophant sur les planètes pendant que leurs femmes poussaient les landaus, telle la légendaire et spectrale Molly Malone, « à travers des rues larges et étroites » pour dénicher un morceau de charbon, un croûton de pain, une tête de chou, n'importe quoi pour nourrir la marmaille. Parcourant ces rues obscures à vélo, je ne voyais aucune poésie, juste des tas de linge sur des cordes de fortune et les balcons de fer forgé croulants des immeubles.

*

« Doux matin, je parle feuillue », dit Anna Livia, sauf que mes matins n'étaient ni doux ni feuillus, alors que je me rendais au boulot sur ma vieille guimbarde, essayant de me négocier un passage entre les autres cyclistes, les bus et les gens en retard au travail. Une fois par mois, il y avait un marché aux bestiaux sur la North Circular Road, et les bêtes rudoyées pour les faire descendre de l'arrière des camions mugissaient et beuglaient, avec presque quelque chose d'humain dans leurs cris, et s'irritaient de leurs nouveaux enclos, certaines refusant de se laisser parquer et détalant, pendant que les toucheurs, armés de tiges de frêne et de matraques, les frappaient à la tête et au jarret. À l'angle de Hanlon, ce remue-ménage m'obligeait à descendre, les toucheurs braillant et cinglant les malheureuses bêtes qui dérapaient, avec partout des nappes de diarrhée, et les chauffeurs de bus qui cornaient et s'impatientaient. Les toucheurs, comme moi, venaient tous de la campagne et étaient soit « les gars à bouvillons », soit « les gars à génisses », insouciants et de première. Campagnards, ils avaient dû venir en ville jeunes et y avaient pris goût, travaillant dans les abattoirs et au marché, puis conduisant les bêtes sur des kilomètres jusqu'aux quais, seigneurs des rues avec leurs trench-coats crasseux et leurs souples tiges de frêne. Tout cela réveillait les relents et les contraintes de la maison, et je pensais aux trois lettres restées sans réponse de ma mère et tremblais de ma négligence. Les objets de la maison me défilaient sous les yeux, involontairement, la coupe de papier mâché orange avec les factures et les images pieuses, le flacon d'encre incliné d'un côté, prête pour la lettre suivante et la suivante alors que ma mère séchait les dernières gouttes pour bien graver quantité de choses dans sa tête.

*

Certains sont morts pour l'amour
Certains pour la nation
Mais moi la mort je l'ai rencontrée
Par Dublin et sa municipalité.

Telle était la ritournelle que je me récitais dans mon périlleux voyage vers l'une des deux pharmacies de mes employeurs. Cabra Road, la clientèle était pauvre, des resquilleurs qui frappaient au comptoir de verre pour « deux ou trois sous de bleu de méthylène pour les vers de ma sœur », tandis que Navan Road les clients étaient plus choyés : hommes carrés en veste de tweed et femmes à la voix rauque, venant, ou envoyant leurs chauffeurs, chercher des comprimés de Dexedrine, qui passaient pour des « stimulants » et étaient également bons pour maigrir. Au départ, dans les deux boutiques, on me cantonna dans des tâches subalternes. Je rangeais les étagères, pesais de petits sachets de sels d'Epsom, de sels de Glauber, de borax et d'acide borique que j'étiquetais, et me familiarisais progressivement avec les ordonnances des deux docteurs rivaux, écrites en latin. Ma blouse de travail était une attraction, avec son col raide de clergyman et sa rangée de boutons de nacre sur l'épaule gauche.

Dublin grouillait d'histoires, pour certaines drôles et enlevées, mais parfois macabres. Une infirmière blonde, connue pour son extravagance et qui conduisait une MG rouge, pratiquait des avortements illégaux dans une chambre minable tout en prétendant faire des traitements contre les pellicules et la constipation. Elle avait des méthodes primitives, injectant une solution d'ergot et un laxatif à base de décapant, le Jeyes Fluid, mais elle finit malheureusement par tomber sous le coup de la loi quand on retrouva une mère morte sur un trottoir de Hume Street et un nouveau-né abandonné au bord de la route, dans le comté de Meath. Elle fut condamnée aux travaux forcés à perpétuité dans la prison de Mountjoy, non loin de la pharmacie où, brûlant d'amour, récitant des neuvaines pour l'amour, je n'en étais pas moins hantée par le spectre de Mamie Cadden, qui pour les uns était un ange de délivrance, pour les autres une meurtrière, et qui devait mourir, déclarée démente, dans un asile de fous de Dundrum.

Il y avait aussi, au coin des rues, les vieux décatis, qui mouraient d'envie de parler, débitant les noms et surnoms de personnages légendaires, Zozimus, Johnny les Quarante-Manteaux, Paddy Bones Sweeney, sans compter les chanteurs de rue, les poètes, les rimailleurs et les invalides avec leur « Dieu soit avec les vieux jours, les jours de Gloire », et que c'en eût été fini de Dublin durant la guerre sans les chevaux et les cavaliers qui s'épuisaient au service. Autour des portes du Trinity College, il y avait les étudiants en médecine avec leurs élégants cache-col, parmi eux quelques étrangers de l'Afrique profonde, qui avaient tous la réputation d'« être de véritables princes ».

> *D'abord il la chatouilla*
> *Puis il la caressa*
> *Et la sonde de femme enfila*
> *Car il était médecin*
> *Un drôle de vieux carabin.*

*

Je finis par connaître les divers clients de la pharmacie, leurs maux et leurs soucis d'argent, au point de demander du « croum » jusqu'à la paie du week-end. J'acquis une ribambelle d'admirateurs à celle de Navan Road, garçons et jeunes hommes de l'institut voisin de sourds-muets, qui venaient et restaient plantés, s'efforçant de parler, pareils à des condamnés avec leurs crânes tondus et leurs uniformes rêches et gris et, s'ils s'apercevaient dans le miroir face à la balance, ils reculaient. Ils n'aimaient pas ce qu'ils voyaient. Mais leurs sourires étaient glorieux, et ils rougissaient quand ils me voyaient descendre le grand bocal pour y piocher quelques bâtons de sucre d'orge, qu'ils n'en finissaient pas de sucer et se surpassaient les uns les autres pour manifester leur gratitude maladive. La femme du patron n'aurait pas approuvé ça, mais c'était inoffensif en comparaison de ce que prônait ma mère : dans une de ses lettres, ma dévote de mère disait que dans sa *Somme théologique* saint Thomas recommandait aux ouvriers mal payés de voler leurs riches maîtres en cas de nécessité. Comment elle avait connu la *Somme théologique* ou un saint du XIIe siècle, ça m'échappait.

Un dénommé Paschal, garde retraité qui souffrait d'un ulcère duodénal, et qui au départ se tenait comme une sentinelle pendant qu'on préparait ses médicaments, finit par découvrir mon intérêt pour les livres et m'en prêta deux des siens. Au bout d'un certain temps, il me confia qu'il écrivait un article, dans l'idée de mettre en évidence la bigoterie et l'ignorance du pays. Il y avait, comme il dit, la honte absolue du Rouault, *Le Christ dans sa passion*, qui moisissait dans quelque chambre secrète. Des amis des Collections nationales avaient craché quatre cents livres pour en faire cadeau à la Galerie municipale, qui refusa de l'accrocher, prétextant son obscénité. Elle ne fut pas la seule à manifester son dégoût, car l'ex-lord maire, une certaine Mrs Clark, le décrivit comme une « parodie qui choquait le sentiment chrétien », tandis qu'un Mr Keating, peintre, le qualifia de « puéril, naïf et inintelligible ». Paschal assurait qu'il ne restait dans le pays que quelques personnes éclairées, dont le chroniqueur Myles na gCopaleen, qui avait évoqué d'un ton persifleur le destin risible du Rouault, expliquant que, naturellement, aucun Irlandais, vu son « ample connaissance de l'art sacré et des bondieuseries du boulevard Saint-Sulpice », ne pouvait tolérer pareille abomination dans sa chambre à coucher.

Eh oui, comme disait Paschal, la disparition des grands dieux était regrettable. Yeats mort et finalement inhumé à Drumcliffe, Joyce mort et enterré à Zurich, près d'un zoo, O'Casey vivant en Angleterre et adressant des lettres acrimonieuses à la presse et Beckett, «la catin et le blasphémateur», pour ainsi dire mort, parce que parti à Paris. Comme disait Paschal, «tous tombés devant un seul homme», l'archi-druide de Drumcondra, l'archevêque John Charles McQuaid, qui préserva l'Irlande du paganisme et des aberrations modernes. Dublin était asservie à cet homme, avec son aura singulière, son manteau rouge et sa barrette rouge, portant «l'anneau Borgia» de précieuse améthyste que les Chevaliers de Saint-Colomban lui offrirent lors de son intronisation. Assistait-il à un concert religieux que le chœur chantait *Ecce Homo* avec un projecteur braqué sur lui. Ses pouvoirs étaient primordiaux, avec un gouvernement docile, un vaste réseau d'espions et de nombreuses sodalités religieuses. Son empathie avec le Vatican était telle que l'Irlande, si pauvre fût-elle, payait pour que les lampes à huile de Saint-Pierre restassent allumées. Son exigence était connue de tous, mais son ampleur paranoïde ne fut pleinement révélée que dans un livre merveilleux et par moments hilarant de John Cooney, après sa mort. On y découvre quelques-uns des caprices les plus obscurs de l'archevêque, comme ce télescope dont il avait équipé son siège de campagne, à Notre-Dame-des-Bois, pour épier les couples et les jeunes hommes sur la plage de Killiney après la tombée du jour – cela et son penchant pour les manuels de médecine sexuellement explicites écrits en latin.

Les influences négatives qui l'obsédaient étaient les journaux britanniques, la mauvaise littérature, le communisme et les footballeurs étrangers. Le cinéma aussi était une serre d'iniquité. Seuls étaient recommandés les films documentaires, comme *Le Combat contre la tuberculose* ou ceux qui montraient les manœuvres des diverses forces de défense locales, et sur son ordre des manifestations furent organisées devant les cinémas ; à différents moments, Orson Welles, Danny Kaye, Larry Adler er Arthur Miller furent tous dénoncés pour pencher à gauche. Même Cole Porter, en son temps, fut censuré. Quand, dans l'émission «Hospitals' Request», la radio diffusa «Te suis toujours fidèle, chérie, à ma façon», l'archevêque insista pour que, la semaine suivante, on diffusât à la place un inoffensif morceau de musique instrumentale. Pour sa «campagne de modestie», il circulait de nuit dans sa luxueuse Dodge à travers les rues de Dublin, à l'affût du moindre signe de mécréance, et apercevait-il des mannequins nus dans la vitrine d'un grand magasin, il ordonnait qu'ils fussent retirés le lendemain. Quand les tampons furent introduits par erreur, sans qu'il eût été consulté, il adressa aussitôt une censure épiscopale au gouvernement, en sorte que la malheureuse parlementaire secrétaire à la Santé dut expliquer que la vente des tampons allait être suspendue, car ils menaçaient de stimuler les filles à un âge où l'on est impressionnable et pouvaient finalement les conduire à acquérir des contraceptifs (également illégaux) pour assouvir leurs passions dangereusement éveillées.

*

Ma passion de la mode s'intensifia quand je vis dans la presse des réclames pour robes de soirée couleur crème de banane, jaquettes brodées de perles et de diamants, étoles d'ondatra noires et agent blanchissant pour les « dents de Milady ». Mais j'avais épargné juste de quoi acquérir des anneaux en or, car je croyais aux paroles de la chanson : « Si ton amour porte des boucles d'oreilles en or, elle t'appartient... » C'est au Dr Masterson que je m'adressai, car je connaissais son nom par les ordonnances, presque indéchiffrables. L'homme était bourru, la méthode rudimentaire. Il perçait le lobe de l'oreille avec une aiguille qui s'enfonçait dans un bouchon placé derrière, puis il la tournait et retournait jusqu'à faire un trou assez grand pour y passer la petite boucle. Avant de commencer, il dit que, si je hurlais à la première, il ne ferait pas la seconde. Son dispensaire était bondé, et les oreilles percées étaient une frivolité. Une semaine durant environ, on put voir à mes oreilles de petites croûtes de sang qui tracassaient beaucoup les muets.

J'étais à bicyclette quand, Baggott Street, j'aperçus un groupe entourant une grande femme tout de noir vêtue, comme une religieuse. C'était devant le restaurant La Licorne, et elle était si grande qu'elle se penchait pour s'adresser aux passants. Quelqu'un dit que c'était Maud Gonne, la reine des fées sur qui Yeats, travaillant en extase, avait écrit poème sur poème. Elle était la Femme des Sidhe, qui il y a bien longtemps à cheval, avec son chien Dagda derrière elle, parcourait le comté de Donegal pour donner ardeur et flamme aux paysans chassés tandis que leurs cabanes s'effondraient sous les assauts des béliers. Jamais je ne devais approcher au plus près d'un mythe, parce que non seulement elle avait été la muse de Yeats, mais elle avait aussi épousé le commandant John McBride, héros de la guerre des Boers et un des hommes exécutés dans la fatidique rébellion de 1916. Histoire et littérature s'étaient entremêlées et incarnées dans sa hauteur : « Pallas Athéna à la gare de How, attendant le train ».

Comme elle s'éloignait, un homme plus âgé, tremblant d'émotion, récita le poème prophétique que Yeats lui avait écrit :

*Une foule
s'assemblera, sans savoir que dans la rue qu'elle arpente
marchait jadis une chose qui semblait une nuée ardente.*

Quelques années plus tard, je rencontrai son fils, Sean McBride, qui avait l'air et la mine aristocratiques de sa mère, les mêmes tempes, avec leur blancheur d'albâtre, et son léger accent français pour avoir grandi en Normandie. Il m'emmena déjeuner chez Jammet's, le plus grand restaurant de Dublin, après quoi il fuma le cigare avec un cognac tandis que j'eus droit au premier peppermint frappé de ma vie. J'étais mariée, à cette époque, et vivais dans le comté de Wicklow, et McBride de me raccompagner une partie du trajet, vers les montagnes de Wicklow, vers Kilmacanogue. J'étais trop effrayée pour le laisser me tenir la main. Cette rectitude, de pair avec mon désir ardent, est ce qui en fit le protagoniste de mon premier roman, *Les Filles de la campagne*, le distant et mystérieux avocat, qui fait soupirer Kate et à qui elle donne son cœur, dans la fiction.

*

Noël approchant, le chef de la compagnie des transports annonça qu'il n'était plus nécessaire que les gares de chemins de fer ressemblent aux gares victoriennes et que, de surcroît, histoire de bannir le spectre du rationnement, elles seraient éclairées pour susciter une «atmosphère de fête». Ainsi vit-on surgir des panneaux d'accueil décorés, des corbeilles de fleurs suspendues, des festons et des guirlandes électriques. Le plus grand arbre jamais vu dans la capitale était celui de Westland Row. Mais je rentrais à la maison par une autre gare, «Kingsbridge des âpres vents», avec dans ma valise un volume de l'autobiographie de Sean O'Casey, que j'avais emprunté. Je portais le même vieux manteau de tweed, mais avec une touche de flamboyance supplémentaire, une écharpe d'homme en soie blanche avec une somptueuse frange que j'avais achetée pour rien dans une boutique d'occasion. À mon arrivée, l'accueil fut effusif, et ma mère tripota les boucles d'or, comme si elles lui rappelaient d'une certaine façon sa jeunesse.

Le lendemain matin, n'ayant pas à enfourcher mon vélo, je dormis jusqu'à midi et elle me réveilla avec une théière et des doigts de pain grillé très délicatement découpés. Elle était curieuse de Dublin, du style dans les vitrines, des autels des nombreuses églises, des frères dans leurs robes brunes qui pressaient le pas dans les rues pour s'occuper des malades, et de nos cousins qui, même s'ils venaient chaque été et mangeaient comme des gloutons, étaient trop pingres pour nous offrir une tasse de thé.

Plus tard, j'allai aux champs. C'était glacial, l'herbe cassante et sèche, et l'on entendait le beuglement d'un animal à plus d'un kilomètre à la ronde. J'avais oublié à quel point j'aimais ces champs, mon haleine presque bleue dans l'air pur, nos deux chiens trottinant à côté de moi et détalant parfois quand un lapin était sorti de son trou comme une flèche et, dans sa bêtise affolée, commençait par se diriger vers eux, puis courait pour sauver sa peau. Les oiseaux voletaient et piquaient avec insouciance, se perchant parfois sur les fils du télégraphe d'où venait un sifflement vibrant. Puis soudain ils s'envolaient hardiment quelque part ailleurs et reprenaient, sans doute, leur concert. Je savais que je reviendrais toujours à Drewsboro, et pourtant que je n'y reviendrais jamais entièrement. Insouciante, je restai un bon moment dehors, poussai jusqu'aux collines pour voir la rivière, l'eau glacée claire comme le cristal, avec les cygnes sauvages qui frissonnaient dans les joncs.

Les yeux de ma mère étaient furibards, avant même qu'elle n'ouvrît la bouche. Elle tenait le volume de l'autobiographie de Sean O'Casey ouvert à la page incendiaire.

C'est à cela que j'occupais mon temps ? La voilà, leur récompense pour les sacrifices qu'ils avaient consentis afin de m'envoyer à Dublin ? J'étais troublée, n'ayant lu que les quarante premières pages, qui portaient sur la famille, le mouvement syndical et les rivalités de coulisses à l'Abbey Theatre. Je faillis défaillir quand elle lut tout haut :

Il se disait souvent, parmi les initiés, que si l'on voulait empêcher un moine d'enfourcher une nana, il fallait l'enfermer dans un cercueil de pierre et ne l'en laisser sortir que sous la garde d'une centaine de hallebardiers le temps de prendre une collation aux première, deuxième et troisième veilles du jour, mais comme ce gardiennage des dames était trop onéreux et lourd, les moines n'en faisaient qu'à leur tête, et il n'y avait pas une gamine de tout le vaste monde qui ne connût d'expérience une braguette, lors même que ses yeux étaient clos et son esprit en vadrouille.

Elle était sur le point de le brûler. Je l'implorai de ne pas le faire, expliquant que le livre n'était pas à moi et que je devais le rendre. Je la suppliai et la détestai.

*

À Dublin, la débauche prospérait. Un ouvrier de Crumblin au chômage se vit infliger une amende de deux livres pour conduite inconvenante à l'Olympia

Ballroom après s'être laissé surprendre à danser le jitterbug. On annonçait la fin du monde. Un millier de pèlerins s'étaient rendus dans le sanctuaire de Knock, dans le comté de Mayo, et un certain père Declan d'Inchicore les mit en garde contre l'avalanche croissante d'infidélités et d'apostasies qui menaçait de submerger le monde dans le sang et les larmes. Dans une lettre pastorale, le pape fut bien obligé de reconnaître que c'était « l'heure la plus noire » depuis le Déluge. Un troisième message de Notre-Dame devait être remis aux enfants de Fatima, prophétisant cet Armageddon. Les chapelles étaient pleines à craquer. Le jour dit et à l'heure dite, à quinze heures, dans un club de golf rupin hors de la ville, joueurs et caddies s'allongèrent sur le gazon mouillé pour implorer miséricorde. Sauf que l'heure passa sans incidents et que les gens reprirent leurs mœurs perverses.

*

Mes moyens me le permettant, j'allais deux fois par mois, dans ma demi-journée de congé de la pharmacie, à un spectacle du Capitol Theatre présenté comme la réponse de l'Irlande aux Folies-Bergère. Une véritable Mecque, la scène avec sa toile de fond de gaze et son Technicolor criard, des blondes peroxydées avec leurs jarretelles tapageuses lançant cuisses et jambes au ciel, et leurs jambes si joliment, si également bronzées, contrastant avec leur visage d'albâtre pur. Elles n'étaient que la toile de fond du clou du spectacle, lorsqu'un crooner, en costume fauve, le sourire éblouissant, entrait nonchalamment en scène, les déesses déjà déployées en demi-cercle, les bras tendus formant une balustrade où il pouvait s'appuyer. Puis il descendait de scène pour notre plus grand ravissement, à nous les femmes et filles entichées qui avions payé un shilling ce frisson. La pâmoison collective de ce public serait impossible à mesurer alors que sa première chanson était comme un signal pour le désir ardent de chacune d'entre nous :

Sèche les larmes de tes yeux
Et tâche de comprendre un peu
Qu'à compter de ce jour
Je serai fidèle, toujours.
J'ai filé,
Mais je ne comptais pas rester
Et jusqu'à ma mort le regretterai.

Mais alors les mouchoirs étaient sortis, et il lui arrivait de rechanter le dernier couplet, en cadeau, alors que les filles du chœur, les déesses, haussaient les épaules avec une moue, faisant mine d'être fâchées.

À l'entrée des artistes où nous rôdions, nous les adoratrices, il sortait souriant, sifflotant, fier de son petit public. Une ou deux pouvaient avoir la chance d'obtenir un autographe hâtif. Je fus déçue de constater que son écriture était négligée. L'observant descendre la ruelle, jamais il ne me vint à l'idée qu'il pourrait me distinguer, sauf que si. Ce fut bref. Un signe de la tête pour me détacher des autres et demander s'il pouvait passer le dimanche suivant vers deux heures, puis prenant note de mon adresse, North Circular Road. Je négociais déjà le champ de mines pour faire sortir Anna et ma sœur de l'appartement, tous mes espoirs s'accrochant au fait qu'elles accomplissaient des œuvres de miséricorde corporelles, visitant les malades dans les hôpitaux.

Dimanche, la voie était libre. J'avais fait un gâteau-éponge et préparé un plateau pour le thé. « Joli », fit-il en grimpant les trois volées d'escalier recouvertes de linoléum noir et entrant dans la cuisine, qui servait aussi de salon. Il portait un costume miteux, n'était pas rasé ni tartiné de maquillage, mais il était quand même irrésistible. Il n'avait encore jamais vu de cache-théière. C'en était un de ma mère, en mohair, avec un cottage blanc en mohair et une petite porte d'entrée rouge. Il le trouva coquet. C'était son mot préféré, coquet.

Alors que nous étions assis sur le canapé affaissé en crin de cheval, échangeant des riens suaves, se produisit une chose malheureuse. La porte d'un vaisselier où nous rangions casseroles, passoires, poêles à frire et un bidon de Vim s'ouvrit toute seule, révélant la déglingue de notre vie domestique. Il ne parut pas s'en apercevoir, car il explorait déjà ma nuque, ma gorge, disant des choses ordinaires, mais, dans ce contexte, stupéfiantes de poésie, et je me disais à part moi que j'avais bien de la veine d'avoir été repérée après des semaines de patiente poursuite. Les crochets de mon soutien-gorge cédèrent volontiers à son contact. Quand il me retira mes bas de soie et les lança dans un coin par terre, deux pensées troublantes surgirent : l'une, que ma sœur ou Anna rentre de bonne heure ; l'autre que les bas, qui avaient déjà eu droit deux fois aux réparateurs invisibles, ne survivraient pas à la bagarre et que je ne pourrais les repriser avec du vernis à ongles.

Mais les détours ne pouvaient aller plus loin. Il implorait maintenant les conforts de la chambre à coucher, et plus il insistait, plus je me cabrais. J'esquivais, me levant pour faire le thé, sauf que le thé ne l'intéressait pas. Il me ramena en arrière très brusquement et je me retrouvai alors sur ses genoux, tremblante, et lui qui me disait de ne pas trembler parce que ça faisait pas mal. Le dilemme, essayai-je de lui expliquer, était que ma sœur ou Anna, toutes deux très pieuses, pouvaient rentrer à tout moment. Que ne l'avais-je dit plus tôt ? Nous nous serions retrouvés ailleurs. Il y avait des combes tranquilles à Phoenix Park. Il devenait grincheux. Dans un moment de pure folie, je lui suggérai de chanter « Sèche les larmes de tes yeux ». Te la chanter ! Il ne restait que la franchise. Je parlai de mes peurs et, les sentant, il me berça dans le creux de son bras, m'appela « Baby » et me dit que je n'avais pas à avoir peur car « il pouvait entrer en moi comme dans du beurre ». Carrément choquant.

Montrant du doigt l'horloge murale, je dis qu'elles devaient rentrer à trois heures, ce qui nous laissait onze petites minutes de mamours. Me tenant vigoureusement, il dit qu'il était « un crack » et qu'il pouvait tout boucler en moins que ça. Le rêve d'amour, de ce lien mystique qui rapproche les âmes autant que les corps, était brisé, et je m'arrachai à son étreinte. Qu'est-ce que je voulais ?

« Qu'est-ce que tu veux ? » demanda-t-il, disant mon nom, qu'il devait se rappeler du jour où il m'avait donné son autographe, avant ce premier rendez-vous. Le charme était rompu. Il vit qu'il perdait son temps, s'assit sur une chaise de la cuisine, prit ses clips de vélo et les fit claquer autour des chevilles de son pantalon de gabardine marine. Puis, se postant devant la glace qui était à côté du bénitier, il prit un peigne blanc cassé qu'il passa dans sa belle chevelure brun clair. *Tolloll*, « ciao ciao », lança-t-il. Ayant retrouvé son sourire, il sortit à la hâte et dévala les escaliers.

Le mot était nouveau pour moi, et je me dis que ce devait être de l'argot dublinois. Je n'allais pas tarder à tomber dessus à nouveau, quand je me mis à lire James Joyce et le retrouvai dans la bouche de Mr M'Coy à l'adresse de Leopold Bloom au terme d'une conversation sans queue ni tête. Naturellement, en raison du fiasco qui s'était produit, j'avais trop honte pour retourner au Capitol Theatre, et passai donc ma demi-journée de congé dans les librairies et chez les bouquinistes.

Dublin était une ville plus confiante en 1950, et on laissait les livres d'occasion sur des tables à tréteaux devant les boutiques, avec la banne au-dessus pour les protéger des averses. Qui en avait l'envie pouvait s'approprier un livre et filer. C'est sur un étal de Bachelor's Walk, donnant sur le Liffey, que je découvris un mince volume de T. S. Eliot, *Introducing James Joyce*. Je l'ouvris au hasard. Le papier était d'une couleur citron pâle, le caractère tout petit, et les lettres enfoncées, d'un noir très soutenu.

Une phrase me sauta aux yeux : « Tous se signèrent et Mr Dedalus, avec un soupir de satisfaction, enleva du plat le lourd couvercle emperlé de gouttelettes étincelantes. » C'était la scène du repas de Noël chez Dedalus, vue à travers les yeux d'enfant du jeune Stephen. Il y avait le grand feu haut dressé, la cordialité et les mots d'esprit, le plum-pudding garni d'amandes pelées et de brindilles de houx, l'hilarité, les verres qu'on ne cessait de remplir jusqu'à ce qu'éclate soudain la dispute au sujet des prêtres qui se mêlaient de politique et l'Église qui n'avait de cesse de traquer Charles Stewart Parnell depuis qu'on le savait adultère. Le lisant, je compris que ça aurait pu être un repas de Noël chez nous ou dans mainte maison d'Irlande, peut-être pas avec la même érudition, mais avec la même amertume qui divisait les gens et les rendait rosses et rancuniers. Je l'achetai quatre pence et l'emportai partout avec moi, y compris aux cours de pharmacie, de manière à pouvoir le lire à volonté et en recopier les phrases, si lumineuses et labyrinthiques. C'est en les recopiant que je commençai à en comprendre la grandeur, les bribes de dialogue impeccables, les luxuriantes descriptions de cadavres, de bouvillons, de porcs et de vaches, de la mer et des galets, puis les extraordinaires ascensions, avec les mondes qui se déployaient à l'intérieur des mondes.

*

Le mont-de-piété, avec ses trois boules dorées, se trouvait Capel Street. Comme tous les lundis matin, il y avait foule. Ma jupe Gor-Ray commençait à être connue au Crystall Ballroom et, n'ayant guère été sollicitée, je décidai de mettre la jupe au clou. Ce matin-là, je prétextai que je n'étais pas bien et pris ma matinée. En quatre années d'apprentissage, je ne le fis que deux fois, l'une pour le mont-de-piété et l'autre pour le jour où je me fis percer les oreilles. Le comptoir était couvert de choses : habits et costumes anciens, bassines pleines de draps et de taies d'oreiller, beaux costumes, blazers, fausses dents, sans oublier un squelette qu'avait apporté un étudiant en médecine. Il était d'un jaune maladif, comme les touches d'un vieux piano. Les gens allaient au clou le lundi matin et se débrouillaient habituellement pour récupérer leurs biens le samedi. Un homme ne cessait de pointer sur chacun de nous sa queue de billard qu'il avait appelée Gilda, à cause de Rita Hayworth, « la belle salope, Gilda ». Puis il nous servit un galimatias sur la façon dont il l'avait eue, à la suite d'un accident sur un chantier : ses pantalons s'étant pris dans un grillage, il s'était cassé la figure et retrouvé au chômage, et avait dû attendre deux ans pour toucher l'indemnité. Tout à coup, il chercha querelle au prêteur sur gages, le traitant d'usurier, d'usurier de merde, et qu'on allait tous se faire arnaquer. C'était ça, Dublin, pléthore d'histoires, et beaucoup qui tournaient autour de la pauvreté. De ma jupe, je retirai un billet de cinq livres, avec le récépissé bleu pour la racheter, sauf que je savais que je ne reviendrais pas, car elle ne serait plus jamais la même.

Entre ma vertu expirante et ma garde-robe limitée, je prenais le ciel d'assaut, cette fois non pas pour l'amour mais pour l'argent. Ma prière fut exaucée. Ma sœur était secrétaire et travaillait pour quelqu'un de «haut placé» à la compagnie des chemins de fer, et je reçus commande d'une chronique hebdomadaire pour leur magazine. Elle devait compter six cents mots, être légère et intéresser les femmes. Je toucherais un cachet exorbitant d'une guinée. Je choisis le nom de plume de «Sabiola», sans trop savoir pourquoi, si ce n'est que, me rappelais-je vaguement, c'était le nom d'une concubine de la cour du roi Farouk, en Égypte. À chaque fois, mes sottises étaient surmontées d'une image de vamp coiffée à la Ninon, censée me représenter, un fume-cigarette à la main. Mes articles devaient trancher avec les contributions plus sérieuses, du style La complainte du retraité, Accidents de chemins de fer, Hommages aux receveurs de Dublin, Camionnage illégal, le service des navettes de Knock et l'aube de la Dandy Diesel puisque «le soleil se couchait sur la locomotive à vapeur». Faute d'avoir le temps de me promener en ville ou d'interviewer des gens, j'avais tendance à me contenter de généralités, mes sujets allant des joies des soirées d'automne dorées aux talents culinaires nécessaires pour lancer les crêpes du Mardi gras. J'allais dans les magasins d'habillement interroger les acheteurs sur les toutes dernières tendances de la mode et appris que, du fait de nos cieux incontinents, on allait porter les cheveux plus longs et que les Dublinoises n'allaient pas tarder à céder à l'engouement américain et à devenir «folles du béret». J'étais bien loin de James Joyce.

*

De la périphérie, Dublin avait des allures de ville de conte de fées, avec son collier de lumières qui donnait au ciel un éclat rouge de plus en plus pâle à mesure qu'on s'éloignait. Nous y étions allés en bus, Pierre Abélard et moi. Il était clair, je crois, que ce devait être la nuit qu'il se produirait quelque chose de capital. La première fois que j'avais posé les yeux sur lui, c'était au siège d'un journal, où je ne cessais d'aller avec des articles, dans l'espoir que l'un d'eux serait accepté. À travers la longue vitre de la salle de rédaction, je voyais les journalistes au travail, et il me parut le plus sérieux, les yeux toujours baissés avec ses cils longs et blond-roux. En secret, je l'avais appelé Pierre Abélard, que les clercs de Cluny, au Moyen Âge, avaient châtré en raison de ses amours avec Héloïse.

Puis un soir j'eus l'occasion de lui parler. Un article à moi avait été accepté pour la page «femmes» du journal. Il était question d'une station en bord de mer qui restait à découvrir. J'étais allée sur place et avais simplement écrit ce que je voyais : les grosses vagues, vertes et voûtées, la longue pointe de sable jaune mouillé et, au loin, une tour qui semblait solitaire. Ma fierté de le voir retenu était très grande, sachant qu'à la maison on le lirait et que ma mère me pardonnerait sans doute mes aspirations littéraires. Au retour de mes cours de pharmacie, j'étais passée chercher la guinée qui m'était due et dont la rédactrice en chef avait promis que je la trouverais sur son bureau. Pour mon plus grand plaisir, la page venait de sortir des presses, encore chaude, l'encre n'avait pas eu le temps de sécher : « Portrane reste à découvrir. » Mais, au lieu de mon nom, c'était celui de ma sœur. Frustrée de mon heure de gloire, je filai dans le couloir à la recherche d'un rédacteur en chef, d'une secrétaire de rédaction, n'importe qui à même de réparer l'erreur. Je les voyais tous à travers la vitre, rédacteurs et compositeurs, tous au travail, et parmi eux Pierre Abélard. Il me vit agiter la page, un peu excitée, et sortit. Il la prit, se retira dans un bureau et en ressortit un moment plus tard, avec mon nom écrit en caractères noirs et gras à côté du titre. Il me demanda si ça me dirait de prendre un verre à l'occasion, et on se retrouva par trois fois dans un pub de Drumcondra, avec nos mains qui s'effleuraient sous la table, et le whiskey, auquel je n'étais pas habituée, qui me brûlait les entrailles. Un soir, la gentille fille derrière le comptoir qui nous avait repérés nous demanda si on était fiancés, et il sourit de son plus beau sourire impénétrable.

À la descente du bus, nous franchîmes un portail qui donnait sur un champ, puis longeâmes un côté du champ jusqu'à une combe où, sous un bosquet d'arbres bas, il étendit son imperméable sur l'herbe humide. Il me prit la main, pour m'aider à m'allonger, et je me dis que c'était très chevaleresque, voyant bien que lui aussi était timide. Ce don de moi-même avait pris une importance primordiale, mais il n'allait pas tarder à couper court à mes songeries. Pierre Abélard, son pantalon baissé, était sur le point de me faire l'amour et il était trop tard pour dire : « Je voudrais mieux te connaître », ou « J'ai envie de parler » ou « Et si on se rhabillait et qu'on retournait sur la route ? ». Par-dessus tout, je désirais entendre les syllabes magiques du « Je t'aime », prononcées là, dans un champ dont je ne saurais jamais le nom.

Je levai les yeux. Branches et brindilles, si placides, dans le ciel de nuit. Le premier assaut brisa le fantasme de l'amour, mais mon raisonnement, un peu biaisé, était qu'il fallait bien en passer par cette initiation brutale pour nous engager sur le vrai chemin de l'amour. Je m'agrippai à l'herbe mince et levai les yeux vers les rares étoiles, pâles et isolées, tout en songeant qu'il y aurait des nids plus heureux et des nuits étoilées, et fis mon possible pour étouffer mes sanglots. Bientôt ses cris à lui déchirant le silence de la nuit à l'entour étouffèrent plus encore mes sanglots. Je lui demandai de me posséder, ce qu'il fit. Puis, en un instant, nous revoilà debout, cherchant un arbre auquel s'appuyer, renfilant nos vêtements en silence.

Plus tard, dans un pub qui se trouvait assez loin, on prit place à l'étage devant une table pliante accrochée au mur. Nous étions seuls. Soit j'étais trop gênée pour manger, soit trop inquiète que Pierre Abélard n'eût pas les moyens de payer deux repas. Buvant du thé, je le regardai retrancher le filet de gras d'une grosse côtelette puis commencer à la déguster avec des pommes de terre à l'eau et des petits pois servis à même la poêle. Les pois ne cessaient de glisser de sa fourchette, ce qui semblait le contrarier légèrement. J'étais convaincue – mais je ne le saurais jamais – que l'amour auquel il avait fait allusion à Drumcondra et le lien littéraire entre nous étaient finis. Comme il travaillait dans la presse, il voyait tous les romans venus d'outre-mer avant qu'ils fussent interdits, et je l'interrogeai sur *Le Conformiste* d'Alberto Moravia, jugé offensant pour la nation irlandaise. Mais Pierre Abélard était peu enclin à parler. Deux mots me tournaient sans arrêt dans la tête – *maidenhead* et *maidenfern*, deux mots qui se ressemblaient mais qui étaient si différents. *Maidenhead*, l'hymen, «membrane qui marquait l'entrée de la porte de la femme», et *maidenfern*, la fougère, «une plante avec des feuilles capillaires». Je me souvenais avoir lu en librairie la moitié d'une pièce, *La Célestine*, l'histoire d'une catin espagnole où une femme rebelle employait son temps à réparer les hymens en sorte que les futurs soupirants fussent assez sots pour «s'entortiller encore dans leurs jupes». Mais c'était Salamanque, en 1502 ; nous étions à Dublin, dans les années 1950.

Nous rentrâmes en ville par le bus, pour nous quitter sans cérémonie au terminus. C'est seulement en regagnant la maison que je commençai à revivre l'épisode, instant après instant, mais d'autres choses, de moindre importance, ne cessaient de s'immiscer, comme l'humidité de l'herbe, une barrette diamantée que j'avais perdue, les petits pois qui ne cessaient de glisser de sa fourchette, ses cils blonds, sa belle voix de prêtre qui, s'il n'avait été à ce point pécheur, aurait pu charmer des assemblées à Cluny, Paris ou Salamanque. Me rapprochant de notre meublé, j'eus la frousse, redoutant que ma sœur et Anna ne sentent l'immensité du changement en moi. Elles étaient déjà méfiantes, me croyant dévergondée, se demandant pourquoi diable une écharpe d'homme, si ce n'était pour courir le guilledou ? De surcroît, l'heure tardive nécessiterait une explication, mais ce n'était rien au regard de celle que je devrais me donner à moi-même. À peine rentrée, je mettrais ma culotte à tremper dans une cuvette d'eau froide avec plein de Javel pour effacer toute trace.

Le samedi soir suivant, après le travail, j'allai à vélo à une église des quais, espérant que le curé serait plus indulgent que le démon de l'Église du Sang-très-précieux de Cabra. Je pensais à mon propre sang dans un coin de champ que les vaches allaient renifler. Dans l'intimité du confessionnal, j'esquissai le récit de ma « chute », sur quoi il se souleva, ses joues bulbeuses tout contre la grille étroite, déclarant que rien ne pouvait étouffer ce péché, cet abominable péché, qu'il fallait confesser pleinement à Dieu et à ses ministres. Sortant en bribes mortifiantes, cela parut plus abominable encore, et il siffla de rage. Je crus que la cloison entre nous allait céder. Il demanda ensuite si j'étais vraiment désolée de mon péché et si j'avais bien conscience que le Christ, le pêcheur d'âmes, devrait me pêcher dans la sentine pestiférée, infecte et visqueuse de la transgression ? Il me rappela alors qu'il n'y aurait point de salut, point de repêchage, à moins que mon expiation ne fût absolue et que je prisse désormais la résolution d'éviter le péché qui dans la hiérarchie des péchés était le plus odieux de tous. Il demanda s'il avait été question de mariage et, craignant les répercussions, je dis que l'homme avait filé en Angleterre sans laisser d'adresse. La pénitence qu'il me donna était astronomique, décade sur décade de rosaires, messe quotidienne et sainte communion – ce qui, naturellement, était hors de question, puisque je devais être à la pharmacie à huit heures trente. Je sortis de ce confessionnal totalement déconcertée, sous les regards furieux de qui se demandait bien pourquoi j'étais restée là si longtemps. Sachant que je lui avais raconté un mensonge sur la fuite de Pierre Abélard en Angleterre, je devais maintenant me rendre dans une autre église des quais (il y en avait cinq) afin d'obtenir une seconde absolution en vue de la sainte communion que je devais recevoir.

Malgré le fiasco du champ, j'envoyai à Pierre Abélard l'unique livre que je chérissais, *The Charwoman's Daughter (Mary Semblant)* de James Stephens, que Paschal voulait à tout prix que je conserve. Sur la page de garde et pour donner une impression de maturité, j'avais écrit des mots prononcés par Pierre Abélard au pub de Drumcondra : « Le miel paraît amer à ceux qui souffrent de jaunisse. »

Ce n'est qu'en novembre, le mois des âmes souffrantes, qu'il passa à la pharmacie et m'invita dimanche à déjeuner, avec sa femme et ses enfants. Des jouets et un tricycle traînaient sur le gravier et, on avait beau être en hiver, la porte d'entrée était grande ouverte. L'intérieur était un peu délabré. Ce qui s'est gravé dans ma mémoire, c'est l'image de lui qui aiguise le couteau à découper sur le rebord de pierre de la fenêtre de la cuisine, puis, avec aplomb, découpe le rôti. Cela faisait cinq mois que je ne l'avais revu, et c'est à peine s'il me regarda, de ces yeux qui avaient le même bleu circonspect qui m'avait fait craquer. Après le déjeuner, il prit sa veste accrochée au dos de la porte, puisqu'il devait partir travailler, et sa femme me demanda de rester. C'est alors que je tremblai, imaginant qu'elle allait me questionner, mais elle n'en fit rien. Tout ce qu'elle dit, c'est qu'ils étaient amis d'enfance et que personne ne s'interposerait jamais entre eux. C'était une femme mince avec des taches de rousseur, et ce dimanche elle paraissait maîtresse de la situation, veillant à ce que ses enfants finissent de manger et demandant à quelle heure elle pouvait espérer le voir rentrer.

Puis un jour elle passa à la pharmacie et me demanda de venir la voir. J'y allai, croyant qu'elle savait, mais ce n'était pas du tout ça. Il était amoureux. Elle l'apprit parce que, fouillant ses poches, elle trouva diverses épiphanies célébrant ce nouvel amour qui avait été un tel choc pour lui. Passant au crible les mots excessifs, il avait rédigé mouture sur mouture, jusqu'à trouver le ton parfait : « Après cette sombre femme, tu cherches quelqu'un, qui s'ajustera aux renfoncements irréguliers de ton cœur. » Elle sortit une bouteille de sherry qui était là depuis Noël, et nous en bûmes plusieurs verres, puis dans son chagrin elle brisa la bouteille vide sur la porcelaine de l'évier de la cuisine, répétant les mots qui la rongeaient : « Après cette femme sombre, tu cherches quelqu'un, qui s'ajustera aux renfoncements irréguliers de ton cœur. »

Ne pouvant lui parler de ma tromperie, je lui prouvai ma loyauté un brin douteuse par des vers agressifs :

Oh sombre femme
À l'écharpe côtelée
J'aurais pu mieux le servir
Avec mes gueulantes.
Mais la lumière attire les hommes
Et son ombre
Est écartelée entre nous
Sombre de moi, sombre de toi.

*

Je m'étais fait un nouvel ami, Rory, qui travaillait au Palace Bar, près de l'*Irish Times* et fréquenté par les gens de lettres.

« Ah, Boccace n'y est pas », disait-il, racontant tout ce qu'il entendait, odes et poèmes improvisés, sans compter qu'un dénommé Alan C. Breeze était rentré d'Angleterre avec un jeu de fausses dents ayant appartenu, assurait-il, à T. S. Eliot. Mais ce n'était rien comparé à la conversation qui courait chaque nuit des matines et des nocturnes aux syllogismes, spondées, dactyles, sans compter l'apostrophe intrusive, les vers brisés de Virgile et la *tabula rasa* d'Aristote. À en croire Rory, il y avait deux espèces de buveurs, les loquaces à la Joyce et les taiseux à la Beckett, les Belacqua, hommes solitaires, précurseurs de Krapp, tenant une pinte, « noyés dans les rêves et brûlant d'en finir ».

Les savants parlaient en alexandrins (quels qu'ils fussent) et se lançaient des piques en grec et en latin, buvaient « niagareusement » en portant un toast : « Je bois à la soif à venir. » Mr Smiley, le rédacteur en chef, avec son sombrero vert et son gilet canari, arrivait autour de vingt-deux heures, chantant parfois des parties de l'éditorial qu'il allait plus tard peaufiner, écartant les parasites par « Ôte-toi de mon chemin, merdouille, parasite, va de là ». Rory disait que l'ongle du doigt de Mr Smiley était rongé à l'image exacte du bec de la plume qui avait appartenu à Keats. Autour de lui, dans la petite arrière-salle réservée, se retrouvaient ses cohortes, ses rares journalistes préférés, dont le frère de Roger Casement, Tom, qui était le correspondant un peu dilatoire du journal pour les échecs. Les deux génies étaient le poète Patrick Kavanagh et l'écrivain Flann O'Brien, qui signait sa chronique dans l'*Irish Times* Myles na gCopaleen, où, selon lui, « la musique douce et infatigable de sa plume couchait sur le parchemin les manèges du pays ». Loin d'être doux, de son esprit mordant il raillait la municipalité de Dublin, la femme, la fonction publique (à laquelle, chose étonnante, il appartenait), les cyclistes, l'Abbey Theatre, les gars des assurances et les braves gens d'Irlande, ces « crétins et jobards de culs-bénits ».

Patrick Kavanagh, qui avait encore dans les veines les collines de Monahan et leurs rameaux tordus, prétendait que, sauf à avoir de l'argile dans la bouche, le chant du chanteur ne valait rien. Il était dur, observait Rory, de rattacher l'homme au poète. Le poète avait écrit des vers évocateurs :

Rives feuillues d'amour et les eaux vertes du canal
Ruisselant de rédemption pour moi, que je fasse
La volonté de Dieu.

Mais l'homme pouvait être malappris. Il avait pris rendez-vous avec une dame pour un thé au Gresham Hotel, une vieille fille qui habitait les Midlands et était une fervente de sa poésie. Timide sous des dehors bourrus, il décida de venir accompagné de quelques vauriens, histoire d'égayer la conversation. Abrités derrière un paravent et quelques ricins, ils la repérèrent, toute seule, effacée, avec un bonnet de tricot et des mitaines assorties. Sans piper mot, ils battirent en retraite et ressortirent dans la rue, avec Kavanagh qui sautait comme un cabri en disant : « Pas un mec qu'ouvrirait les cuisses pour cette *crayature*. »

Leur vie, ainsi que l'écrivit leur ami John Ryan dans son beau livre de souvenirs, *Remembering How We Stood*, était bordélique. Dans son « existence sans femme », Kavanagh avait un meublé Pembroke Street, avec une baignoire pleine à ras bord de boîtes de sardines vides, et, au salon, une machine à écrire et des meubles Chesterfield d'occasion. À sa fenêtre, il avait fixé un rétroviseur volé à un camion et qui lui permettait de faire la part des visiteurs bienvenus ou des importuns. Une nuit, peu avant Noël, et à la grande stupeur de tout Dublin, l'archevêque McQuaid, « honorant la sainte condition de la pauvreté », décida d'aller voir le poète. Il se trouvait que Kavanagh recevait une « belle de nuit », si bien qu'il fallut trouver diverses excuses pour décourager le monsignor qui monta annoncer que l'archevêque allait arriver d'un instant à l'autre : l'état de la chambre ou les toilettes qui n'étaient pas réparées. Le poète n'en accepta pas moins de descendre à la rencontre de l'archevêque et s'en alla avec un tricot fait main, une bouteille de Power's Gold Label et un paquet de cigarettes, des Sweet Afton 200.

Sa routine quotidienne était invariable. Debout à l'aube, quand il pouvait composer quelques vers, il filait ensuite acheter le journal pour étudier les grilles de départ des courses, puis un malt rapide dans un salon voisin, et le bus pour Grafton Street, chez McDaids, son repaire favori, avec un saut chez les bookmakers et un retour au bar toutes les quinze minutes, tout cela grâce à la veine étonnante qui lui faisait jouer les gagnants, surtout les outsiders. Le soir, il faisait son pèlerinage au pub, où Mr Smiley présidait et où Rory était témoin des accès de silence ou de rage de Kavanagh. Quand Louis MacNeice, qui habitait Londres, osait s'immiscer dans leur cercle, Kavanagh se moquait de lui en chantant : « Retourne donc bosser pour Faber and Faber» sur l'air du *Barde d'Armagh*, la soirée dégénérant alors en coups entre les poètes rivaux et leurs fantassins.

On parlait constamment de Joyce dans ces cercles, et pas toujours en bien. Certes, il avait ses épiphanies, mais son travail était truffé d'ordures et il fallait le considérer à travers un «vernis», obscurément. De surcroît, une bonne partie de sa camelote était pompée dans *Thom's Street Directory*. Quand on lui demandait s'il ressemblait à Joyce, Myles disait «que rien ne saurait être plus éloigné de Detroit» et que *Finnegans Wake* était une «besace de sous-vêtements littéraires». Avec *Autant en emporte le vent,* c'était un des deux livres qu'il avait commencés cinq fois et qu'il n'arrivait pas à finir. Ses railleries les plus cinglantes, cependant, il les réservait aux Professeurs de la Prairie qui parlaient à travers leur «galure» et descendaient à Dublin pour rédiger leurs thèses sur Herr Joyce, comparant le motif de la clé dans la section «Ithaque» au verrou du n°7 Eccles Street en hommage à Mr et Mrs Bloom.

*

J'allai pour la première fois à l'Abbey Theatre avec Paschal, le garde à la retraite, et me postai dans le foyer, saisie de vertige à l'idée que Yeats, Lady Gregory et Synge s'étaient jadis tenus au même endroit. On donnait *Cathleen Ni Houlihan* de Yeats, et Siobhán McKenna jouait Cathleen, la femme qui se lamente, l'incarnation de l'Irlande, qui recrutait des jeunes hommes afin de combattre pour sa cause. Fascinant. Je décidai, séance tenante, de délaisser la voie de l'écriture pour celle de la scène et me rappelai ma timide tentative pour rejoindre la compagnie itinérante qui jouait *Dracula*. Mais maintenant j'étais plus déterminée que jamais.

Hilton Edwards et Michael MacLiammoir dirigeaient le Gate Theatre et étaient deux des personnages les plus scandaleux de Dublin. Je ne les avais pas vus sur scène, mais j'avais eu la veine un jour de me trouver à un arrêt de bus où, à la stupeur générale, Michael se mit dans la queue. Dans son manteau volumineux, pleinement maquillé et portant une perruque auburn, on aurait dit un demi-dieu, et se dégageait de lui un air de théâtralité tandis qu'il répondait d'une voix de velours à une femme qui l'inondait de compliments. Par quels moyens détournés je me procurai son adresse, je ne m'en souviens pas, mais j'ai encore la carte postale m'indiquant que je pouvais venir au nº 4 Harcourt Terrace à 11 h 30, tel dimanche.

C'était la première fois que je mettais le pied chez des théâtreux. C'était exotique. Une chaise longue rouge, du papier peint violet foncé nervuré de plumes, des affiches encadrées et des photographies des deux acteurs dans leurs divers costumes, des yeux mauvais et noir mélasse, sourcils espiègles. Où que j'aille dans cette pièce, les yeux de Michael MacLiammoir me suivaient de tous les coins possibles et imaginables. J'avais la frousse. Il entra en coup de vent, là encore parfaitement maquillé et portant un kimono de soie à fleurs qui lui tombait juste au-dessous du genou, contrastant avec la serge prosaïque de son pantalon.

Les vers que j'avais choisis étaient ceux de la vieille, dans *Cathleen Ni Houlihan*, qui allait de maison en maison, recrutant des jeunes hommes appelés à mourir pour l'Irlande, des vers que Siobhán McKenna avait prononcés avec tant de conviction et de sensibilité :

Beaucoup de ceux qui ont le teint vermeil maintenant auront les joues pâles ; beaucoup de ceux qui ont été libres d'arpenter collines, tourbières et jonchaies seront envoyés dans les rues difficiles de lointaines contrées ; maint bon plan échouera [...] ; maint enfant naîtra et il n'y aura pas de père à son baptême pour lui donner un nom.

Je massacrai ces vers. Il n'eût pas été surprenant, avec mes gestes fâcheux et téméraires, de voir des photos glisser des murs ou des carafons trembler sur leur plateau d'argent. Il en supporta l'essentiel, puis m'arrêta de la main et, avec une surprenante gentillesse, dit qu'à son avis je devais descendre de l'une des grandes et antiques tribus de Galway, puis, s'excusant, espéra que je saurais retrouver la sortie.

Retrouvant la lumière du jour, j'étais anéantie, convaincue que la vie était une route grise, des limbes littéraires sans fin, où jamais je n'atteindrais les hauteurs du Parnasse auxquelles, dans mon inanité, j'aspirais.

La Léa Glouton de la littérature

Les bribes de poésie que je débitais me valurent le nom de Bessie Bunter, de « Léa Glouton de la littérature ». C'est un journaliste de radio, surnommé Bunny, qui me baptisa ainsi. Je l'avais rencontré le jour de ma toute première émission. C'était la Sainte-Bridget, la patronne des paysannes et du beurre, dont la fête tombait en février. La « Léa Glouton de la littérature ». Ainsi devais-je être présentée à l'homme que j'allais épouser, même si le mariage ne faisait pas partie de mes ruminations.

Après Pierre Abélard, j'avais fait vœu de chasteté, mais je n'en eus pas moins quelques ternes rendez-vous, dont un avec un homme qui livrait du pain et des gâteaux à la campagne et qui me raccompagnait cinq kilomètres à pied, du Crystal Ballroom, South Ann Street, à notre appart de North Circular Road, à côté de Phoenix Park. Me voilà donc, dévorant les livres et laissant un homme qui n'avait jamais lu un livre me raccompagner à la maison pour quelques instants de tripotage innocent sur les marches. Une autre fois, dans un hôtel de Kilkenny, un intrépide galopin à la chevelure bouclée, qui m'avait imbibée de champagne, m'entraîna à l'étage dans la seule chambre qui ne fût pas verrouillée quand une gouvernante fit providentiellement irruption, poings sur les hanches, et cria : « Un évêque a dormi dans cette chambre la nuit dernière et vous voulez la souiller », ce qui le fit déguerpir.

C'est en décembre que notre logeuse m'appela au téléphone payant de l'entrée. C'était Bunny qui appelait, il voulait m'inviter à prendre un verre avec un auteur dont le livre avait été adapté au cinéma sous le titre *Plymouth Adventure (Capitaine sans loi)*, avec Spencer Tracy. Voulais-je bien me joindre à eux ? Histoire de soigner un peu mon apparence, je pris un manchon rouge, que ma sœur avait emprunté à une femme aisée, sachant que ça donnerait un peu d'éclat à la fadeur de mon manteau noir (le tweed ayant été de longue date mis au rebut). Ce manteau noir verdissait, mangé par les mites.

Quand j'entrai dans le pub bondé de Henry Street, Bunny m'accueillit avec effusion, comme un ancien béguin à lui. Il y avait là Ernest Gébler, d'une beauté qui passe les mots, le teint brouillé, avec ses yeux brun foncé et ses traits de granit. J'avais vu la photo d'un acteur allemand, Conrad Veidt, et je lui trouvai une ressemblance avec cet homme, dont la voix était si hypnotique que les autres s'inclinaient devant lui, comme moi. Il parla de ses séjours à Hollywood, qu'il évoqua d'un ton caustique, et d'une pièce qu'il aurait voulu faire monter à New York, avec Sam Wanamaker, sauf que les producteurs et les épouses des producteurs en avaient discuté interminablement et que le projet était tombé à l'eau. Il était si cosmopolite et si cultivé. Il parla de James Joyce d'un ton familier et appela Leopold Bloom Poldy. J'exultais. On se découvrit par hasard un point commun. Chaque semaine, je mélangeais deux médicaments pour le ventre à l'intention d'un Allemand qui portait un long pardessus noir et un Homburg noir, qui parlait avec un accent européen. Il se trouvait que c'était Adolf, son père.

Le lendemain, c'était mon anniversaire, ce qu'il avait dû surprendre quand j'en avais fait la confidence à un membre du groupe. À mon grand étonnement, à peine avais-je fermé la boutique pour le déjeuner, que je le vis frapper à la vitrine, me priant de sortir. Dans sa voiture de sport, il me conduisit dans une boutique de Grafton Street et j'acquis un manteau qui dépassait tout ce que ma mère ou ses amies, les belles filles Gavin, ou la femme du docteur, avaient jamais porté. Un astrakan gris, avec un col de velours rouge, qui m'allait comme un gant. Je disais déjà adieu à la Léa Glouton de la littérature.

*

En ce jour de printemps, la première fois que j'allai chez lui dans le comté de Wicklow, les ajoncs commençaient de fleurir avec les jonquilles et leurs bourgeons en pointes vertes et plissées sous les arbres, tout le long de l'allée sinueuse. Il conduisit lentement, pour me permettre de tout voir, et il était fier de me montrer toutes ces choses, et dès ces premiers jours, quoique à moitié par plaisanterie, il m'appela sa «femme-enfant». La maison, un pavillon de chasse, n'était pas si imposante, tout en blanc et nichée dans une cuvette avec un petit bois derrière; il me dit qu'il y avait un jardin de dame et une roseraie. La maison s'appelait Lake Park, même si elle ne donnait pas sur le lac, qui était à quinze cents mètres au bout d'un sentier sinueux. Dans les champs à l'entour, j'entendais le bêlement des moutons, et perchée sur les marches je vis une seconde vallée où vivait aussi, dit-il, un poète bohème qui avait empoisonné une de ses nombreuses épouses. Ils ne s'étaient pas encore rencontrés et j'eus le sentiment qu'il vivait essentiellement replié sur lui-même.

Sa gouvernante, Nancy, ouvrit la porte d'entrée, manches retroussées sur ses gros bras roses. Elle le gronda de n'être pas venu les deux derniers jours, ainsi qu'il l'avait promis, et, jetant un coup d'œil, imagina que j'en étais la raison. En cadeau de réconciliation, il lui tendit une cafetière émaillée brune qu'il avait achetée Grafton Street, chez Bewley, ainsi que les mets de choix qu'il avait trouvés chez un traiteur pour notre souper et qu'elle examina puis renifla.

Alors que j'attendais seule au salon, je regardai le portrait de lui au mur. Un portrait vert, avec sa peau d'un jaune maladif et des yeux qui avaient un éclat livide, comme si le peintre ne l'aimait pas. C'était une pièce sombre, avec des murs peints d'un rouge sang-de-bœuf, tandis que les volets marron à demi fermés empêchaient le jour d'entrer.

Comment aurais-je pu savoir que, dans six semaines, la future «femme-enfant» que j'étais allait vivre là, errant à travers ces pièces peu familières, non pas encore maîtresse de maison, parce qu'il était toujours marié à une femme qui était rentrée en Amérique avec son fils ? J'allais vivre là, passant de chambre en chambre, un peu perdue et dépassée, curieuse de la vie et de l'amour que ces lieux avaient connus avant ma venue.

Tout avait été tellement précipité, trop précipité, et je songeais qu'il faudrait des mois, sinon des années, pour que nous en arrivions à nous connaître. La vie de Dublin me manquait, la clientèle, le samedi soir, la tournée des boutiques pour acheter quelque chose, n'importe quoi parce que, paradoxalement, deux mois avant de le rencontrer, j'avais décroché mon diplôme de pharmacienne et avait été promue au salaire de trois livres dix shillings par semaine. Ça me manquait d'entendre les derniers potins de Rory sur les gens de lettres, et la femme, une éblouissante Américaine, qui avait fait effraction dans leur cercle poétique et qui, à cause de la couleur de ses cheveux, était surnommée Marmelade. Bien qu'il fût écrivain, Ernest ne fréquentait pas ces cercles, son seul ami étant J. P. Donleavy, qui avait écrit le roman de la bohème dublinoise. Un roman qui n'était pas encore paru, mais que la rumeur disait torride.

Il se trouvait donc que j'avais fui la pharmacie, encore en blouse blanche, fui la famille qui venait me chercher pour me ramener à la maison et, suivant ce que j'avais surpris de la conversation entre mon patron et sa femme, pour me faire boucler. Le «bouclage» ne signifiait rien de moins que l'asile de fous, et l'image de Mabel la folle me traversa l'esprit. Ils avaient eu vent de mes transgressions, de ma vie de péché avec cet étranger pervers, et des deux weekends seule avec lui dans son nid de campagne. Une lettre anonyme, déposée sur la selle de la bicyclette de ma mère alors qu'elle sortait de la messe du matin. Quelqu'un qui me connaissait bien m'avait trahie, et ce quelqu'un avait tracé le sentier de ma vie future.

Le matin où la nouvelle tomba, ce fut la consternation à la pharmacie, avec le patron qui tournait en rond pour me trouver une remplaçante, et sa femme sur ses grands chevaux parce que ma mère lui avait téléphoné à lui, pas à elle. Je résolus de faire la seule chose que je pouvais : filer. L'occasion se présenta quand ils montèrent déjeuner à l'étage et que, comme à mon habitude, je traversai la cuisine et le jardin pour rejoindre l'appentis où l'on gardait les stocks de médicaments dans des Winchesters pour remplir des flacons de huit onces. M'enfuyant par l'arrière, je courus sur le boulevard, puis remontai longtemps la rue principale et, histoire de ne pas me faire remarquer, retirai ma blouse blanche et la portai sur le bras. Un bus à destination du comté de Wicklow partait tous les soirs de St Stephen's Green à dix-neuf heures, et j'attendis à l'abri des arbres, ne sachant trop l'accueil qui me serait réservé quand j'arriverais au pavillon de chasse.

Mon futur mari m'embrassa, rayonnant d'une joie presque enfantine de me voir, mais encore ignorant du scandale qui se préparait. Je lui avais manqué, et sur la cheminée il avait mis quelques épingles à cheveux mal fixées que j'avais perdues au lit et qu'il gardait en souvenir. En vrac, je lui dis qu'on allait me faire suivre, me ramener à la maison et me boucler, mais il était incrédule, assurant que la poésie m'était montée à la tête et que ces choses-là se passaient au Moyen Âge, en d'autres temps.

*

Quand l'avion se posa sur l'île de Man, je vis des ajoncs en fleur, et il me sembla que c'était une continuation des ajoncs qui fleurissaient dans le comté de Wicklow, comme si la distance n'était pas trop grande pour que ma famille me retrouve. Ernest avait cédé à mes supplices et décidé que nous allions partir, une petite semaine, le temps que la colère retombe. Il contacta Donleavy qui, avec sa femme Valerie, séjournait sur l'île de Man, chez sa belle-mère, dont la maison, dit-il, était tellement isolée que jamais on nous trouverait.

Sauf que si. Le lendemain matin, je quittai le jardin avec un drôle de policier ; derrière le portail de bois, un groupe de gens m'attendaient : mon père, un abbé d'un monastère cistercien qui était un ami à lui, le patron de ma sœur qui m'avait chargé de la chronique de Sabiola (désormais supprimée), un de nos voisins et mon frère. Mon frère avance et m'attrape le bras : « Tu viens avec nous.» Mais pas question d'aller avec eux, et je répondis rageusement que je ne voulais plus jamais les voir. Mais il était aussi vrai que la veille j'avais eu des pressentiments, entendant Donleavy et Ernest discuter, blasés, de livres, échangeant des potins littéraires, des histoires d'éditeurs qu'ils semblaient connaître. Donleavy parla de Gainor Christ, le gars de l'Ohio, GI démobilisé venu étudier au Trinity College, au lieu de quoi il était un habitué de divers pubs où il se liait d'amitié avec toutes sortes de compagnons de beuverie. C'est lui qui inspira à Donleavy son roman *L'Homme de gingembre*, qui intéressait alors un éditeur de Paris. Pour ma part, je commençai à dire quelque chose, mais, ne me sentant pas à la hauteur, laissai ma phrase inachevée. Sentant ma gaucherie, la femme de Donleavy, Valerie, devait me prendre sous son aile, voyant bien que j'étais dépassée.

S'efforçant de calmer les choses, l'abbé brandit le crucifix d'or qu'il portait autour du cou pour faire un signe de croix sur moi. C'est lui que je craignais le moins. Je lui demandai de les raisonner, de leur dire que je ne rentrerais pas. Les deux policiers continuèrent d'avancer sur la route, sans trop savoir que faire, et mon frère m'attrapa le bras pour m'entraîner vers une seconde voiture. À l'intérieur de la voiture, la chaleur était torride, si torride que je sentais la transpiration de mes aisselles suinter sur ma robe de crépon rose. Une nouvelle robe qu'Ernest m'avait achetée sur la route de l'aéroport, dans une petite ville, forçant le propriétaire du magasin de nouveautés à nous accueillir. Mon frère me demanda si j'étais enceinte.

Pouvais-je être enceinte ? Je ne savais pas. Avais-je eu des rapports ? Oui. Il dit qu'il n'y avait d'autre solution que de me conduire en Angleterre. Le mot « avortement » ne fut pas prononcé, mais il était sous-entendu, et sous mes yeux défilèrent des images de Mamie Cadden, la chambre miteuse, le seau de Jeyes Fluid et la fatalité. J'étais devenue hystérique et il était sur le point de me gifler quand on entendit soudain hurler ; par le pare-brise arrière, il vit qu'on en était venu aux coups. D'instinct, il se rua pour défendre les siens, laissant la porte de la voiture ouverte, et je filai vers un bungalow voisin, où un homme en chapeau de paille arrosait ses plantes, un golden retriever à ses côtés. Je demandai s'il pouvait me cacher, et, chose surprenante, il me fit entrer dans la maison où une femme me donna un verre d'eau. Dès que j'entendis les deux voitures s'éloigner sur la route tranquille, je sus qu'ils étaient partis et demandai à la femme d'appeler Valerie, qu'elle vienne me chercher.

Dans la cuisine, on rejoua les détails de la bagarre, entre excitation et répugnance. Les visiteurs avaient demandé à Ernest de sortir et lui étaient aussitôt tombés dessus. Ils l'avaient frappé très fort, sous les yeux de l'abbé et des policiers – sur quoi Donleavy, qui avait suivi des cours de boxe à New York avec des entraîneurs remarquables, arriva, manches retroussées, pour les séparer. Le résultat est qu'ils partirent pour un hôtel de la ville, étant bien entendu qu'Ernest et moi nous y rendrions à seize heures et que je leur serais rendue. Quand je leur dis ce que mon frère comptait faire, l'idée de cette visite fut annulée et la police fut informée que nous ne serions pas au rendez-vous.

Peu après, on entendit voler l'avion privé, et je me demandai ce qu'il en avait coûté et comment mon père avait pu réunir une somme pareille en si peu de temps.

C'est dans le bungalow pour invités, jouxtant la maison principale, que mon futur mari fit connaître ses sentiments. Ses chevilles, rouées de coups, étaient bleu et noir, et il avait les deux tibias en sang. Des lambeaux de peau, pareils à des bandes de parchemin, se détachaient, et, sur ses instructions, j'approchai une bouilloire fumante des diverses blessures. Je me rappelle encore de l'arc de vapeur et de son expression furibarde.

Sur la machine à écrire de Donleavy, il avait déjà écrit une lettre à mes parents que je devais signer. Une lettre affreuse, impitoyable à tous égards, au point qu'il était difficile de la concilier avec l'homme qui m'avait offert le manteau d'astrakan et gardait mes épingles à cheveux en souvenir sur la cheminée de marbre. Ma petite tentative de rébellion parut le surprendre, et quand je dis que je ne pouvais pas la signer, il demanda d'un ton indigné si, peut-être, j'avais hâte d'être rendue à leurs mœurs ignorantes et barbares.

Je signai et, ce faisant, je sus que, les quittant pour lui, j'avais brûlé mes vaisseaux.

De retour au pavillon de chasse, pour parler le langage de la fiction innocente, on s'installa. Il me donna de quoi renouveler ma garde-robe. J'achetai une jupe plissée et un cardigan rose saumon, avec de tout petits boutons de manche recouverts du même rose seyant, ainsi que des ballerines, parce qu'il disait que les talons hauts, que j'aimais, étaient mauvais pour moi. Il souscrivit pour moi un abonnement dans une bibliothèque de Dublin où je pouvais obtenir toutes les nouveautés, et c'est ainsi, en vérité, que débuta mon véritable apprentissage d'écrivain. Il prit une photo de moi les cheveux longs, près de la porte d'entrée, un peu empruntée, et avec orgueil l'envoya à sa première femme. J'appris à cuisiner. Je recopiai un vers d'Elizabeth Bishop, « Arbres de Noël, attendant Noël », même si on n'était qu'en avril.

*

J'étais plus seule que je n'aurais dû, pour une femme amoureuse, ou à demi amoureuse. Il y avait ce gouffre entre nous, tant il me paraissait étrange et lointain par bien des côtés. Je remarquais parfois un air triste sur son visage et me demandais si c'était pour l'autre femme, ou son enfant, ou sa vie passée, que je découvrais peu à peu. Ils étaient d'une famille éclatée ; son père, qui jouait de la clarinette, était un musicien itinérant, et ils avaient voyagé avec les orchestres, d'Irlande à Wolverhampton, puis de nouveau à Dublin. Il avait alors quitté la femme qui lui avait donné six enfants. C'était une toute petite femme à la langue de vipère qui nous fit un jour une visite rapide avec une de ses filles. Elle me toisa, puis lâcha : « Vous ne serez jamais Mrs Gébler dans cette maison. » Ses ancêtres, à ce qu'on lui avait dit, étaient des camelots d'Arménie qui avaient migré en Bohême, où ils s'étaient fondus dans la population et avaient épousé des Tchèques et des Allemands, si bien qu'il était de sang mêlé du côté de son père et de souche irlandaise du côté de sa mère, ce qui explique peut-être son agacement le jour où je lus à voix haute un poème de Bertolt Brecht :

Moi, Bertolt Brecht, je suis issu des forêts noires.
Ma mère m'a porté dans les villes
Quand j'étais dans son ventre. Et le froid des forêts
Restera en moi jusqu'au jour de ma mort.

Ce n'était pas la première fois que je voyais cette rancœur froide, comme si on lui avait pris une chose qui était à lui ou, plus gravement, comme s'il s'en était défait, et que c'était la source de son écriture.

Face à la pièce où nous dormions, sur le palier, il y avait une chambre où je m'aventurai un jour. Dans un coin se trouvait un petit lit rose avec un abaque de perles de couleur et une couverture angora rose pliée. Dans la penderie, comme si elle n'était partie que tout récemment, restaient quelques vêtements de sa femme : pantalons, écharpes, corsages et plusieurs paires de chaussures de marche, avec des embauchoirs. Dans un tiroir latéral, des sous-vêtements bien pliés et toutes sortes de ceintures. Sur un cintre, je pris une veste de tartan que je passai et, comme il n'y avait pas de glace dans la pièce, j'allai jeter un coup d'œil dans la salle de bain, où Nancy rôdait, rôdait sans cesse avec de plus en plus souvent ce regard scrutateur de Mrs Danvers dans *Rebecca*. La jaquette, dit-elle, ne m'allait pas. Elle allait mieux à l'autre. Puis elle me chuchota quelque chose de terrible à l'oreille. L'autre revenait et elle seule, Nancy, avait été mise dans le secret. Ce devait être une surprise. Elle avait embarqué pour Cove, dans le comté de Cork, avec toutes ses affaires, son fils, ses malles, tout. Je savais bien que c'était un mensonge fait pour me démonter, mais j'en avais peur, comme d'un mauvais augure. Ernest avait écrit à sa femme pour demander le divorce, tourner la page de leur mariage précipité, et elle avait répondu, parlant de sa vie nouvelle, mais les choses étaient plus détendues entre eux. Les timbres étaient tous à l'effigie de héros américains, et je tendais à la lumière la mince enveloppe du courrier par avion, espérant y glaner quelque chose.

*

Il y avait en lui des choses qui me faisaient peur, des petites choses, mais lourdes de conséquences. Un mouton s'était introduit parmi les nôtres. C'est Tom, le mari de Nancy, qui le repéra, et de fait il y avait bel et bien un mouton avec une raie rose au milieu des autres, tous bleu pétrole. Il se dit que c'était un paysan qui avait dû le conduire là, par dépit, parce qu'il n'était pas très bien vu des gens du pays. Tard, cette nuit-là, munis d'une lampe Tilley, nous allâmes au champ, au-delà du bois. Sitôt qu'ils nous aperçurent, les moutons se mirent à détaler, et les chiens des fermes, sur l'autre rive du lac, commencèrent à aboyer furieusement, compromettant ainsi le secret de la mission. Puis ils décrivirent des cercles affolés, avec le coupable au milieu des autres, en sorte que par deux fois, parce que je tenais la lampe penchée, il attrapa le mauvais mouton et me cria de la tenir droite. C'était une nuit de bourrasques. Toujours en courant, il les fouetta pour les séparer, ou tenta de le faire avec un bout de corde qu'il avait apporté, et il me criait de ne pas le quitter d'une semelle, avec de l'hystérie dans la voix. Ils couraient aussi vite que des lévriers, mais sans finesse, ne cessant de se heurter les uns aux autres et de s'éparpiller, et par deux fois il saisit le mouton rose par l'arrière-train pour le laisser ensuite échapper, et finalement, quand il faillit trébucher dans un trou, le mouton aussi trébucha, et il s'en saisit, le forçant à s'agenouiller en le maintenant des deux mains. Il me dit de déposer la lampe et d'attacher les pattes avec la corde, ce que je fis, malgré ses petites ruades frénétiques et impuissantes. Puis il le prit dans ses bras alors qu'il continuait de pousser de pitoyables bêlements hésitants. Le restant du troupeau avait filé loin de nous, couché ventre à terre près du mur de pierre bas, blottis les uns contre les autres, craignant pour leur vie. Le mouton bêlait encore de temps à autre et gigotait quand il le fourra dans le sac de tourbe vide et le glissa sur la banquette arrière de la voiture.

De là, nous prîmes la direction de la seconde vallée, avant de bifurquer et de nous engager sur une petite route menant à une vaste étendue de tourbières. Sitôt lâché, le mouton fila à travers un fouillis de buissons qui se trouvait à l'entrée et, bien qu'entravé, courut et courut, au point que la dernière chose que l'on vit fut une sorte d'étrange gigue endiablée, sans doute dans un effort pour se libérer de la corde : rien qu'une gigue sur le premier tertre auquel il arriva, gris comme une pierre roulée, dans l'obscurité de la tourbière et la nuit profonde.

Pas un mot ne fut prononcé au retour, sur des routes désertes.

*

Des choses commencèrent à s'envoler. Le cardigan rose que je gardais pour les soirées avait disparu, tout comme la chaîne et la croix en or qui avaient appartenu à ma mère. Puis ce furent ses affaires à lui : chemises, vestons et, pour finir, la cafetière. Il subodora que c'était Nancy et, un dimanche qu'elle et Tom avaient pris le bus pour un pèlerinage, à une centaine de kilomètres, on visita leurs appartements, dans la cour. Là, sur une vieille couverture, comme pour une vente de charité, se trouvaient les divers objets, ainsi que d'autres affaires dont nous n'avions pas encore remarqué la disparition.

Nancy fut convoquée pour lui annoncer son renvoi. Elle tourna en rond dans son bureau, hurlant à l'injustice, et ses mains parlaient, ses gros bras parlaient, chaque partie de son corps parlait, tout en jurant qu'elle ne se laisserait pas jeter à la rue ou larguer dans une tourbière comme un mouton égaré. Elle balança entre la fureur et l'angoisse puis, brandissant son atout, elle lui rappela son désarroi, son gros chagrin, le matin où, à son réveil, il découvrit que sa femme avait fui avec leur enfant.

Elle le décrivit allant de chambre en chambre, ouvrant les penderies, à seule fin de découvrir que certaines étaient vides, puis le lit d'enfant rayé, à l'affût de signes qui lui diraient que ce ne pouvait pas être vrai, puis roulant comme un fou jusqu'au bureau de poste du village pour passer un coup de fil, et tout ça en vain. Elle lui rappela qu'il avait passé des mois et des mois assis dans son bureau, menant une vie de moine, alors qu'elle était la seule à lui apporter ses repas, à lui remonter le moral et à chanter «Combien ce toutou dans la vitrine, çui qui frétille de la queue?». Puis, s'en prenant à lui, elle lança : «Vous n'aviez personne, rien que moi, avant de la rencontrer, *elle*.» Son mari était apparu sur le pas de la porte, éberlué, voûté, tenant la couverture avec le butin du vol qui, lorsqu'il l'ouvrit, parut assez pathétique. Ils bénéficièrent d'un sursis.

Le jour où on les conduisit à Dublin fut leur première fois dans la capitale. Nancy portait un chapeau de paille orné de cerises artificielles ainsi qu'une jaquette de lin qui la boudinait. Dans les faubourgs de la ville, ils furent dépités de voir les maisons si petites, pêle-mêle et trop proches les unes des autres. Quand Tom aperçut un grand Noir, il se tapa sur les cuisses d'excitation et voulut descendre de voiture pour avoir une discussion sur *La Case de l'oncle Tom*, qu'il avait vu dans un cinéma itinérant, imaginant que l'homme de la rue et celui du film devaient être cousins.

On déjeuna dans un salon de thé de Grafton Street et, comme il y avait un pianiste, Nancy demanda «Combien ce toutou dans la vitrine?», et elle fut satisfaite de son interprétation. Elle avait un cadeau pour moi: une bavette de finette blanche passepoilée de bleu, qu'elle déplia sur la table avec un clin d'œil. Finement, elle avait conclu que j'étais enceinte en me voyant vomir dans les bois, au petit matin; elle en savait la raison, mais ne dit rien.

C'est ce soir-là, dans son bureau, que je le dis à mon mari, et la transformation en lui fut miraculeuse. Son bonheur était sans borne. Il y avait quelque chose de si doux et étonné dans tout son être, tous ses traits hostiles effacés, une vie nouvelle, la vie qu'il avait espérée; en sommeil, le vieux monde et sa tristesse.

*

Ma sœur Patsy et Ruth, la responsable des pages femmes pour qui j'avais travaillé, débarquèrent à l'improviste. J'étais au jardin, repiquant des laitues. Toutes deux portaient des manteaux de castor, ce qui était absurde par cette chaleur, et peut-être était-ce destiné à impressionner Ernest, qui était descendu au lac goudronner et repeindre le bateau pour un voyage qu'on envisageait de faire. Elles me serrèrent la main, s'excusèrent d'être passées sans prévenir, puis, m'embrassant, ma sœur me donna du «ma pauvre!», ajoutant qu'elle allait attendre dans la voiture, car Ruth avait quelque chose d'important à me dire. C'était une enveloppe de l'écriture de ma mère, et elle m'en donna lecture séance tenante:

Ma chère Ruth,

Je ne me souviens pas si je vous ai écrit depuis ce malheureux incident d'Edna. Je comptais le faire, mais tout ce que j'ai fait les dernières semaines semble m'être sorti de la tête. Bon, Ruth, une affreuse tragédie, pas vrai? Pauvre Edna chérie, que j'aimais de tout mon cœur et de toute mon âme. Elle m'a brisé le cœur et je ne saurais vous dire ce que je ressens. C'est le plus grand choc que j'aie jamais reçu et pourtant j'ai peine à croire qu'Edna ait pu être si cruelle envers nous. Ce qui lui a pris ou si elle est responsable. Son père me demande de vous écrire d'aller la voir avec Pat, alors Ruth, je vous en prie, allez voir comment va Edna et ce qu'on pourrait faire, à votre avis, pour l'arracher à cet homme abominable. Si seulement on pouvait la tirer de là, peut-être qu'elle entendrait raison. Demandez-lui si elle veut bien me voir, et quand, et où, et dites-lui de ma part que je l'aime comme je l'ai toujours aimée, sauf que j'arrive pas à comprendre pourquoi elle a été cruelle au point de me briser le cœur et celui de son père. Lui aussi l'aimait et il est profondément chagriné de tout ce qu'elle nous a fait à nous et, pire, à elle. Dieu l'aide et la prenne en pitié, et je suis certain qu'Il le fera. Je sais bien que pour vous aussi ça a été un choc, mais Ruth, y a personne qui ressente ça comme une mère et Edna, je pouvais pas imaginer qu'elle ferait des bêtises, elle qui était si drôle et qui avait si bon cœur, mais je suppose que c'est pas sa faute. Elle s'est laissé bêtement égarer et était trop innocente pour l'homme qu'elle a rencontré. J'attendrai impatiemment de vos nouvelles et je sais que vous ferez ça pour moi et nous ferez savoir exactement ce que vous pensez d'Edna. La pauvre Eileen a pris toute cette affaire très mal, elle aussi, et il semble que ça faisait longtemps qu'elle se tracassait, mais pour nous ça a été un choc complet car on n'en a jamais rien su jusqu'à la dernière minute, sans quoi on aurait arrêté ça à temps. Je suis même allée deux soirs à l'arrêt du bus, à sa rencontre, car elle avait écrit qu'elle rentrait, mais en même temps je crois maintenant qu'elle avait filé à Lake Park et n'avait aucune intention de rentrer à la maison, c'était juste histoire de prolonger le temps avec cet abominable personnage. De tout mon cœur je dis que Dieu l'aide dans cette affreuse épreuve et dites-lui, Ruth, que mon amour demeure le même pour elle et la supplie de me voir.

Très sincèrement à vous
Lena O'Brien

Pendant qu'elle lisait, je gardai les yeux fixés sur ma rangée de laitues, si pathétiques dans leur lit noir d'argile, plus noir encore où je les avais arrosées.

« J'vais voir, fis-je en lui prenant la lettre.

— Hors de question que je retourne vers eux sans réponse, dit-elle.

— Je n'ai pas de réponse. » Je pensais qu'elle comprendrait, mais non. Vexée de voir ses projets contrariés, elle fila en direction de la voiture, refusant le thé que je lui offris d'une voix plaintive.

*

La matinée était ensoleillée, j'étais enceinte de six mois environ, avec les pieds qui frappaient régulièrement la paroi de mon ventre. J'avais sorti deux chaises de cuisine dans la cour, l'une en face de l'autre, une bassine d'eau chaude sur l'une, une bassine d'eau froide sur l'autre, pour me laver les cheveux. Après quoi je m'assis sur l'une des chaises en me passant une serviette dans les cheveux, sans prêter la moindre attention à ce qui se passait autour de moi, alors que j'approchais de la fin de *Madame Bovary*. Emma Bovary est à l'article de la mort : elle se redresse dans son lit « comme un cadavre que l'on galvanise, les cheveux dénoués, la prunelle fixe, béante », quand l'aveugle, présage de mort, passe sous sa fenêtre, chantant une banale chanson d'amour qui la fait se relever brièvement, « ses côtes secouées par un souffle furieux, comme si l'âme eût fait des bonds pour se détacher ».

Je ne pouvais me retenir de pleurer. Pourquoi ne pouvait-on vivre la vie à cette même intensité ? Pourquoi n'était-ce que dans les livres que je pouvais trouver l'exutoire absolu de mes émotions ?

*

Quand Ernest découvrit le brouillon d'histoire que j'écrivais, et qui de longues années plus tard devait s'appeler *Les Amants de la petite ville*, une dispute éclata. La première ligne en était : « C'était une étroite route de campagne au goudron très bleu, et l'été nous aimions à nous y promener. » Il explosa, disant que ça n'existait pas, une route bleue, mais je savais bien que si. J'en avais vu, j'y avais marché, avec le goudron chaud qui maculait la toile blanche de mes souliers neufs. Il y en avait de toutes les couleurs, des routes : bleu, gris, or, grès et carmin. Il était catégorique à ce propos. Comme si, disant ça, j'avais contesté quelque vérité inaliénable. Il devait avoir raison en tout et, si on lui résistait, une lueur de haine enflammait son regard, mais que moi je lui tienne tête, moi la petite écervelée des lettres, c'était proprement ridicule pour lui qui croyait me posséder.

En secret, je m'accrochai pourtant à la route bleue, sachant bien que quelque part au loin, tel un glacier, elle passerait entre nous.

*

J'écrivis à ma mère la première lettre que j'osai écrire depuis ma fuite :

Chère Mère,
C'était une robe de soie verte plissée, les petits plis glissant l'un dans l'autre, et il y avait une jaquette assortie, venant de ton trousseau. Ma vie a changé et, pourtant, à bien des égards, elle n'a pas changé. Si seulement je pouvais

te parler, si seulement je pouvais me confier à quelqu'un. L'homme avec qui je suis est un peu un mystère, il a ses phases et ses humeurs noires. La famille de son père est venue d'Arménie, des camelots, qui ont fini par faire leur chemin en Bohême, en Tchécoslovaquie, où ils se sont installés. C'était une famille de musiciens, la musique coulait dans leur sang. Un grand-oncle ou peut-être un oncle, qui était violoniste à Prague, s'est coupé la main droite plutôt que de servir dans la Gestapo. Il n'a jamais connu cet oncle ou grand-oncle, si ce n'est qu'il s'appelait Herman, mais il a des liens torturés avec lui. Il a hérité de traits auxquels lui-même est étranger, étant de souche arménienne, juive, tchèque, allemande et irlandaise. Je lui vois parfois des airs sombres, songeurs, qui ne me visent pas, ou pas toujours, et je me tapis. L'amour, en ce qui me concerne, c'était une chose, tu mets le pied dedans, et c'est gagné. Il peut être bon et attentif, certains soirs on s'assied tous les deux dans son bureau, la lampe éteinte, et ce n'est que tendresse et affection. Mais ce ne sont que des interludes. Par exemple, il a rêvé que j'organisais une grande réception, pour laquelle j'avais loué une grande tente et servi du caviar dans des coupes de verre, avec des jéroboams de champagne. À son réveil, il m'en a voulu comme si j'avais bel et bien donné cette réception et m'étais laissée aller à de terribles extravagances. Je m'essaie à l'écriture. Je décrivais une route bleue, et il dit que ça n'existe pas, une chose pareille. Mes pensées s'embrouillent. Si je pense à l'avenir, mettons dans dix-quinze ans, je ne vois pas cette vie continuer comme ça. Je fais des confitures quand les néfliers et les pruniers sont en fruit. Ça lui plaît quand je fais de la confiture, ça fait de moi une vraie maîtresse de maison. Ses amis ont tendance à me trouver indigne de lui, à voir en moi une gourde. Quand je pense à Drewsboro, il gèle toujours, le petit matin quand on va à la messe ou qu'on en revient, l'herbe haute empanachée et toi qui me dis de faire attention où je marche, que ma bonne Sainte Communion, mes souliers de chevreau ne soient pas crottés. Quand l'enfant sera né, toi et moi on pourrait de nouveau être amies, ça pourrait nous rapprocher. Je suis tellement, tellement terrifiée. Tes peines se sont mêlées aux miennes. Dieu m'accorde de ne pas me déshonorer quand mon heure viendra.

*

Les obstacles au mariage finirent par être surmontés car, Ernest ayant été baptisé catholique, l'Église ne reconnaissait pas son premier mariage civil. Je me suis trouvé une alliance au mont-de-piété et je me suis demandé si ça me porterait chance. J'ai vingt-trois ans. Ma robe de mariage, fauve et grise, fut aussi ma robe de maternité, avec un panneau devant qu'on pouvait rétrécir ou élargir suivant le gonflement du ventre. Ce fut dans une église catholique de Blanchardstown, une matinée pluvieuse de juillet, avec deux ouvriers qu'on avait priés de descendre de leur échafaudage pour nous servir de témoins. Après quoi, il y eut un déjeuner au restaurant, chez Bailey, avec ma sœur Eileen et le poète Val Iremonger et sa femme. C'est ici que je goûtai pour la première fois au champagne, et j'y pris un plaisir indu.

Quatre semaines plus tard, j'étais à la clinique de Hatch Street pour accoucher. Je m'y sentais en sécurité, avec les infirmières attentives qui allaient et venaient, surveillant les intervalles entre les douleurs et me disant de respirer, de respirer. Bien qu'abrutie par les médicaments qu'elles m'avaient administrés, je sentis les derniers accès lancinants de douleur, avec ma tête qui commençait à lâcher, et de grandes larmes de joie et d'émotion qui jaillirent de moi. Ernest exultait d'avoir un fils, et on aurait dit que c'était lui qui venait d'accoucher.

Dans les jours qui suivirent, je devais sortir du lit et me pencher sur le berceau. Au repos, le bébé, prénommé Karl Ernest, était pâle comme un flocon de neige, mais écarlate quand il pleurait, avec ses petits doigts qui s'agitaient, la colère en eux. Le matin de la circoncision, une baie de sang vif perla dans le sac de son prépuce. Je ne pus m'empêcher de le regarder, avec sa petite touffe de cheveux noirs et au-dessous, le trou dans la calotte de son crâne, les deux moitiés qui s'ouvraient et se fermaient, comme une écoutille, tout en hésitant à le prendre dans mes bras, parce que je ne me sentais pas prête en tant que mère.

Maison de poupée

C'est à Londres que j'allais trouver à la fois la liberté et l'incitation à écrire. On s'y installa en novembre 1958. J'avais deux enfants maintenant, Carlo et Sasha, qui comme les chiens de berger de la maison de leur grand-mère, qu'ils adoraient, ne cessaient de se chamailler, mais restaient alliés contre un monde adulte déroutant.

Après les avoir déposés à l'école, je filais à la maison pour écrire, assise au large appui de fenêtre de leur chambre, qui était très profond, et j'écrivais dans des cahiers de brouillon que j'avais apportés d'Irlande et qui portaient le nom d'« Aisling », ce qui veut dire rêve ou vision. Un jour, un insecte, un petit moucheron, s'extirpa de la page centrale, et je bondis de terreur, comme transportée à Drewsboro et dans ses environs. Les alluvions de la mémoire, et d'une chose plus forte que la mémoire, étaient si envahissantes que j'en oubliai que j'étais dans une maison mitoyenne de Londres avec un petit jardin à l'arrière qui donnait sur un autre jardinet, dans un alignement de maisons identiques aux toits de tuiles rouges. Lugubre banlieue.

Les mots tombaient en vrac, comme l'avoine le jour du battage qui culbute dans le puits de la machine, avec les grains durs qui sont canalisés vers les sacs et la balle qui vole de partout, entrant dans les yeux des hommes qui eux sont obligés de crier pour couvrir le vacarme.

Le premier mois à Londres, j'étais allée dans une université entendre une conférence d'Arthur Mizener sur Hemingway. Quand il lut le premier paragraphe de *L'Adieu aux armes*, avec les soldats sur la route, la poussière que soulèvent leurs souliers et les feuilles qui étaient déjà tombées, j'y vis un exemple merveilleux de la manière dont Hemingway avait séparé le grain de la balle.

Je pleurai beaucoup en écrivant *Les Filles de la campagne*, mais c'est à peine si je remarquai ces larmes. Toute manière, c'étaient de bonnes larmes. Elles touchaient à des sentiments que je ne me connaissais pas. Sous mes yeux, d'une infinie clarté, surgissait cet ancien monde où je croyais que dans nos champs et nos cuvettes sommeillait quelque vieille musique séculaire. Je me demandais de rêver à Drewsboro la nuit, pour me rafraîchir la mémoire. Une fois, ce furent les veaux nouveau-nés qui se donnaient des coups de tête pour boire au seau de lait écrémé ; une autre, les oisons, avec leurs plumes qui avaient la douceur des fleurs ; et celui, qui s'est à jamais gravé dans ma mémoire, où je porte les tibias de mon père avec des pincettes, sur le point de les jeter dans une petite cheminée à l'étage où on n'a jamais allumé le moindre feu. Mère, père, champ et fort, clôtures de fortune, le grain qu'on rentre sous la pluie et le pain qui lève dans le four. Dedans, dehors. Au mois de mai, les haies qui deviennent un carnaval de pétales d'aubépine rose et blanc que le vent souffle comme des confettis.

Je revis un chien lécher la délivre d'un veau dans une combe, la laper, et l'obscur fortin où l'on aperçut Lady Drew en chemise de nuit et où, un dimanche d'été, une fille avec des frisettes m'attira pour une «op», une opération. Il faisait noir et nous étions cachées derrière des branches basses quand nous retirâmes nos culottes pour arracher des tiges d'iris sauvages qui poussaient dans le marais et qu'on s'en enfonça mutuellement les racines humides et maculées en implorant miséricorde. Nos cris montaient ensemble, étouffés par le vrombissement des abeilles et des bourdons qui essaimaient tout autour tandis que nous nous jurions un secret éternel. Après quoi, quand nous retrouvâmes la lumière du jour, ses yeux étaient d'un drôle de noir, luisant, avec la lumière qui faisait des barres jaunes dans ses pupilles, et elle dit qu'elle «parlerait», sauf si je lui donnais ce que j'avais de plus précieux, et qui était un mouchoir de crêpe georgette orné d'une houppette rose. Ce que je fis.

Le premier paragraphe du roman tournait autour de la peur du père – *Je m'éveillai vite, et me dressai brusquement dans mon lit. Ce n'est que lorsque je suis angoissée que je n'ai pas de mal à me réveiller, et l'espace d'une minute, je ne comprenais pas pourquoi. Puis je me rappelai. La vieille raison, mon père. Il n'était pas rentré.*

Mais c'est ma mère qui emplit la toile et imprégna le premier livre. Tout en l'écrivant, j'eus l'impression qu'elle désapprouverait, car elle se méfiait de l'écrit. « Le papier ne refusait jamais l'encre » était l'un de ses dictons les plus sarcastiques. Je n'avais pas oublié le jour où, alors qu'elle touillait le porridge chaud avec un pilon, je lui avais lu des vers recopiés dans un calendrier :

Quand les glaçons pendent au mur,
Que Dick le berger souffle sur ses ongles,
Et que Tom porte les bûches dans la salle*.

Elle m'avait dévisagée, son visage enveloppé de vapeur, et dit que, si c'était ça l'écriture, « ils gagnaient leur argent sans se fouler ».

À Londres, vingt ans plus tard, les mots sortaient à flots et la plume sur le papier n'allait pas assez vite, au point que je craignais parfois qu'ils se perdent à jamais.

J'avais reçu cinquante livres pour écrire un roman. Une avance conjointe de Knopf, à New York, et de Hutchinson, à Londres. La richesse me tournant la tête, je fis des folies : pour mon mari, un pull-over, pour la maison une machine à coudre (coudre n'était pas mon fort), pour mes enfants des armes en plastique et des petits tambours, que leur père réprouva. Et pour

---

* Shakespeare, *Peines d'amour perdues*, V, 2. *(Toutes les notes sont du traducteur.)*

moi, un petit flacon de parfum avec un bouchon de caoutchouc orange. Une odeur presque religieuse. Parfois, le soir, je m'en mettais un peu derrière les oreilles pour me ragaillardir, et me voyant faire Carlo et Sasha pleurnichaient, croyant que j'allais sortir. Mais il n'y avait nulle part où aller et nous ne nous étions pas fait d'amis. Parfois, quand ils étaient au lit, j'allais jusqu'à Morden et lisais les petites annonces manuscrites dans les vitrines des maisons de la presse : *Trouvé chat noir... Cherche piano Tuner... Sièges en rotin remis à neuf.* C'est là que j'eus l'idée de ma première pièce pour la télévision, *La Robe de mariée.* Le message était ainsi libellé : *Veuf souhaite se défaire des vêtements de sa femme récemment décédée, comme neufs, appeler le soir.* Cinquante ans plus tard, cette pièce allait être adaptée pour la scène sous le titre *Haunted*, où un Mr et une Mrs Berry, dans l'isolement de Blackheath, connaissent l'épreuve de la vie conjugale.

J'avais trahi mon mari, mais pas en acte. Il avait entendu mon futur éditeur, Ian Hamilton, et moi échanger au téléphone quelques mots d'une tendresse évidente. Ian, celui qui avait commandé le roman, m'aimait beaucoup et croyait en mes qualités d'écrivain. Mais je n'étais pas amoureuse de lui. La vérité, c'est que je voulais être délivrée – ce qui était beaucoup demander à un homme avec une épouse et des enfants, sans compter sa maison d'édition à superviser. On prit rendez-vous pour déjeuner dans « Up London », comme je disais. Je passai d'abord chez un coiffeur de Wimbledon, ce qui n'était pas très heureux, parce que le styliste voulut à tout prix me mettre des bigoudis, ce qui, au final, me donna une coiffure frisottée d'un autre âge. Reste que c'était un jour de sortie, le tout premier depuis notre arrivée, trois mois auparavant, à la gare de Waterloo, que je trouvais sale et encrassée, avec le dandinement des pigeons si disgracieux, loin d'être aussi souples que les oiseaux de chez nous. C'était novembre, et, voyant les guirlandes de coquelicots en papier sur les monuments depuis le taxi qui nous conduisait de la gare de Waterloo à SW20, je trouvai l'Angleterre bien lugubre.

Mais je découvrais maintenant Piccadilly Circus : sa vie grouillante, ses marchands de journaux au coin des rues qui criaient les titres accrocheurs, et déjà les premières éditions d'un journal du soir lancées depuis des camions qui s'arrêtaient, quelle que soit la circulation. C'était là que ça se passait. Dans Bond Street, je demandai le prix d'un cheval de bronze, de Giacometti je crois, ce qui me valut la réponse dédaigneuse d'un assistant élégamment vêtu avec des boutons de manchette en lapis-lazuli. Dans une boutique de Regent Street, j'essayai différentes paires d'escarpins en daim, comme en portait la prof de danse. Mais quel protocole ! Mes pieds déchaussés posés sur le tabouret pour être mesurés, et une femme robuste, plus très jeune, observant que mes pieds étaient de tailles différentes, ce qui lui compliquait la tâche. J'en choisis des noirs qui se laçaient sur le coude-pied. Mais rien à voir avec les minces lacets côtelés dont j'avais l'habitude : un ruban de taffetas noir qu'elle noua. Faisant quelques pas sur le tapis, je crus que j'allais léviter. Telle que je me voyais dans le miroir long, avec la forte femme qui me complimentait sur mes mollets, je portais déjà ces chaussures dans les soirées littéraires. Entendant le prix, je faillis m'évanouir.

« Vingt livres ! répétai-je.

— Guinées, madame », fit-elle sèchement, et comprenant qu'elle ne les vendrait pas, elle s'empressa de les délacer et de les remettre dans leur boîte blanche, avec du papier soie d'un beau gris cendré. Je n'ai jamais oublié ces souliers.

Nous avions rendez-vous Fleet Street, au El Vino, ce que je croyais être le dernier cri en matière de raffinement littéraire. Il était plein à craquer et on nous donna une petite table près de la devanture. Il commanda une bouteille de rouge, avec une tourte à la viande de bœuf et aux rognons. J'étais terrorisée à l'idée qu'on nous prenne sur le fait. Ma nouvelle coiffure ne lui plut guère et, de temps à autre, il passa la main dessus pour la lisser et affirmer ainsi son attirance. Je dus lui dire que mon mari avait surpris notre conversation en décrochant l'appareil de sa chambre, ce que je n'avais pas réalisé tout de suite. Je le découvris uniquement à cause de son journal de bord, qu'il conservait dans un coffre-fort jaune toujours fermé à clé. J'avais trouvé la clé dans un creux, au sommet de sa bibliothèque, et lu les nombreuses entrées de plus en plus fielleuses au fil des ans : lui qui m'avait arrachée de derrière mon comptoir pour me lancer dans un monde de littérature et de raffinement, allant contre ses désirs les plus profonds pour m'installer à Londres. Quoique dénuée d'intelligence et de capacités cognitives, je me prenais déjà pour un écrivain. Je ne confiai à mon éditeur que le bout qui le concernait, le passage où mon mari affirmait qu'il publierait n'importe quelle sottise de moi parce qu'il avait le béguin. Il parut troublé, remplit nos deux verres, puis me tendit la main d'un air grave, comprenant qu'il était trop dangereux que cette amitié se poursuive. J'allais finir le roman, et ce serait le lien entre nous, et je pensai à l'image de cette paire de mains tendues, vouées à se séparer, et tout ça au-dessus d'assiettes à motifs chinois.

À deux heures moins le quart, tous les jours, quand je devais apporter à mon mari son plateau d'Earl Grey et deux toasts légèrement brûlés avec un filet d'huile d'olive, je rangeais mon cahier, espérant que le chapitre du lendemain était en sécurité au fond de moi. Puis, les enfants rentrés, je faisais du pain et des gâteaux-éponge, sachant bien que l'odeur mettait de la bonne humeur, mais aussi que je ne pourrais pas vivre éternellement dans une maison faux-Tudor qui donnait sur un terrain communal noyé dans le brouillard.

Il n'y avait ni bagarres ni scènes, juste la friction qui montait sous la surface. Percevant la tension à l'heure du repas, les enfants faisaient des idioties, piquaient des fous rires, ou racontaient des histoires de l'école à dormir debout, une bagarre qui avait dégénéré en bain de sang, des petits qui « se faisaient traire » par les grands, et le charme d'une fille, une certaine Janice Budding, dans l'ombre. Leur père lisait habituellement le *New Scientist*, auquel il était abonné. Comme il était de plus en plus inquiet des poisons de l'atmosphère, et des poisons dans la nourriture, notre alimentation était strictement surveillée. Un de ses livres préférés était *The Culture of the Abdomen* de Mr Hornibrook, dont il lisait des passages au hasard :

> *On ne saurait vivre au-dessus d'une fosse d'aisances en bonne santé. Il est autrement difficile de rester en forme si nous portons notre fosse d'aisances en nous... On s'alimente plusieurs fois par jour, souvent trop fréquemment, et trop librement, et d'une qualité qui laisse souvent à désirer ; mais, en règle générale, une occasion seulement est permise pour l'éjection de ses déchets. Et rappelez-vous que tout le temps que ce locataire calorifuge de l'intestin est conservé, les conditions qui favorisent le mal sont à l'œuvre : chaleur, humidité, détritus nitrogènes, obscurité et micro-organismes. L'usine à poison lent tourne à plein, et sa production lancée sur les grand routes et les chemins du corps.*

Étant le plus jeune des deux, Sasha manifestait son malaise par des bêtises. Il écailla la nouvelle peinture turquoise dont son père avait fièrement recouvert le siège des toilettes. Une autre fois, il tripatouilla la montre de gousset en plastique rouge avec laquelle son père fixait habituellement l'heure de son petit déjeuner. Les deux aiguilles étaient habituellement entre une et deux heures quand je lui apportais son petit déjeuner. M'étonnant de trouver les aiguilles de l'heure et des minutes indiquant dix heures, je m'aperçus de la ruse en voyant dessous une feuille de papier sur

laquelle Sasha avait écrit : « Espère que ça t'amusera. »
Il se considérait comme une sorte d'écrivain en herbe et était fier qu'une de ses rédactions, présentées à l'occasion de la fête des parents, ait eu droit à une petite étoile dorée en bas de la page. Il y passait allègrement sous silence la monotonie de la vie domestique :

Je vis dans une grande grotte avec ma mère et mon père, et chaque matin mon père sort chasser, et si la chance lui sourit, il attrape un cerf. Quand il est dehors, ma mère essuie la poussière.

J'achevai mon roman en trois semaines. Il s'était écrit tout seul et je n'en avais été que la messagère. Je le recopiai au propre et l'envoyai à dactylographier à une invalide de Hastings-by-the-Sea. J'avais trouvé son nom au dos du *New Statesman* et, quand elle me le retourna, elle dit que ça lui évoquait des moments de sa vie dans le nord de l'Angleterre, il y avait bien longtemps. Si jamais je passais par Hastings, elle serait ravie de me recevoir.

Mon éditeur était heureux ; son pressentiment avait porté son fruit, et leur lecteur, l'écrivain Clifford Hanley, avait écrit un rapport enthousiaste, y joignant une lettre pour moi avec une citation de Robert Burns.

J'en avais laissé une copie sur la table d'entrée, que mon mari le lise, s'il en avait envie, et un matin il me surprit en apparaissant de très bonne heure à la porte de la cuisine, le manuscrit à la main. Il l'avait lu. Oui, il devait bien reconnaître que, malgré tout, j'y étais arrivée, puis il ajouta quelque chose qui sonnait le glas d'un couple qui battait déjà de l'aile : « *Tu peux écrire et jamais je ne te pardonnerai.* »

Comme si, parce que j'écrivais, le sol s'était dérobé sous ses pieds par ma faute : j'avais saboté sa confiance intime en lui et je ne pouvais entièrement l'en blâmer. Six ans avaient passé depuis notre rencontre, quand j'incarnais si fidèlement la bêtise des Léa Glouton de la littérature, et quelque chose avait changé en moi, et il avait joué un rôle important dans ce changement, et maintenant j'étais sur le point de m'envoler.

On n'en continua pas moins. Quand arriva le chèque de l'éditeur, je dus l'endosser et le lui remettre. J'en recevrais une petite partie chaque semaine, pour les frais du ménage. En récompense, il m'acheta une cabane, que je puisse écrire au jardin. Un appentis de bois, équipé d'une table, d'une chaise et d'un radiateur à huile. Le samedi, quand les enfants étaient à la maison et jouaient au jardin, ils me faisaient des grimaces par la fenêtre ou glissaient des billets : *Tu nous manques, On est malades. On s'intéresse à la distillation du gin.* Ils étaient à la fois précoces et craintifs et ne savaient que trop bien que nous vivions sur la braise.

Ma passivité peut sembler singulière aux gens de l'extérieur, pas à moi. J'étais pétrifiée et je voulais que nous survivions, mes enfants et moi.

*

Coup de fil d'un inconnu m'invitant à une lecture poétique à Dulwich. Un ami de la maison d'édition lui avait parlé de mon roman à paraître et il avait voulu me rencontrer. Normalement, les poètes se retrouvaient dans un pub un mardi sur deux, mais cette fois-ci ce devait être chez lui et, inhabituellement, un dimanche, puisque Ted Hughes en était, et que c'était sa seule soirée de libre. Enfin ! J'avais entendu parler des coteries littéraires : à San Francisco, les poètes Beat lancés à l'assaut des sensibilités bourgeoises, les poètes russes qui se réunissaient clandestinement pour réciter leurs œuvres quand il était trop dangereux de les faire imprimer, et le pub de Soho où, quelques années auparavant, les bohèmes, dont Dylan Thomas, se retrouvaient. Et maintenant c'était Dulwich et Ted Hughes, l'Orphée vivant, que j'allais rencontrer. Il était clair que j'avais été invitée seule, et je savais bien que mon mari le prendrait mal et que ça me vaudrait une grosse entrée dans le livre de bord.

Ce fut un vrai pèlerinage depuis l'hinterland de Cannon Hill Lane jusqu'aux environs poétiques de Dulwich. Je quittai la maison inhabituellement tôt pour négocier le métro, les deux changements que j'avais déjà étudiés sur mon plan miniature et la correspondance avec le train pour Dulwich. De la gare à la curieuse adresse, il y eut bien quelques mésaventures, mais je finis par la trouver et jetai un œil par la fenêtre, les rideaux n'étant pas tirés. Il y avait un chariot à thé chargé de bouteilles, et une cheminée électrique, avec un grand cadre de papier mâché crénelé, diffusait une lumière rose bonbon. Une femme s'efforçait, sans grand succès, de faire sortir les enfants de la pièce, se passant la main dans les cheveux d'un air exaspéré. Un grand homme espiègle répondit à la porte, un peu étonné de ma ponctualité. Les poètes n'étaient pas censés être ponctuels. Il suivit sa femme à l'étage et me pria de me servir à boire. En ce temps-là, mon époque crudités-salade, je buvais avec modération, mais après le tracas du voyage j'en avais besoin. Je découvris cependant que les bouteilles du chariot étaient là pour la décoration, des formes et des tailles diverses, dont deux flacons de liqueur jaune avec de longues flèches jaunes, entièrement vides. L'hôte revint rapidement, ayant passé un veston de velours orange, extrayant de sa poche une flasque de whiskey, qui était de toute évidence son truc. Du buffet, il sortit une bouteille de Wincarnis, qu'il me servit dans un gobelet. L'homme était un séducteur, ne cessant de cligner de l'œil en bavardant. Quels Titans de la littérature avais-je rencontrés ? Et le « torchon » littéraire que je lisais ? Et je suivais les prises de bec dans *The Listener* entre deux poids lourds du Nord ? Pour moi, Ted Hughes était la réincarnation de Heathcliff ? Et c'était quoi, cette chose sur le cimetière de Haworth ?

Sur toi aussi la Muse
 Au berceau a souri :
Mais une ombre est venue
(Je ne sais quoi) s'interposer.

Il était si exubérant que pas une seule fois il n'attendit ma réponse. Lui-même espérait se remettre à la poésie, mais aussi se mettre sérieusement à Dante pour le Carême. Ça allait être une sacrée soirée, avec le poète *Numero Uno* soi-même. Les bœufs au pub, c'était souvent très délicat, avec les poètes, qui sortaient l'artillerie lourde, roulaient des mécaniques, exigeant du fric, payé d'avance. Les invités, en dehors d'Orphée, étaient deux poètes canadiens, des femmes, et un jeune homme, Archie, un poète en herbe qui bossait pour un courtier en prêts hypothécaires. Archie venait de Crystal Palace, mais il avait du mal à trouver une baby-sitter.

L'hôtesse revint avec une robe de jersey bleu ciel et un collier de perles, visiblement en rogne contre son mari, disant qu'il fallait faire quelque chose à propos des enfants le dimanche soir parce qu'ils étaient invariablement incontinents.

«Incontinents», répéta-t-il avec un petit rire narquois en prenant une autre lampée, sur quoi elle lui tendit un verre vide, qu'il lui serve à boire. Elle dit qu'elle s'appelait Janice et qu'elle avait une sœur jumelle, Judith, et qu'elles se ressemblaient tellement qu'une blague courait parmi leurs amis, *Hello Judith, comment va Janice*, ou inversement. Elle demanda si je venais de loin et si j'avais des enfants et, comme je donnais leurs noms, je me souvins du regard furieux qu'ils me lancèrent, leurs reproches muets, au moment de quitter la maison. Elle dit qu'elle était bien décidée à ce que les enfants, en grandissant, ne suivent pas «The Arts», parce qu'on était toujours le dindon de la farce, sur quoi son mari dit «Touché» et s'envoya une autre longue lampée.

Les premiers invités à arriver furent les Canadiennes, à l'évidence en couple à voir leur manière de se serrer et de se tenir les mains. La plus âgée portait une natte enroulée autour du front et, comme Janice avait l'air de beaucoup l'admirer, j'observai sottement que ça me faisait penser à la photo d'Ivy Compton-Burnett que j'avais vue dans une librairie. L'invitée s'esclaffa : savions-nous que, quand Philip Toynbee avait eu l'honneur d'être invité à dîner chez Ivy et son amie, il s'était endormi sur la soupe ? Sur la soupe ! Affreux, affreux !

De temps à autre, il allait à la porte d'entrée et l'ouvrait dans l'idée qu'Orphée s'était matérialisé. Il était visiblement agité et, après un brin de causette, et pour s'assurer personnellement que tout était en ordre, il décida d'appeler Ted Hughes. Le téléphone était sur une desserte, un récepteur noir massif, et de la poche intérieure de sa veste il sortit un minuscule bout de papier avec le numéro, un numéro si précieux et connu uniquement d'une poignée d'élus, qu'il lut attentivement avec un clin d'œil, tout à la joie de le posséder. Tout le monde le regarda composer le numéro, puis il brandit le combiné à notre intention, que chacun entende la sonnerie à l'autre bout, quelque part à Chalk Farm ou Primrose Hill, et il était évident que Ted Hughes avait déjà quitté sa maison et était en route.

Le temps passant, il se dit que nous devrions peut-être commencer, un hors-d'œuvre pour ainsi dire. L'aînée des deux dames accepta et, avec un regard plein d'audace, sortit une liasse de poèmes de sa serviette de cuir marron. Elle en lut plusieurs, tous truffés d'images de chutes d'eau, de ruisselets et de cascades, autant de métaphores de divers états émotionnels intenses et érotiques. Il y eut quelques applaudissements polis, puis son amie lut deux courts poèmes qui étaient clairement redevables à Ogden Nash. Mon hôte, qui avait pris certaines libertés, entre coup de coude et main sur mon genou, déclara avoir torché quelques vers, *ex tempore*, et qu'il se jetait à l'eau :

> *Et la pute aux yeux verts*
> *Dans sa robe aux yeux rouges*
> *Sa journée effilochée*
> *Compte ses amours*
> *En shillings et menue monnaie*
> *Oh douce sœur*
> *Oh muse aux yeux verts.*

Janice lâcha un cri perçant, puis lui lança à la figure le contenu de son verre, et les choses eussent sans doute dégénéré si au même instant on n'avait sonné à la porte. Nous retenions notre respiration. C'était Archie, de Crystal Palace, qui avait eu la chance de trouver une baby-sitter. Gauche, il garda son manteau sur lui et maintint la tête baissée. Quand on lui demanda si par hasard il n'avait pas vu un grand type avec un épi de cheveux noirs au tourniquet de la gare, il était trop embarrassé pour répondre. Assis sur le bord de sa chaise et tenant une feuille pliée qu'il avait sortie de sa poche, il l'étudia consciencieusement. Pas un seul vestige de beauté, de sensibilité ou de flamme n'inspirait le poème qu'il lut timidement, mais notre hôte décida que c'était la tendance, la tendance postmoderne, que prenait la poésie. L'idée commençait à s'imposer dans la pièce que Ted Hughes ne viendrait pas.

La jeune poétesse canadienne lut quelques vers du *Voyage des Mages* pour que nous le décortiquions, ce qu'on s'efforça de faire. Eurêka ! Notre hôte eut une inspiration : on allait prendre exemple sur le livre du surréaliste, André Breton et sa bande, chacun écrirait un vers, puis plierait le papier et le passerait au suivant, et ainsi aurions-nous quelque chose d'avant-garde à déconstruire. À cet instant, Janice, qui avait quitté la pièce depuis la débâcle du verre lancé, revint avec des rafraîchissements, un tas de serviettes en papier rouge et un plateau à fromages avec un couteau flambant neuf qui avait encore son étiquette. Pendant ce temps, son mari sortit du buffet six bouteilles de *stout*, qu'il ouvrit, sans cesser de faire des clins d'œil, et les posa, que chacun se serve. Mais le dimanche soir, je le savais, le métro s'arrêtait de bonne heure, et le dernier bus au départ de la gare de Wimbledon pour l'extrémité de Cannon Hill Lane était à dix heures trente, et je dus prendre congé.

Traversant la rivière de Cannon Hill Lane, à quelques centaines de mètres de la maison, les *slurps* des grenouilles qui s'accouplaient étaient assourdissants.

*

Malgré les grondements qui l'avaient précédée, le scandale que déclencha la publication me surprit. La mère supérieure du couvent de la Miséricorde m'envoya une lettre : « Nous avons entendu dire que vous avez écrit un roman. Nous ajoutons foi à un esprit ouvert. » La feuille de papier tremblait dans ma main, et je revis ses yeux d'Inquisitrice avec le petit kyste sur la paupière inférieure de l'œil gauche. Une amie de ma mère, une femme de médecin en visite à Londres, m'invita à souper au Cumberland Hotel de Marble Arch, et m'interrogeant sur le livre, elle soupçonna quelque chose, si bien que, sans tarder, ma mère écrivit pour dire qu'elle espérait et priait que je n'allais pas couvrir les miens d'ignominie et de honte.

Le jour de la sortie fut pareil aux autres, et les recensions allaient sortir par à-coups, des louanges ternies par les sondages en provenance de la maison. Dans ses lettres, ma mère parla du choc, de la blessure et du dégoût des voisins. Je lui avais envoyé un exemplaire, dont elle ne m'accusa pas réception, et un jour, après sa mort, je le retrouvai fourré dans une taie de traversin, avec des mots blessants barbouillés à l'encre noire. Ils seraient nombreux, disait-elle, à se détourner de moi quand je rentrerais à la maison pour les vacances annuelles. La receveuse des postes, une protestante, déclara à mon père qu'un châtiment adéquat serait de me catapulter toute nue dans les rues de la ville. La lapidation suivrait.

Par chance, dans cet état précaire, je ne savais rien de la vertueuse correspondance échangée entre l'archevêque McQuaid et le ministre de la Justice de l'époque, Charlie Haughey, tous deux convenant que le livre n'était qu'immondices et qu'il ne fallait pas le laisser pénétrer dans un foyer décent. Ils partagèrent leur indignation avec l'archevêque catholique de Westminster, les trois messieurs étant à l'évidence médusés que le «Flâneur littéraire du *London Illustrated*», normalement sain, se soit montré si indulgent avec moi.

Il y eut aussi des moments de fièvre. Je fus interrogée à la télévision par l'acteur Robert Shaw, qui avait été plutôt élogieux, après quoi mon mari et lui s'étaient retrouvés au foyer des artistes et s'étaient foudroyés du regard. Dans le même temps, interrogé sur mon livre par Jack Lambert, l'écrivain L. P. Hartley décréta qu'il s'agissait de l'histoire frivole de deux nymphomanes irlandaises.

*

La vie domestique était punitive. Pas de disputes, rien que silence et routine. Dans le livre de bord, que je lisais maintenant quand il emmenait les enfants dans son antique Railton pour une virée à Wimbledon Common, j'allais découvrir qu'il ne décolérait pas contre moi et le monde. Il restait habituellement debout jusqu'à trois ou quatre heures du matin, écoutant de la musique et, assurait-il, écrivant, sauf que je n'en voyais aucune trace. Il n'y avait que ces entrées caustiques. Arthur Koestler, d'après lui, avait abdiqué ses principes marxistes, et ceux qui avaient exécuté les Rosenberg devraient eux-mêmes connaître la chaise électrique. Je lus que ma nouvelle gloire littéraire m'avait rendue bouffie d'orgueil, que ma voracité des cercles littéraires ne cessait de croître, que le monde ne voulait pas voir que mon livre devait son existence au mari, qui avait sacrifié ses talents pour servir le mien et, en vérité, s'était martyrisé. Libre à moi de continuer mes *gribouillages* alors que lui, en revanche, il avait l'entière responsabilité des enfants, de leur santé et de tous les aspects de leur vie. Un pacte faustien, dont j'ignorais tout jusque-là.

Il n'y avait pas d'issue.

*

C'est après la parution de mon deuxième roman, *Seule**, que le père Peter Connolly, professeur d'anglais au Maynooth College, écrivit un long papier sur mes deux romans, louant les sections sur la nature, le tableau composite de la vie rurale et de l'éducation au couvent. Dans une lettre anonyme, parmi les nombreuses que je reçus, je découvris simplement une coupure de presse, avec ce titre : « Un prêtre la loue. »

Une organisation culturelle de Limerick, An Tuarim, décida d'organiser une réunion publique afin que les miens puissent me faire part de leurs réserves, à moi, personnellement. La salle était pleine à craquer, une demi-heure après le début prévu de la réunion, les gens continuaient d'affluer, s'agenouillant, s'accroupissant, tandis que je m'asseyais à la tribune

---

* *Lonely Girl*, deuxième volet de la trilogie publiée en français sous le titre *Les Filles de la campagne*.

à côté du président et du père Connolly, pas très rassurée. L'oppression physique qui régnait dans cette salle, ainsi qu'il fut rapporté plus tard, était telle qu'il semblait que l'Irlande, exactement telle que James Joyce l'avait décrite, était bel et bien la truie qui allait dévorer sa portée ou, dans mon cas, «l'énigmatique petite cochonne des lettres de trente ans».

Mr Dillon, le président, ouvrit la séance en disant qu'au moins j'avais probablement lu les livres en question, ce qui n'était peut-être pas vrai de toutes les personnes présentes. Puis il ajouta qu'il était rare que l'Irlande parle d'un auteur irlandais en public avant qu'il, ou elle, ne fût mort ou aigri. Sur ce, le père Connolly se leva, *Les Filles de la campagne* à la main, et commença par suggérer qu'il fallait le lire entièrement avant de pouvoir porter un jugement. Il savait, dit-il, les accusations d'immoralité, mais, de son point de vue, il était amoral plutôt qu'immoral. Il insista sur la section nature, l'atmosphère, la paillardise de la vie rurale, ajoutant que s'il y avait des passages qui étaient moins au goût de certains, n'était-ce pas la mission de la littérature de décrire la vie, les verrues et tout le reste? Puis il parla de la conversation qu'il avait eue avec moi avant la réunion et des raisons de ma répugnance à vivre en Irlande à cause de son étroitesse d'esprit et de la pesanteur de la censure. Quand il dit que les siens, en Norvège, avaient fustigé Ibsen, l'auditoire ne trouva pas ça drôle.

À sa demande on invita le public à poser des questions – des questions qui tournèrent inévitablement au discours. Une femme ouvrit les débats en déclarant que l'imagerie sexuelle était inutile, choquante et indécente, et qu'elle n'avait d'autre raison que de faire de l'argent. Le père Connolly estima devoir se relever pour mettre en garde contre la fâcheuse tentation de juger un livre sur un ou deux paragraphes quand un lecteur pourrait bien profiter de ce qui est «solide, substantiel et sérieux». Il répéta sa formule sur le roman, moins immoral qu'amoral, et l'auditoire parut sceptique. La deuxième question fut aussi d'une femme, qui tremblait, expliquant que c'était un jour bien triste pour l'Irlande. Quelle part de ma vie avais-je fourrée dans ce truc? Et les descriptions du couvent, vraies ou fausses? N'avais-je pas pensé à ma famille et à la honte dont je l'avais couverte? Ne croyais-je pas que la seule chose digne et salubre qu'il me restait à faire serait de donner tous mes gains à une œuvre de charité? Puis une jeune femme intrépide, portant une ample jupe froncée et agitant une pancarte verte, se leva d'un bond et donna une interprétation enflammée de «Ils vont les pendre, hommes et femmes, pour le port du Vert».

Mr Dillon estimant que les hommes n'étaient pas assez intervenus, un homme du premier rang, en costume et chapeau, s'adressa à moi en termes véhéments: pourquoi je vivais en Angleterre? Pourquoi j'écrivais en Angleterre? Ça ne me suffisait pas, l'expérience de mon village et de ma communauté? N'y avait-il pas un riche sillon à labourer? Je répondis que, malheureusement, ayant suivi ce riche sillon, j'en étais punie. Une femme, presque apoplectique, me dit qu'il était évident que j'avais tourné le dos à la société chrétienne pour mener une vie de péché et de promiscuité. Le père Connolly objecta, déclarant qu'il souhaitait rappeler aux gens que c'était une réunion publique, pas un confessionnal.

Le débat s'élargit alors pour savoir s'il fallait bannir d'Irlande la pornographie hardcore. Je répondis que je n'avais jamais lu de pornographie hardcore, ni en Irlande ni en Angleterre, et qu'il était bien assez difficile d'essayer d'écrire. Ce qui me valut quelques applaudissements épars. Un autre homme, s'efforçant d'être raisonnable, demanda si je voulais bien expliquer clairement une fois pour toutes ce qu'il en était de mes relations avec mon propre pays. Est-ce que je jouais les Ponce Pilate et m'en lavais les mains ? Le public méritait de savoir. Je dis que mon engagement était total, parce que pour tout écrivain l'amour de la langue commence par ce qu'on appelle le « Home », le foyer. Je citai W. B. Yeats, qui avait dit que les falaises de Sligo lui avaient donné la langue de ses premiers poèmes, mais cette réponse suscita le mépris : quelle audace d'oser me comparer à William Butler Yeats, ce qui n'avait jamais été dans mes intentions.

Voyant que les esprits s'échauffaient, Mr Dillon décréta que la soirée devait s'achever sur une note positive et demanda à tout le monde de s'accorder sur un fait : peu importait où je vivais, l'Irlande avait été ma source d'inspiration et continuerait de l'être.

Un éditorial de l'*Irish Times* rendit hommage au courage du père Connolly et formula l'espoir que la réunion marque un retournement de tendance. L'interdiction et la mutilation des écrivains irlandais, pouvait-on lire, n'avaient que trop longtemps «marqué les aspects les plus honteux des quarante années d'indépendance».

*

Sur la table de la cuisine, ma mère vidait un poulet que nous devions ramener à Londres après les vacances d'été. Les entrailles étaient dans un journal et le sang gouttait sur les carreaux de la cuisine. Nous devions partir dans une heure ou deux. Mon mari astiquait sa Railton, sans avoir échangé un seul mot avec elle ni avec moi de toute la matinée. Se laissant aller à une sentimentalité excessive, mes fils faisaient leurs adieux à leurs repaires favoris, à leur cabane dans l'arbre, au fortin des trois chênes, à la grange à foin où ils aimaient s'ébattre et à la charrette à foin dont Sasha était tombé quand le cheval s'était emballé et le garçon de ferme, Eamonn, lui avait fait jurer de ne rien dire. Ce soir-là, apercevant les bleus, ma mère lui demanda quand c'était arrivé, sur quoi il répondit bravement : «Je sais mais ne suis pas autorisé à le dire.»

J'étais dans l'arrière-cuisine, faisant la vaisselle tandis que ma mère continuait de vider le poulet, et j'étais soulagée de partir, mais redoutais ce qui m'attendait. Notre couple était au point de rupture. Je le savais, sauf que je ne savais pas comment ça finirait, imaginant en fait que c'était pour l'éternité. Je ne cessais de rincer et rerincer les tasses et les soucoupes, n'importe quoi pour être seule, quand ma mère dit mon nom sèchement, et le dit deux fois. J'entrai et m'approchai d'elle.

Le croupion du volatile était rose et futile, et ses longues pattes tendres étaient d'un jaune écœurant. Retirant le cœur et le foie pour le bouillon, elle se débrouilla pour couper le sac qui contenait les calculs biliaires et dont s'échappa alors un liquide vert avec une odeur méphitique. Ce qui voulait dire que les entrailles de la volaille étaient maintenant toxiques. Elle était furieuse de sa bêtise et, jetant les ciseaux sur la table, elle me demanda d'un ton cassant : « Ces enfants vont aller dans une école catholique, n'est-ce pas ?

— Je ne sais pas.

— Réponds-moi, dit-elle d'un ton brutal.

— Je ne peux pas, je ne peux pas te répondre », dis-je, parce que je ne pouvais pas. Mon mari prenait toutes les décisions concernant leur éducation et n'avait consenti à leur baptême que pour céder à une de mes superstitions.

Plus elle insista, plus je fus sur la défensive, car elle voulait une réponse, une résolution. Pour finir, elle ramassa le journal qui contenait le poulet, les entrailles et tout le reste, courut à la porte arrière, jusqu'à une cave où elle jetait ses choses, et où chiens et renards les récupéraient la nuit.

Notre départ fut avancé d'une heure. La tension était insupportable. Personne ne parlait, tout le monde sanglotait, et mes fils qui pleuraient sans pouvoir s'arrêter, leurs embrassades et leurs étreintes avec les deux chiens de berger, leurs rituels, si brutalement abrégés parce que ma mère et moi étions fâchées, complètement. Mon mari s'assit dans sa voiture, à la fois bouillant et calme. Chargeant nos bagages dans le coffre de la voiture, je me retournai vers la maison et fis une chose idiote. J'allai dans le jardin sauvage et coupai un morceau de chèvrefeuille que je glisserais dans mon livre en souvenir. Comme si j'avais besoin de souvenirs !

Mon père sortit de la maison en courant, furieux, et me dit de rentrer, de prendre ma mère dans mes bras et de la consoler.

« Je ne peux pas », fis-je, m'efforçant de contenir mes larmes, où se mêlaient rage et embarras.

« Petite merdeuse... toujours été, du jour de ta naissance... et tu le seras toujours. »

C'est la dernière fois que nous y allâmes en famille.

C'est dans cet état d'esprit que j'écrivis l'épitaphe de mes parents, qui ne devait cesser de me consterner depuis, sauf que c'est bien moi qui l'ai écrite à cette époque :

Vais-je leur écrire que je les hais, ces parents au seuil même de leur extrême-onction, je le hais, lui qui m'a assassinée, dans chacune de mes inclinations les plus infimes, au point que je marchais le dos voûté, ne pensais pas sans frémir et débitais les sornettes les plus mensongères pour les apaiser, et elle, qui n'a cessé de m'asticoter avec une aiguille d'emballage en guise de cœur et une grosse balle de ficelle grossière pour toute volonté, et chaque fois que je partais au loin elle me rappelait, vite, vite, dans le monde de la bouillie et des entrailles en folie, les chambres froides et obscures qui empestaient la boisson et le vomi, les chambres froides et obscures qui attendaient la commission du prochain péché abominable.

C'était à peu près à mi-parcours, quand mon mari s'arrêta pour prendre le thé qu'il avait apporté dans une flasque. Nous allâmes dans un champ de blé déjà moissonné, dont la surface était hérissée d'éteule. Il y avait des oies à l'autre extrémité et un jars qui tendait le cou, sifflant, résolu à nous chasser. Je lisais *La Steppe* de Tchekhov. La plaine brûlée, les collines brûlées par le soleil, les paysannes qui liaient les gerbes de blé et la terrible stagnation de l'histoire ressemblaient à l'endroit où j'étais. À mon grand étonnement, je m'assoupis dans ce champ et rêvai qu'un groupe de gens dont certains personnages de la nouvelle, mon mari et mes parents, étaient tous entassés dans quelque refuge, attendant. Une fille, bien connue pour être une voleuse, ramassa un sac de pommes de terre et détala. Peut-être était-ce un service religieux que nous attendions, certainement une sorte de délivrance, puis nous apprîmes que les comédiens qui devaient venir nous divertir s'étaient arrêtés en route pour un repas arrosé. Ma mère était assise, totalement silencieuse, une poule sur les genoux. Une Rhode-Island, et elle ne cessait de lui passer les doigts entre les plumes, à la recherche de quelque chose qu'elle avait perdu. J'allai vers elle, pour m'excuser, mais me rendis compte que j'avais perdu la parole, et pourtant, quand je me réveillai, je lâchai un cri d'effroi. Mes fils me secouaient, disant que leur père avait mis la voiture en marche, qu'il était temps d'y aller.

*

Une enveloppe, qui m'était adressée, avec un chèque énorme. Pas loin de quatre mille livres, pour les droits d'adaptation de *Seule*. De quoi me permettre de fuir, avec les enfants, louer un appartement, prendre un avocat, etc., mais j'étais paralysée par mes propres craintes. Mon mari dormait. Je regardai le chèque encore et encore, le portant à la lumière, incrédule devant l'énormité de la somme, puis lisant le nom de la banque et les deux signatures, qui étaient presque illisibles. Cette fois, il n'était pas question de l'endosser pour le lui céder, comme je l'avais fait avec tous les chèques précédents des deux romans. Je le reposai simplement sur la table d'entrée, la table de cerisier noir avec son panneau treillissé devant. Chaque détail de ces heures déterminantes m'est resté.

En début d'après-midi, j'emmenai les enfants se promener sur le terrain communal, sachant que leur père regardait parfois avec ses jumelles, de manière à suivre nos déplacements. Mais il dormait encore. Les enfants jouaient à la guerre avec deux bâtons – ils aimaient les jeux de guerre – , quand, par malchance, Carlo toucha un autre garçon intrigué par le jeu et faillit lui érafler l'œil. Un parent furieux se précipita pour empoigner les deux bâtons, disant que l'œil de son fils était à jamais détruit et exigeant une indemnité, séance tenante. Je n'avais que la clé de la porte d'entrée dans ma poche. Il insista pour prendre notre nom, notre adresse et notre numéro de téléphone, que je lui donnai en tremblant.

Ernest était apparu comme par enchantement, et je m'étonnais de le voir levé avant d'avoir eu son thé et ses toasts dans la chambre. Il nous rejoignit alors que nous nous tenions par la main pour traverser la route, je vis son regard furieux et je me dis qu'il avait été témoin, par ses jumelles, de l'accident évité de justesse avec l'autre garçon, mais ce n'était pas ça. Les garçons furent priés de regarder la télévision quelques heures plus tôt que d'habitude, et Carlo fit «oups, oups», qui était son mot favori à l'époque. Il aimait à se saisir de mots qui lui plaisaient pour les savourer.

«Tu l'as pas signé», dit-il, montrant du doigt le chèque sur la table d'entrée. Il y avait une plume et un encrier à côté.

«Non.»

Il s'arrêta et, l'espace d'un instant, ne pipa mot. M'efforçant de rester calme, mais d'un ton véhément, je lâchai: «Non... et je n'ai pas l'intention de le faire.»

Il resta impassible quelques instants, comprenant à cet instant que je ne l'avais encore jamais défié ouvertement.

«Monte», fit-il. Je montai, sachant que depuis des années j'attendais ce moment crucial et que, d'une manière ou d'une autre, je devais le vivre. Il se mit dos à la porte, simulacre de puissance, des éclairs dans les yeux, disant que oui, c'en était fini de notre couple, que je l'avais tué avec ma personnalité schizoïde et mon ambition dévorante, mais qu'il me laissait une dernière chance. J'étais autorisée à vivre dans cette maison et à voir ces enfants, du moment que je jouais le jeu.

«Je ne signerai pas.» Il se précipita sur moi, presque sans un bruit, et m'assit sur le lit. Il me prit à la gorge d'un geste si brusque que je crus que j'étais déjà morte, tout en luttant lâchement pour dire quelques mots, des mots qui me restaient en travers de la gorge, mais qui attendaient d'être dits. Le mot oui, oui.

Je descendis, endossai le chèque et le posai à l'envers sur la grande feuille de buvard qu'il avait mise là. Telle une somnambule, j'enfilai mon manteau et sortis, surprise de remarquer que la nuit était tombée. C'était fin septembre 1962. Ça sentait l'automne, même si je ne saurais dire exactement quelle odeur c'était : feuilles, terreau de feuilles ou feu de joie des jardinets dont l'odeur m'est restée. L'odeur s'attache à un moment particulier, et cet automne je sus que je sortais du passé, de la double gouvernance parentale et maritale, mais que mes pas étaient encore mal assurés.

Je me rendis d'abord au poste de police, puis à l'hôpital. Le policier qui me reçut était bourru ; entendant mon histoire conjugale, il se contenta de demander encore et toujours : il vous a molestée, oui ou non, et souhaitez-vous donner suite à l'affaire ? Mollement, je dis non.

De là, je me rendis à la consultation externe du Nelson Hospital, au bout de la voie, où toute la lie du monde semblait s'être donné rendez-vous. Des gens qui appelaient, des gens qui saignaient, des gens qui criaient, un couple d'ivrognes qui se chamaillait et tout à coup se câlinait, un chien qui semblait n'appartenir à personne, des enfants qui braillaient, un chauffeur de taxi qui entra en trébuchant, brandissant son badge, et qui voulait savoir quel était le salaud qui s'en était pris à lui, et tout seul dans son coin un nain avec un air de désolation absolue. Je ne savais trop pourquoi j'étais là. Juste quelques minutes à tuer, puis encore quelques minutes, et le temps passerait, comme quand on marche sur des pierres de gué. L'infirmière qui finit par me recevoir se montra maternelle, mais dit qu'elle ne pouvait me prescrire des somnifères, et si je voulais son conseil, je n'avais qu'à rentrer à la maison, me maquiller, prendre un gin tonic et recoller les morceaux.

J'allai à la gare de Waterloo, le premier endroit que j'avais vu à mon arrivée à Londres. Je m'assis sur un banc et, curieusement, ne ressentis aucune peur. La plupart des hommes autour de moi étaient irlandais. L'un d'eux, un bavard, ne cessait de tourner en rond et de répéter la même chose : « Oh, c'est moi qu'je vous l'dis, ouais... oh, c'est moi qu'je vous l'dis », mais la chose en question lui était sortie de sa mémoire embrumée. Ils avaient une bouteille qu'ils firent circuler. Un autre glissa une pièce dans la fente de la balance, et les autres se marrèrent parce que la machine lui répondit son poids et que son ami sauta pour profiter de leur sou. Je n'eus pas peur cette nuit-là, ou plutôt j'eus moins peur qu'à la maison que je venais de quitter. De longues années plus tard, dans un taxi qui me conduisait à Portobello Road, le chauffeur jura qu'il était sur un de ces bancs cette nuit-là, et qu'il se souvenait de moi, serrant le col de mon manteau, qu'il se souvenait de mon accent.

*

Les Woodfall Films étaient installés Curzon Street, et c'étaient eux qui avaient acheté les droits de *Seule*, plus tard repris sous le titre *La Fille aux yeux verts*. Un homme de la boîte me prêta un peu d'argent, puis appela Penelope Gilliatt pour lui demander si je pouvais aller passer deux jours avec mes fils dans sa maison du Sussex, où elle vivait avec John Osborne. Je passai les chercher à l'école, avec une provision de chocolat, une Dinky Toy pour chacun et des épées en plastique. Ils trouvèrent tout cela très excitant. L'excitation ne fit que croître quand, à peine étions-nous arrivés, John les chargea de démolir une serre qui s'effondrait déjà. Une vieille serre avec un châssis de fonte et des carreaux couverts d'épaisses plaques de mousse verte tirant sur le noir. Le bruit du verre brisé nous parvenait par la fenêtre ouverte, alors que nous prenions le thé et que je m'épanchais de mes malheurs auprès de deux personnes manifestement entichées l'une de l'autre. Peu après, ils partirent pour leur appartement de Londres, unis et joyeux, et l'envie me tenailla, parce que je craignais de ne jamais être aussi à l'aise avec un homme, comme ça. Penelope me donna deux somnifères turquoise vif, pareils aux perles d'un collier, sauf que j'eus peur de les prendre, au cas où je ne me réveillerais jamais.

Mon mari et moi avions un ami commun, l'écrivain canadien Ted Allan, qui était à mes yeux le summum du raffinement parce qu'il avait une pièce qui se jouait à Paris depuis plus d'un an avec Jacques Brel. À ma grande surprise, quand j'appelai, il se mit à gueuler et à vitupérer, demandant comment je pouvais faire ça à leur père, comment je pouvais laisser un homme aller à la porte de l'école et découvrir que ses enfants avaient été enlevés, un homme qui avait eu la même expérience cauchemardesque avec sa précédente femme. Il dit alors qu'Ernest demandait à me rencontrer et il m'assura que tout se passerait bien, qu'il n'y aurait pas de récriminations, aucune.

L'entrevue eut lieu Deodar Road, chez Ted, dans un appartement qui donnait sur la Tamise. Ernest avait l'air changé. Il manquait manifestement de sommeil, avec de grands cernes sous les yeux et son vieux jersey vert avec une fermeture éclair remontée jusque sous le menton. Il demanda comment allaient les enfants, puis Ted proposa de passer dans sa chambre, espérant qu'on apprécierait la peine qu'il s'était donnée avec le thé, les mugs de porcelaine et la théière brune avec un bec cassé. Ernest parla très doucement, dit qu'il reconnaissait que notre couple était mort, il réalisait que j'étais jeune et, comme il dit, que j'avais besoin de semer mon avoine sauvage. Il dit que nous étions tous deux des gens raisonnables et qu'on devrait partager les enfants, mais que, pour l'heure, je devais les ramener à la maison, le temps que je me trouve un toit à moi. La question de l'argent ne fut pas mentionnée.

Je retournai les chercher à la campagne et, cette nuit-là, nous descendîmes chez Trix Craig, dans le nord de Londres : une femme que j'avais connue dans les soirées du Dr Jerry Slaterry, un homme de Cork, qui veillait à ce que tous les Irlandais, mais surtout les comédiens et les écrivains, se rencontrent sous son toit. Trix prépara des beignets aux pommes pour le thé, et nous jouâmes ensuite au Ludo, après quoi les enfants et moi couchâmes sur un lit de caoutchouc gonflable qu'elle installa au salon. Ils n'avaient aucune idée de ce qui allait se passer. Elle me donna un billet de cinq livres pour reconstituer les fonds qui s'épuisaient. Dans le taxi de la gare de Wimbledon, ils se demandaient s'ils allaient pouvoir au moins voir la seconde moitié des *Agents très spéciaux*. Ils discutèrent avec véhémence de l'intrigue, en sorte que je ne pouvais raisonnablement deviner qui était le bon et qui était le méchant, du Russe ou de l'Américain, sauf que je devinais qu'ils s'étaient ligués, qu'ils étaient dans quelque QG de New York au-dessus de la boutique d'un tailleur où ils attendaient d'affronter l'ennemi qui convoitait leurs armes. Je les prévins que je n'entrerais pas, que leur père et moi nous étions mis d'accord sur une séparation à l'amiable, mais la nouvelle passa après le moment de suspense des deux agents au-dessus de la boutique du tailleur à New York.

Le taxi s'étant arrêté, ils s'engouffrèrent par la porte ouverte, balançant leurs manteaux et se dirigeant vers la salle à manger, où la télévision était dans un angle. Leur père resta sur le pas de la porte, souriant d'un sourire froid et dément. Il me remerciait. « Merci, Edna, fit-il, tu les as juste légalement abandonnés », et, sur ce, il ferma la porte. À compter de ce jour, je devais toujours associer la fermeture d'une porte au couvercle d'un cercueil que l'on ferme.

*

On était en septembre et les premières feuilles étaient tombées ; quelques-unes obstruaient la grille de son antique Railton. Un léger brouillard emplissait les rigoles du terrain communal et dérivait vers la route en vagues poches aléatoires quand je m'arrêtai sur le pont pour réfléchir. Il n'y avait vraiment rien à quoi réfléchir, hormis le fait irréfutable que je les avais abandonnés. Légalement. Je me penchai sur le pont et regardai la sombre nappe d'eau, où, l'été, des hommes assis sur des tabourets pliants jetaient patiemment leurs lignes. Regardant autant que possible une ravine, je pleurai d'une rage sourde et contrariée. Je croyais encore qu'il pourrait se passer quelque chose de spectaculaire, que les enfants auraient pu fuir et courir sur la route vers moi. Je ne devais plus revoir ce pont qu'une seule fois dans ma vie.

La question était de savoir où aller. L'argent que j'avais emprunté était presque épuisé. J'avais quelques shillings, mais pas de quoi prendre une chambre, si je voyais des écriteaux promettant « Bed and Breakfast ». Nous vivions à Londres depuis près de quatre ans, mais je la connaissais fort peu, le bar à vin de Fleet Street, la vaste salle de conférences de ma maison d'édition, la salle d'attente du médecin du coin et les portes de l'école. Je n'avais pas assez d'argent pour aller retrouver le nord de Londres et le lit de caoutchouc gonflable.

Je me surpris à marcher vers Putney, où habitait Ted Allan. Dans les rues je pouvais me glisser furtivement derrière d'autres passants, mais c'est sur la longue étendue de Wimbledon Common que les peurs se multiplièrent. Petits bruits. Petites galopades dans l'herbe. Un massif de fougères hautes grouillait de créatures, et je faillis perdre un soulier dans l'enchevêtrement en filant. Toutes les peurs et prémonitions de la nuit étaient contenues dans cette nuit, cette marche, les lampadaires à la lisière du pré trop espacés, le danger guettant dans chaque ombre épaisse. Je crois bien que j'aurais aimé mourir, mais quelque chose me poussait.

Putney High Street était plus affairée, des gens dans les cafés, d'autres qui faisaient la queue devant les cinémas, et de quelque part l'odeur chaude et vinaigrée des chips.

Je marchai jusqu'au pont, où les rayons des lampadaires perçaient le brouillard jusque dans l'eau. Quelque part sur ce pont, en 1787, Mary Wollstonecraft, la philosophe féministe, se sentant rejetée par son amant, Gilbert Imlay, trempa ses jupons et se jeta du pont, mais atterrit ignominieusement dans la boue d'où on devait l'extraire. De là où j'étais, je voyais l'immeuble de Ted Allan, mais je n'aurais su dire si ses fenêtres étaient éclairées ou dans l'obscurité. Mon seul sanctuaire pour la nuit.

Au coin de la rue, avant de m'engager dans Deodar Road, il y avait une salle des ventes et, pendant au moins un quart d'heure, je fixai les meubles d'occasion, sans savoir pourquoi.

Quand je frappai à la porte, sur le palier, Ted Allan n'était pas chez lui. C'est une dénommée Beth qui ouvrit, et je me souvenais l'avoir croisée le jour de la médiation avec Ernest, imaginant qu'on pourrait trouver une solution. Sans que je n'aie rien à expliquer, elle comprit et me fit entrer. Si elle n'était peut-être pas aussi somptueuse que dans mon souvenir, cette pièce me parut être la plus chaude, la plus sûre et la plus attrayante du monde. Les rayons des lampes de table et du lampadaire de laiton illuminaient les grains de nacre d'une table noire et d'une pile de carpettes aussi riches que douces.

Être reçue comme je le fus et m'entendre dire que je pouvais passer la nuit eut raison de mes dernières forces, bien plus que ne l'avait fait l'effroi de la marche, et je lâchai tout, la nuit passée dans le nord de Londres, le billet de cinq livres prêté, le taxi, *Agents très spéciaux*, et les enfants s'engouffrant dans la maison, oubliant que je venais de les abandonner. Elle me fit asseoir, me donna du vin et parla. La vie était une saloperie. L'amour aussi, une saloperie. Plus tard, elle déplia le canapé-lit, sous la fenêtre, puis le recouvrit d'un édredon fait main qui réunissait tous les beaux dessins et motifs de son Canada natal. Elle dit que oui, elle savait, elle savait, elle comprenait, qu'elle savait tout ça dans ses tripes, puis, m'embrassant, ajouta : « Dans ce genre de truc, chou, il y a personne dans tout le vaste monde qui puisse t'aider. »

La fenêtre panoramique donnait sur la Tamise, et les lumières des appartements, sur l'autre rive, rayonnaient et envoyaient dans l'eau des colonnes qui se brisaient et s'engrenaient dans une danse au petit bonheur. C'est alors que me vint le thème de mon prochain roman. Tel est le mystère de l'écriture : elle sourd des afflictions, des passages à vide, quand le cœur est arraché. J'entendis la voix déclamatoire de Baba et ses mots excessifs comme elle se répandait sur leurs vies et les ruines de leurs couples : « *Ce n'est pas du droit de vote que les femmes ont besoin ; il nous faut des armes.* »

Je louai une chambre pour vingt-neuf shillings dans une maison, sur la route, et écrivis mon roman, souvent en déplacement dans le bus, quand j'allais retrouver les enfants à l'école, ou à la gare de Wimbledon, où ils venaient le samedi : je devais parfois attendre une heure ou plus, car leur père prenait plaisir à me savoir agitée, à me dire que tout compte fait ils ne viendraient pas. Ils sortaient en coup de vent de la Railton et couraient me retrouver. Lui et moi ne parlions pas, et toutes les communications se faisaient maintenant par lettres, à charge pour Carlo, l'aîné, de me les remettre.

Le roman, que j'intitulai *Félicité conjugale**, ne fut pas jugé aussi lyrique que les précédents, mais avec l'argent et l'aide d'un comptable de Woodfall Films, un certain Walter, je pus m'acheter en haut de la rue un minuscule cottage que je meublai de bric et de

---

* *Girls in their Married Bliss*, troisième volet de la trilogie publiée en français sous le titre *Les Filles de la campagne*.

broc trouvé dans la salle des ventes que j'avais examinée la nuit du brouillard.

Ils avaient droit à trois nuits par semaine avec moi, parfois quatre, au gré des caprices de leur père. À leurs airs abattus quand je les retrouvais, je voyais bien qu'il y avait des histoires lamentables à raconter, mais ils ne les racontaient pas, et pour les récompenser de cette période sinistre, il y avait de l'argent de poche supplémentaire, des BD et des sucreries, et tout ce qui était interdit dans l'autre maison. Nous l'appelions l'« Autre Maison ».

*

Puis, brièvement, il y eut une étincelle dans le quasi-désert de ma vie. Je sus que ce ne serait que pour une nuit. Tous les ingrédients d'une romance y étaient, l'homme sauvage chevauchant, une damoiselle qui n'était pas vraiment en détresse, mais certainement dans l'attente, avec pour cadre une grande pièce, à Mayfair, avec des plafonds hauts et de longues fenêtres qui ouvraient sur un balcon de fer forgé. Bien que j'habite Londres depuis plus de cinquante ans, le nom de Mayfair continue d'évoquer un coin rupin chargé de promesses et de privilèges. La soirée était organisée par un producteur américain, Charlie Feldman, et c'est le photographe Sam Shaw, qui travaillait sur son dernier film, qui m'y emmena. Je portais une robe légère à manches courtes, bleu métallisé : ma robe de sortie, cet été-là. C'était sa deuxième sortie, la première ayant été un peu décevante. J'y avais alors rencontré le chanteur Richie Havens par l'intermédiaire de Sam Shaw, et j'avais été captivée par son interprétation de *She Talks Like Woman, But She Breaks Just Like a Little Girl* («Elle parle comme une femme, mais craque comme une fillette»). Après notre rencontre, il m'invita à son hôtel de Park Lane, le lendemain soir. À mon arrivée, le concierge me remit une lettre, dont le libellé est encore très clair, encore gravé dans mon esprit: «Je ne suis pas ici, j'ai fait deux promesses, toutes deux de transpirer sur la même montagne.» Quelle montagne, quelles promesses? me demandai-je en retraversant le sol de marbre pour franchir la porte tournante et me retrouver dans la rue passante.

Feldman m'avait contactée pour retravailler un scénario tiré du roman de Mary McCarthy, *Le Groupe*, mais je ne me sentais pas de taille et déclinai l'offre. Il ne m'en invita pas moins à une soirée estivale, où l'on disait que Robert Mitchum pourrait bien faire une apparition. Sauf qu'il vint, débarquant avec ses cohortes au milieu de grands éclats de rire. Puis il fendit la foule et, captivant son auditoire, continua la blague qu'il racontait en remontant la rue depuis le Dorchester. Il portait un chapeau mou marron rejeté en arrière, à la manière des truands, et il était encore plus beau que quand je l'avais vu au cinéma. Robert Mitchum, en personne. Il traversa la pièce, se dirigeant vers moi, me prit par le bras et dit: «Je parie que vous auriez préféré que je sois Robert Taylor et je parie que vous n'avez jamais mangé de pêches blanches. » Il était évident qu'il allait me ramener chez lui, quelle que fût ma situation. Il se livra un court instant à ses divers acolytes, hommes et femmes, démentant sa propre légende d'acteur armé ou désarmé, puis soudain me fit un signe de tête et m'invita à sortir : « *Let's go... baby* », et nous filâmes.

Dans la rue, on s'arrêta, le temps de se dévisager. Sous le lampadaire, mes cheveux semblaient plus roux qu'ils ne l'étaient, et lui firent penser à une actrice qu'il connaissait, qui s'était fait teindre pour un film et aurait aimé qu'ils poussent naturellement roux après. Une ensorceleuse, dit-il, et il rit. Sur le chemin du Dorchester, il y eut des visites dans quelques auberges, puis un pub de Mayfair, avec des loupiotes aguicheuses comme au bordel, puis dans un établissement moins luxueux où, incognito, il fit une partie de fléchettes avec des hommes. Quand j'allumai la lumière de ma modeste maison de Putney et qu'il vit la petite table vernissée et les chaises de cuisine, il m'imagina désargentée et promit qu'on ferait les antiquaires de King's Road le lendemain, qu'on meublerait les lieux.

Taciturne au cinéma, il était plutôt volubile dans la vie, fier de ses ancêtres marins norvégiens, du côté de sa mère, et ouvriers du côté paternel, son père étant mort écrasé dans un accident de chemin de fer en Caroline du Nord. Il ne ressemblait pas du tout à une star de cinéma, plus à un poète de rue, avec ce charme impérieux. Il passa en revue sa vie mouvementée : les fossés à creuser, la chaîne de forçats dont il avait fait partie, une semaine passée dans une prison de comté en Californie pour possession de marijuana, et sa veine d'avoir connu en chemin quelques femmes adorables. Je passai mes disques préférés, Tommy Makem, Ewan MacColl, et il reprit les paroles et nous dansâmes en montant les escaliers jusqu'à la minuscule chambre à coucher, avec son rideau de gaze blanc qui ballonnait à travers la fenêtre ouverte, et nous avec cette timidité d'inconnus entichés dans les chansons sirupeuses.

Au matin, les coups frappés aux portes et aux fenêtres auraient pu être ceux des portiers de *Macbeth*. L'équipe de tournage l'avait traqué jusque chez moi, et un jeune homme timide s'était pointé, expliquant que Mr Mitchum était censé se trouver aux studios Shepperton depuis maintenant quelques heures. Il s'habilla tranquillement, m'embrassa plusieurs fois et, se souvenant d'avoir été un temps le nègre d'un astrologue, il me lut les lignes de la main et, d'un son sincère et blagueur, observa: «On se retrouvera... ma jolie.» Puis il disparut.

*

C'est près d'un an plus tard, du haut d'un bus de la ligne 14, que je fus saisie d'un accès de jalousie résiduelle. Passant par Wimbledon Common, avec lequel j'avais tant de liens – les promenades lugubres du temps que j'étais mariée, la terrifiante traversée la nuit de mon départ et, une fois, une partie impromptue de boules de neige – , j'aperçus soudain par la fenêtre la voiture de mon mari. Le capot était baissé et, assise à côté de lui, se trouvait une jeune femme, cheveux au vent, l'image même d'une publicité de parfum ou de cigarettes. Je dévalai les escaliers de l'autobus et sautai, à seule fin de m'apercevoir que sa voiture avait disparu. Après avoir récupéré les enfants, je les abandonnai sur les balançoires, disant que je n'en avais que pour quelques minutes. Tournant la clé, que j'avais encore, j'entrai. J'avais le sentiment d'être une criminelle. Que voulais-je savoir ? Le nom de la femme. Les sentiments de mon mari pour elle. Ses sentiments pour lui. La preuve était là, sur son bureau. Ils s'étaient trouvés par une petite annonce du journal, et j'appris aussi son nom, le hameau du Suffolk où elle habitait. Dans le carnet de bord qui se trouvait également sur le bureau, inutile de le mettre sous clé désormais, il en avait brossé un portrait flamboyant : une femme bonne, intelligente, réfléchie, exempte de folie et d'ambition littéraire.

Cette nuit-là, ayant trouvé une baby-sitter, mon amie Beth me conduisit à l'adresse où nous pensions que la fille habitait. La route fut longue : pubs fermés dans les grand-rues, portes et volets clos, puis, à la campagne, camions garés sur les bas-côtés, chauffeurs endormis, et un restau avec une lumière crue, atroce, et un écriteau indiquant *Ouvert tous les jours de l'année*. Au fil du voyage, arbres et arbrisseaux de campagne alternaient avec terrains vagues jonchés de détritus, et ici ou là une cabine téléphonique solitaire. Longtemps, longtemps après notre arrivée dans ce paysage où la plaine s'étirait à la rencontre de la mer, la terre et la mer ne faisant qu'une, vide et blanchâtre, avec une désolation qui disait que mon voyage était vain. Nous arrivâmes dans une petite ville qui dormait à poings fermés. Les maisons étaient toutes d'un bloc, et ici ou là un café, une librairie, une pâtisserie avec un immense gâteau de noces en vitrine et une boutique de fringues d'occasion. À l'extrémité de cette rue, je reconnus l'antique Railton grise d'Ernest. Elle était là, si imposante, si incongrue, garée là, avec un soupçon de givre. C'était la preuve dont j'avais besoin pour obtenir la garde, elle était à ma portée, sauf que soudain je ne sus que faire. Je ne pouvais contenir mon agitation. Beth avait emporté une petite dose de gin dans une bouteille de Schweppes, et nous en prîmes chacune une lampée en discutant de la suite des opérations. Elle dit qu'elle pouvait se faire passer pour une détective et faire irruption là-bas, mais conclut ensuite que c'était trop dangereux et trop bête. Tout cet épisode avait été bien trop impulsif et irréfléchi. Je me dirigeai vers la cabine téléphonique du bout de la rue et recherchai le numéro de la femme. Étonnée de le découvrir, je composai le numéro. Au bout de quelques minutes, une voix répondit, et elle dit simplement : « Va te faire foutre. »

Garde

« J'ai l'honneur de solliciter par la présente... » Pompes et circonstances. Je pénètre dans une des grandes institutions judiciaires d'Angleterre, que je ne connais que par la lecture de Charles Dickens. Un grand panneau indique : « Successions, Divorce, Tribunal maritime », et je traverse une cour en direction du tribunal n° 23, affaire 10 706. J'étais venue demander la garde de mes enfants. Elle revient parfois en rêve, cette salle solennelle, avec une poignée de gens, le juge en costume et chemise blanche, assis à son siège, et son greffier juste en dessous, et dans le rêve le juge me regarde, essayant de décider si je suis ou non une mère convenable.

Après trois ans d'arrangements précaires, les enfants partageant leurs nuits entre ma maison et celle de leur père, les choses se dégradèrent, son thesaurus de règles et de stipulations ne cessant de croître et devenant impossible à respecter. *Ils ne doivent pas monter dans une automobile privée, se faire baigner par un adulte ni par un mineur, être autorisés à mettre les pieds dans la pièce où j'écrivais, puisque mon écriture puait désormais les pervers et la folie de Krafft-Ebing.* Il m'avait maintes fois prévenue : que je fasse tanguer le bateau, fût-ce avec une perche, et il émigrait avec eux en Nouvelle-Zélande, où vivait sa sœur.

Puis, au courrier, arriva un dossier de plus de six mille mots. Une nécrologie, relatant notre relation depuis le jour où il m'avait arrachée à mon comptoir, croyant s'être trouvé une compagne digne et honorable, au lieu de quoi il avait découvert un «monstre de vanité, dépourvu de toute humanité», qui avait détruit tout le monde et tout ce qu'elle touchait, y compris ses propres enfants, troqués. Et ça se terminait ainsi : «Si tu fais appel à des avocats et aux tribunaux, je me battrai contre toi. J'y suis absolument décidé, et je te combattrai à ma façon. Les ignominies engendrent les ignominies. Cent mille petits Arabes ont besoin d'une tasse de lait par jour pour survivre. L'adresse d'Oxfam est dans l'annuaire du téléphone, tu aurais sans doute encore du temps pour toi.»

Mon conseil, Bernard Main, était de la vieille école, courtois, légèrement distrait, avec sur son bureau une jungle de paperasses et de dossiers couverts de poussière, rappelant *La Maison d'Âpre-Vent* et ses requérants délaissés. Il portait une veste de tweed usée, couleur avoine, avec des pièces de cuir aux coudes, et pour sortir il portait exactement la même, mais il ne paraissait pas faire la moindre différence. Nous étions embarqués dans une sorte de mission, espérant trouver quelques personnes amicales qui certifieraient que je n'étais pas un monstre, une dingue, une nymphomane, une folle. Mon mari avait compilé un dossier à partir d'éléments recueillis auprès du médecin du coin, de l'instituteur de Hill Cross School et de la petite Irlandaise qui avait travaillé chez nous.

Bernard et moi étions dans le vestibule carrelé et froid d'une maison du sud de Londres. Une femme que j'ai connue au pays a accepté de témoigner. On nous introduit dans un petit salon plein de jouets, avec une moitié de train qui serpente près de la cheminée et un passe-plats qui donne sur la cuisine, et les vagissements d'un enfant noyés par les hurlements d'autres gosses.

« Vous faites cuire du cheval ? » ne cessait de demander Bernard, alors que l'odeur de ragoût venant de la cuisine était de plus en plus prononcée ; il doutait de la sagesse de notre démarche. Maura, qui connaissait ma famille et qui était normalement volubile, entra tout agitée et s'assit sur un pouf, tortillant son tablier comme si c'était un torchon. Elle n'avait encore jamais parlé à un conseil. Elle promena son regard de l'un à l'autre, se demanda tout haut ce que dirait son mari s'il savait, puis, dans une veine nostalgique, évoqua Drewsboro, le charmant potager avec les différentes espèces de pommes et de poires, et les garçons qui les chipaient. Elle se souvenait d'une espèce de pomme en particulier, la chair rougeâtre, comme teinte, et elle s'étendit inutilement là-dessus. Pour finir, il prit note d'une courte déclaration, qu'elle signa, espérant que ça ne la conduirait pas en prison.

La nuit était noire et glaciale quand nous descendîmes la colline en direction des lumières attirantes d'un pub. Nous étions assis dans un coin et buvions du vin chaud quand Bernard, baissant sa garde de conseil et faisant allusion à la liasse de lettres de menaces, demanda pourquoi j'avais épousé pareil fou. C'était une chose à laquelle je ne pouvais répondre, fût-ce vaguement, et tout ce que je pensais, c'était que si, suivant le mot de Freud, l'anatomie est destin, répondre au téléphone payant de l'entrée du 58 North Circular Road, le soir où je fus invitée à le rencontrer, c'était aussi le destin. En fait, je devais l'apprendre plus tard, Bunny disposait de toute une liste de filles désirables à appeler. Que ce soit tombé sur moi, c'était un peu une loterie. Assis là avec Bernard, qui ne pouvait me donner la moindre garantie sur l'issue de l'affaire, je commençais à flancher. Je lui demandai qui décidait de la garde, et il dit que ça ne relevait que d'une personne, d'un seul juge.

La veille de l'audition, les enfants se trouvaient chez leur père et furent soumis à une inquisition que je ne devais découvrir que plus tard. J'étais chez moi à Putney, le téléphone décroché, un téléphone noir à fil torsadé à côté de la table de cuisine, tel un python prêt à bondir. Montant me coucher, j'eus la surprise de découvrir une lettre sur la carpette, à l'intérieur de la maison, une enveloppe de l'écriture de mon mari : « Je cesse de me battre, tes méthodes sont trop sales et sournoises. Je ne serai pas à la cour demain matin, libre à toi de détruire les enfants. »

Le matin, de très bonne heure, j'appelai l'avocat John Mortimer, pour lui faire part de la bonne nouvelle. Très soulagé, il dit qu'il enverrait son associé. Je m'habillai sans élégance, bien que sottement je mis de longues boucles d'oreilles fantaisie avec des pendants à plume qui faisaient penser à des chatons.

La première personne que j'aperçus en longeant l'herbe de la cour en direction du tribunal, ce fut mon mari en costume foncé, curieusement animé, parlant avec une énergie débordante à deux hommes, vraisemblablement ses avocats.

Un huissier en robe noire m'indiqua mon siège et, en face de moi, je vis mon mari disposer une série de fiches blanches sur lesquelles il avait écrit les preuves accablantes qu'il allait produire.

Mon jeune avocat était gentil, mais un peu désorienté, plongé dans ses notes. L'avocat de mon mari l'appela alors comme témoin ; avec alacrité, il monta à la barre des témoins et jura sur la Bible. Il était enflammé, tel un acteur qui a décroché le grand rôle dont il a toujours rêvé. Il expliqua au juge qu'il avait rangé ses preuves en trois catégories : mon caractère, mon attitude envers les hommes et mon écriture. L'idée me vint que Moll Flanders, assise dans ce tribunal, aurait eu davantage de chances d'obtenir la garde.

Mon tout dernier livre, *Le Joli Mois d'août*, faisait pâlir les portraits de pervers et de déments d'un Krafft-Ebing, assura-t-il. Il avait été interdit en Afrique du Sud sous prétexte qu'il était « odieux, indécent et obscène». Quand je le vis remettre un exemplaire au greffier, avec en couverture et au dos les deux magnifiques photos prises par Lord Snowdon, je tremblai. On pouvait se faire une idée de mon attitude envers le mariage, comme on pouvait le faire à partir d'un magazine (qu'il brandit) au titre incendiaire : «O'Brien lance un cocktail Molotov dans le vitrail du mariage». Dans l'article, j'avais dit qu'il convenait de réécrire les serments du mariage au bénéfice de la femme ; dans une salle pleine d'hommes, ça n'augurait pas très bien. Mais le point capital de son argumentation, c'était que je ne voulais pas vraiment des enfants, qu'ils n'étaient que le «décor» de ma vie. Confrontée à la responsabilité de les avoir sept jours sur sept, je reculerais et disparaîtrais des mois durant, comme je l'avais déjà fait, ayant fui en Amérique peu après les avoir abandonnés. À chaque révélation, le visage de mon avocat s'empourprait. Cette demande de garde n'était qu'un exemple de plus de mon désir de me venger des hommes, une manifestation de ce côté schizophrénique qui poussait à combattre toute la gent masculine du monde. Après avoir été nymphomane, je haïssais maintenant les hommes. S'ils m'étaient confiés, assurat-il au juge, les enfants couvés par leur mère perdraient leurs repères affectifs et deviendraient homosexuels, le groupe de gens qui avait mes préférences. Le juge fut alors invité à lire un passage du *Joli Mois d'août*, ce qu'il fit, non sans une légère irritation ; il tourna ensuite quelques pages, referma le livre et, regardant autour de lui, observa : «Il me semble que les garçons de neuf et onze ans ne s'intéresseraient pas à ce genre de littérature. »

Ce fut ensuite au tour de mon avocat de dire s'il voulait me citer comme témoin ; l'entendant décliner, je m'aperçus que j'étais déjà debout, lâchant quelques mots. Sans aller à la barre des témoins, je dis que si je ne les aimais pas et si je n'en voulais pas, je ne me serais pas battue aussi désespérément que je le faisais depuis trois ans. Il demanda si je voulais ajouter quelque chose, sur quoi je me contentai de hocher la tête, incapable de répondre aux diverses accusations lancées contre moi. Quand je me rassis, mes oreilles mais aussi les anneaux d'or auxquels pendillaient les chatons me brûlaient affreusement.

Il y eut une pause, le juge consultant les nombreuses notes des deux équipes d'avocats, les parcourant, puis relevant la tête d'un air songeur, laissant glisser ses lunettes, accrochées à un cordon noir. Je me crus condamnée. La courte attente parut interminable.

« Silence, je vous prie. Le juge. »

J'entendais les mots, mais ils semblaient venir de très loin, et ce n'est que par la pression du jeune avocat sur mon bras que je pus en mesurer pleinement l'effet. Il avait décidé de m'accorder la garde, sans perdre de vue les droits du requérant en matière de visites et d'arrangements pour les vacances. Les années de souffrance avaient pris fin. Je regardai en direction de mon mari et vis qu'il s'était raidi d'indignation et d'incrédulité, puis il regarda vers moi, et je sentis un jugement terrible s'abattre sur moi, telle la femme de Loth quand elle fut changée en statue de sel.

Je passai chercher les enfants dans leurs écoles séparées, et leur appris la bonne nouvelle, mais c'est à peine s'ils réagirent. Ce soir-là, à Putney, ils s'attablèrent, calmes et perplexes. Puis soudain, Carlo, étant l'aîné et se sentant coupable envers le père qu'ils avaient quitté, se tourna vers moi : « Papa dit que t'es snob et que tu vas nous envoyer dans une école snob, pas une école socialiste convenable, où on serait devenus des citoyens responsables. » D'après leur père, choisir de les envoyer à l'école à Wimbledon, où il y avait plus de circulation et où ils risquaient de se faire renverser, relevait de mon désir de mort envers eux. Carlo était en larmes, en larmes et l'esprit nébuleux. Sasha réunit nos trois mains en signe de réconciliation, et nous passâmes la soirée à trouver de gentilles choses à nous dire.

*

C'est bien plus tard que j'appris leur dernière épreuve Cannon Hill Lane. Ils avaient été mis dans des chambres séparées avec une déclaration sous serment devant eux, une plume et un encrier. Un long bâton de cire rouge à la main, leur père leur demanda d'écrire une lettre qu'il remettrait au juge le lendemain. Ils devaient dire qu'ils souhaitaient rester avec leur père, non pas sous l'influence instable de leur mère malade. Il les laissa s'en débrouiller seuls.

Carlo écrivit :

Cher papa, sans doute quand je serai plus grand, j'aurai envie d'être avec toi pour tirer, pêcher et chasser, etc., mais pour l'instant j'ai envie d'être avec ma maman,
Carlo qui t'aime.

Quand à Sasha, il écrivit un «*Putney*» pour la forme suivi de sa signature.

Leur père ne devait jamais leur pardonner leur trahison.

Ils étaient allés le voir à Noël, qui tombait quinze jours plus tard, et avaient apporté des cadeaux, mais ils reçurent un accueil glacial. Quant aux cadeaux, il dit qu'il connaissait d'autres enfants, meilleurs et plus loyaux, et leur rendit le pull et les mugs sans avoir défait l'emballage.

Dans les temps de conflits qui suivirent, il s'irrita de voir que je n'arrêtais pas d'écrire et que j'avais droit à ce qu'il appelait les flatteries indues de la presse, avant tout parce qu'on me trouvait séduisante. Un ami écrivain d'Irlande, un certain John Broderick, fut chargé du sale boulot là-bas, et dans la revue *Hibernia*, rapportant les propos exacts de mon mari, il expliqua que «mon talent résidait dans ma culotte». Ernest voyant des signes croissants d'aisance, ses bulletins se firent plus incendiaires, et il enragea d'apprendre que je quittai la maisonnette de Deodar Road pour une maison plus grande de la même rue, à seule fin, dit-il, de «jouer les châtelaines». La nouvelle maison avait un jardin devant, avec lilas et cytises, comme une maison de campagne, et l'arrière-jardin descendait jusqu'au fleuve.

La Tamise, qui tient son nom d'un mot celte, Tamessa, qui veut dire sombre, prenait sa source dans le Gloucestershire et passait obligeamment à l'extrémité de notre jardin avant de rejoindre l'estuaire de l'East End et, de là, la mer du Nord. Le plus souvent, elle était brune et léthargique, brune comme la bière avec des barges noires et des péniches de charbon qui haletaient paisiblement, sans dessein apparent, comme une nature morte.

Pour Carlo et Sasha, cependant, elle recelait des rêves de trésors, de flottes, de navires marchands et d'invasions. Les odeurs ne faisaient aucune différence. Un jour, on vit flotter à la dérive un convoi de têtes de porcs, tout droit sorties de l'abattoir, blanches et enflées, avec leurs oreilles flasques comme des cosses vides. Une autre fois, ce fut un chien crevé, tacheté – parfaite imitation d'un jouet de Noël. Les rats qui sortaient de l'eau pour entrer dans le jardin étaient une source de terreur et d'aventures. Les garçons avaient des carabines à air comprimé – un cadeau de John Huston que nous avions rencontré au Claridge's Hotel où Sam Shaw nous avait conduits à un buffet dînatoire, et où Sasha, voyant tout cet étalage, dit : « Ce qui me tracasse, c'est qui va payer tout ce tralala. » Peu après, les carabines avaient été expédiées de Rome, où Huston travaillait sur un film. Pat Lobey, le maçon, un peu homme à tout faire, leur apprit à charger et à viser, qu'ils puissent tirer sur des boîtes de conserve sur le mur arrière, jusqu'au jour où leurs prouesses furent brutalement interrompues par notre plus proche voisin qui surgit par la porte latérale et demanda, indigné, si je ne me rendais pas compte que les balles pouvaient ricocher et tuer quelqu'un. On rangea les carabines en vue d'un hypothétique safari.

Avec son ami Adam de la nouvelle école, Carlo conçut l'idée bizarre que, même s'ils ne pouvaient pas tirer les gros rats, ils pouvaient les chasser en fumant le cigare. Des crochets métalliques, sur le mur du fond, leur servaient d'échelle. Avec leurs amis, dont Roc Stanford et la famille Hodge, toujours pleine d'allant, ils faisaient le mur tous les soirs, à l'affût de quelque trésor à piller. Un soir, sans qu'ils s'en rendissent compte, la marée monta si soudainement qu'ils se retrouvèrent bloqués sur une hauteur de boue et de galets et appelèrent : « Ohé du navire, au secours ! » Un autre voisin dut mettre son bateau à l'eau pour les ramener. Cette aventure inspira à Carlo une longue disserte sur les marées, les vents forts de la mer du Nord et Maîtresse Destinée.

Il est impossible de rendre l'exubérance de dix enfants chahuteurs dans un restaurant de Londres, le Trader Vic's. C'était le douzième anniversaire de Carlo : salve tardive pour tous les malheurs qu'ils avaient traversés. Jamais ils n'avaient été dans un endroit aussi enchanté : lanternes de bateau et canoës de bois suspendus au plafond, et les serveuses qui circulaient en sarong comme on pouvait en voir en

Polynésie. On apporta des poêlons chargés de mets orientaux de toutes sortes, et des boissons servies dans de grands verres avec des gardénias qui flottaient. Ils se régalèrent des plats savoureux suivis de glace à la noix de coco, puis fondirent sur les cookies, écartant tous les messages qui n'étaient pas à la hauteur de leurs, maintenant, hautes espérances.

Arriva alors l'heure de la pyromanie, où ils mirent le feu au papier de soie qui enveloppait les macarons, regardant la cendre s'élever en tourbillons aléatoires, puis se dissiper dans l'air.

Il fallut organiser un autre anniversaire à la maison parce que les amis n'avaient pas apporté les cadeaux à l'hôtel, et là encore l'exubérance fut de mise. Le thé, les sandwiches et le gâteau ne furent que le prélude à une sorte de chasse barbare, tant à l'intérieur qu'au jardin, avec les embuscades tendues aux filles qui, dans leurs robes de gaze et leurs grosses ceintures à nœud bouffant, couraient et hurlaient alors qu'elles étaient la cible de pistolets à eau et de meringues volantes. Des assauts qu'ils devaient ensuite améliorer par de petits bécots timides.

Pour l'anniversaire de Sasha, j'organisai une projection de *Cat Ballou*, leur pratique clandestine des deux carabines se révélant précieuse, en imitation du *fast draw*, avec la séquence hilarante où Kid Shelleen, joué par Lee Marvin, manque son adversaire et titube ivre mort en perdant son pantalon. Lee Marvin devait être l'invité-surprise à la fin de la projection, Sam Shaw ayant reçu pour mission de le faire venir, sauf que

Lee Marvin avait suivi les traces de Kid Shelleen et se trouvait au bar de son hôtel, rechignant à se déplacer.

*

Par Ted Allan ou par Sam Shaw, mes deux amis les mieux introduits, je rencontrai le réalisateur Jack Clayton, qui jouait au poker chez Ted le samedi soir avec toute une bande de copains. Jack organisait un casting d'enfants pour *Our Mother's House (Chaque soir à neuf heures)*, et Carlo décrocha une audition, puis une seconde, et se vit confier le premier rôle. Le directeur de leur nouvelle école l'autorisa à s'absenter à certaines dates, étant entendu qu'il aurait des cours particuliers sur le tournage. Satisfait de sa petite personne et reconnaissant qu'il était faible en latin, il demanda des cours particuliers de latin et, si possible, de grec.

Une semaine de tournage avait commencé, et son bonheur était contagieux, sans compter un sentiment de supériorité à l'égard de son frère. Arriva alors un coup de fil de son père pour dire que j'avais enfreint les dispositions de la loi concernant la garde d'enfant, et qu'il me traînait de nouveau en justice, ayant d'ores et déjà, par le biais de son avocat, informé la compagnie cinématographique que Carlo ne retournerait pas sur le plateau. Il était au courant par un article de journal où une photographie montrait Carlo avec d'autres enfants de la distribution. Quand je raccrochai le combiné, j'étais en larmes. Comment lui dire ? Il devina et trembla de rage. Ce rêve, son premier grand rêve d'enfant, il l'en flouait. «Je le tuerai, papa, je le tuerai», ne cessait-il de répéter, et je sus à sa façon de trembler que cette fureur homicide s'étendait aussi à moi.

«Il y aura une autre occasion», dis-je, mais dans ses yeux il y avait une méfiance, comme si, d'une certaine façon, il s'y était toujours attendu.

*

Mais il y eut des émotions fortes, des visites-surprises, comme cette nuit où, dans leur chambre, avec tout leur fatras et leur attirail, et leurs soldats peints disposés sur des plateaux en vue de la future bataille, Paul McCartney entra. Je l'avais rencontré à la sortie d'une réception donnée par Kenneth Tynan et Quentin Crewe; la soirée battait encore son plein et les deux hôtes, je le sus plus tard, étaient naturellement hors d'eux parce que Paul McCartney avait décidé de ne pas monter dans la salle de réception se joindre à l'assemblée, pour aller chez moi.

Les enfants dormaient quand nous entrâmes. Et tout en me disant que les enfants avaient dîné et pris leur bain, Elizabeth Lobey, la baby-sitter, fut à deux doigts de faire une attaque quand elle vit surgir Paul McCartney dans le vestibule de Deodar Road.

Il me demanda où ils dormaient, puis il monta à l'étage et se glissa dans la chambre, où il prit la guitare d'occasion de Carlo et se mit à jouer et à chanter *Those Were The Days*, un grand succès de Mary Hopkin à cette époque:

L'album familial d'Edna O'Brien

Edna O'Brien, jeune fille.

Sa mère, vers 1920.

Ses parents.

Edna O'Brien par Ernest Gébler, avril 1957.

Avec Ernest Gébler, son mari.

Avec ses enfants, Carlo et Sasha Gébler.

Carlo et Sasha.

Avec ses parents.

Edna O'Brien à Galway, chez John Huston, milieu des années soixante.

County Clare, Irlande, milieu des années soixante.

Vers 1971, devant sa maison de Carlyle Square, Londres.

Séance de signature à la librairie Kenny's, Galway, 1978.

Edna O'Brien, années soixante-dix.

Connemara, Irlande, début des années soixante-dix.

© Philippe Matsas/Opale pour Edna O'Brien en 2010, D. R. pour les autres photographies de l'album.

Edna O'Brien, 2010.

Carlo Gébler,
son fils aîné, en 1979.

Avec Sasha Gébler, son fils cadet.

Those were the days my friend,
We thought they'd never end,
We'd sing and dance forever and a day
We'd live the life we choose...

C'était le temps des fleurs, on ignorait la peur
Les lendemains avaient un goût de miel
Ton bras prenait mon bras, ta voix suivait ma voix
On était jeunes et l'on croyait au ciel...

Sasha se redressa, ahuri et, comme Aladin dans l'histoire, se mit à se frotter vigoureusement les yeux, que le génie du flacon se matérialise. Carlo était fâché d'être réveillé : « Fiche le camp, maman, t'es soûle ou quoi », et s'enfouit sous son gros édredon tombant. Mais voici que Paul McCartney grattait sa guitare en improvisant une chanson :

O, Edna O'Brien,
Elle ment pas,
Écoute bien
Ce que voilà,
Car Edna O'Brien
Que t'aies peur
Que tu pleures,
Hé,
Elle chasse ton chagrin.

Le lendemain, à Ibstock School, s'ensuivit une terrible querelle, Sasha se vantant de la visite d'un des

Beatles et de la chanson qu'il avait composée ; « Menteur, menteur ! » protesta Carlo, jusqu'à ce que Sasha, face à l'incrédulité générale, sorte le plectre que Paul McCartney lui avait donné.

Nocturnes

C'est peu après que je décidai, quoique à contre-cœur, de les mettre en pension, et que je choisis Bedales, qui était mixte et dont le fondateur, John Badley, était un visionnaire cultivant l'idéal d'une éducation associant « tête, main et cœur ».

Les laisser partir avait été un grand déchirement, et la première séparation, lorsqu'ils se dirigèrent avec leurs bagages vers le bâtiment de brique rouge, avec les feuilles d'arbre qui tournaient au brun roux, fut presque insupportable.

La maison de Putney avait des airs de mausolée, leur chambre encore pleine de soldats de plomb peints, disposés sur des plateaux en vue de batailles futures, et deux boîtes de fer-blanc avec leur bazar, et partout des écriteaux impérieux : « Ne pas toucher, svp. »

Je leur avais rendu visite plusieurs fois au cours du trimestre, apportant des paniers garnis qui les rendaient très populaires pour les bringues au dortoir, la nuit.

Ce fut le plus heureux des Noëls : la nuit de Noël, je préparai un dîner pour plus de trente personnes, et l'un des invités était Len Deighton, qui avait apporté en cadeau aux enfants les sept volumes du *Lloyds' Encyclopaedic Dictionary*, imprimé à Londres en 1895. Une mine de langue et d'informations, truffée de citations de grands écrivains au fil des siècles, et quand vint le moment de retourner à Bedales, je m'aperçus qu'ils me l'avaient laissé sur la table de la salle à manger.

Nous étions à la gare de Waterloo, avec les élèves de Bedales qui s'apostrophaient en braillant, se lançant des questions qui demeuraient sans réponse et stockant les Crunchies et les paquets de bonbons. Parmi eux se trouvait une fille nommée Wanda. Elle portait une jupe de Gitane de couleur vive, un chapeau d'homme et un sac en bandoulière à motifs fait avec un tapis. Les jeunes hommes s'empressaient autour d'elle, « Wanda, Wanda, Wanda ». Sasha me chuchota que son frère en pinçait pour elle, mais à en juger par ses multiples acolytes le carnet de bal de Wanda était plein.

Elle évoluait parmi eux telle une impératrice, et à peine la barrière fut-elle ouverte et fûmes-nous autorisés à passer qu'ils suivirent, ses satellites, et je suivis aussi, un peu hésitante, sachant que je ne devais pas laisser paraître la moindre émotion. Ma principale fonction était de porter un des paniers garnis requis avec jambon cuit, pickles et fromage de Stilton, sans oublier la bouteille de porto clandestine. Dans la voiture, que Wanda choisit impérieusement, il y avait une place à côté d'elle que Carlo, je le savais, eût aimé occuper. Son ami Norrie, qui s'était mis de l'autre côté, l'y encouragea. Mais, d'un geste fier et triste, il déclina et alla s'asseoir plus loin, seul, où il sortit son livre, *Piers Plowman*, se plongeant dans son humble quête allégorique d'un ciel.

C'est par leurs lettres que je commençai à connaître mes enfants, leurs personnalités différentes, se forgeant déjà leur indépendance. Carlo écrivit :

Je compose cette élégie à la Bedales School Memorial Library, qui d'ordinaire respire le silence et une odeur suffocante de cire. Mais comme tu sais par notre jardin, les fleurs peuvent atténuer cette odeur et, de surcroît, le bibliothécaire ayant planté des jonquilles et des crocus au jardin en dessous, la fragrance a amélioré l'air somnolent de la bibliothèque. Je crois qu'en partie grâce à toi, à tes exemples et à ton éducation, et en partie à travers ma propre expérience j'ai appris qu'il y a amplement dans ce monde de quoi remplir sa vie et qu'il nous appartient de nous enrichir. Maintenant que j'ai discuté des implications philosophiques de ma maturité, je propose de discuter finances. J'ai oublié de demander de l'argent pour le nouveau régime de la Chambre commune que je partage avec Jeremy Phillips. On aimerait bien acheter des posters avec notre argent ainsi que des classeurs à spirale pour les notes abondantes que j'ai prises sur mes six sujets d'étude. Cela étant, n'est-il pas plus sage d'avoir ton autorisation écrite pour obtenir de l'argent de l'Économe et que toute la somme soit versée à la fin du trimestre. Et mon pyjama en lambeaux. Je suis presque pauvre. Bisous.

Et de Sasha, une lettre contrite. Après que je les emmenai voir le film *Performance*, il s'enticha à ce point de Chas, le héros psychotique incarné par James Fox, qu'il se mit à imiter la voix de Chas, ses humeurs, ses inflexions, et eut tendance à monopoliser la conversation avec ses histoires de gangsters. Quand je lui en touchai un mot, dans une lettre, il répondit :

J'ai pris à cœur ce que tu as dit. La question ce n'est pas que les arbres me cachent la forêt, c'est que je ne vois pas non plus parce que je regarde sottement dans la mauvaise direction. Je tourne une nouvelle page. Tu viens dimanche ?

Il décida qu'il voulait aller en France améliorer son français, avec un certain Anthony. Anthony souffrait du cœur. Il devait séjourner à Lacanau, dans l'ouest de la France, et l'école avait trouvé un logement. Dans la seule lettre que j'échangeai avec leur future logeuse, tout paraissait idéal. Ils suivraient des cours le matin, puis rentreraient déjeuner à la maison, en famille, qu'ils puissent perfectionner leur prononciation du français. La famille se composait de la mère, du père, qui était facteur, et de deux enfants, qui ne supportaient pas leur présence. Quand la famille avait du rôti au déjeuner, Sasha et Anthony devaient se contenter d'une sorte de ragoût de lapin. Anthony avait aussitôt pris la mère en grippe, refusant de lui adresser la parole, frappant simplement son assiette avec une cuiller et disant : « *I hate this woman, I hate this cow,* cette vache. *Je déteste cette femme, je la déteste,* cette vache. »

Je ne devais l'apprendre que plus tard, quand il rentra à la maison, plein d'allant et d'aplomb. La vie à Lacanau était terne. Le soir, ils marchaient jusqu'à la ville, au bord d'un lac, puis sortaient de la ville vers les dunes et au-delà, où il y avait des massifs de pins. Ils avaient espéré tomber sur des filles, au lieu de quoi ils trouvaient des familles avec leurs chiens. Quand il était là-bas, j'avais reçu une carte postale impérieuse, disant que s'il y avait une lettre pour lui, il fallait la mettre dans la boîte en fer-blanc. J'en déduisis que je ne devais pas l'ouvrir. Je me dis qu'il était tombé amoureux d'une fille de Bedales, la preuve de son béguin étant cette chanson qu'il ne cessait de fredonner :

There she stood in the street
Smiling from her head to her feet
I said, hey what is this?
Maybe, maybe you're in need of a kiss...

Dans la rue elle se tenait
Souriant de la tête aux pieds
Et j'ai dit, hé, c'est quoi cette poupée ?
P't'être, p't'être qu'il te faut un baiser...

Petit à petit, je sentais que, inévitablement, il s'éloignait de moi.

*

Sean Kenny, le décorateur de théâtre, apportait couleur et diversion dans mon univers. Son père était tailleur de pierres dans une paroisse de l'autre rive du lac, juste en face de nous, dans le comté de Tipperary, mais Sean avait quitté ce monde et était très demandé dans les cercles londoniens. Je lisais son nom dans la presse, avec parfois des ennuis qu'il s'était attirés dans un club de Soho, dont il était un habitué. Il était réputé pour ses décors, que les critiques qualifiaient de radicaux, révolutionnaires, mais, pour moi, ils étaient bien plus que cela : de petits temples, des mondes imaginaires auxquels il donnait vie. Nous nous sommes rencontrés chez Alvaro, un restaurant de Londres, où un producteur de télévision, John Irwin, nous avait invités. Sean arriva en retard, manches retroussées, son veston sur l'épaule. Il n'avait rien d'un homme de la ville : on le voyait à ses mains, qui étaient larges et fortes, et à ses yeux, qui avaient la dureté du bleu cobalt, mais avec un léger tremblement. Il se montra cassant avec nous, méprisant à l'égard de la clientèle chic à l'entour. Il ne pouvait dire un mot sans ajouter « conneries ». L'écriture, décréta-t-il, « conneries ». Francis Bacon était le génie dominant de Londres, A comme Apple, B comme Bacon, dit-il d'une voix forte. Il aimait Francis Bacon, comme il aimait Jérôme Bosch. Un peu pompette au bout de quelques verres, il dit qu'il voyait bien que j'étais une femme des cavernes, alors que lui il était quelqu'un des tentes, donc un vagabond. Il ne m'en donna pas moins son numéro de téléphone. Près de deux semaines durant, j'appelai, sans réponse.

Quand je finis par l'avoir, mon trouble était tel que je dus inventer une raison à mon appel et m'entendis l'inviter lui et ses amis à une soirée, le samedi suivant.

« Je ne viendrai que pour le pain et le vin », répondit-il, plaisantant à moitié. Ainsi fut créé un précédent.

Branle-bas général ce jour-là à la cuisine, comme à l'hôtel, avec les casseroles et les poêlons sur la table longue, les livres de cuisine ouverts, les viandes qui marinaient, les livreurs qui sonnaient à la porte, Joe Langdon débarquant de son épicerie chargé de fruits et légumes, puis taillant en pièces les cagettes de bois blanc pour en faire du petit bois. Non sans timidité, il accepta un irish coffee, s'asseyant à côté de la cheminée sur un tabouret à traire, rappelant la première fois qu'il m'avait vue dans High Street, et qu'on ne voyait que moi.

Vers neuf heures, un essaim s'engouffra sous le porche derrière Sean Kenny. Il y avait là plusieurs jeunes femmes blondes, qui toutes entrèrent dans un défilé si nuancé qu'il était impossible de savoir qui était avec qui – le point crucial étant pour moi de savoir laquelle pouvait bien être sa petite amie. Parmi eux se trouvaient le compositeur Lionel Bart et son chauffeur « Jim la Guibole », qui se promenait en attrapant les gens par le bras, leur vantant les bienfaits de l'alcool de préférence à l'héroïne. Andrew Loog Oldham, grand, hautain, qui avait été le manager des Rolling Stones, était aussi venu et montrait un goût particulier pour le *potcheen*, le breuvage maison que ma mère apportait à l'occasion de ses visites annuelles. Ce fut d'autant plus troublant pour moi d'apprendre, des années plus tard, qu'il se demandait ce que Sean Kenny me trouvait, car je n'étais à l'évidence qu'une arriviste. Mais il prétendit aussi que la princesse Margaret se joignit à lui pour boire du *potcheen* alors qu'elle ne buvait que du Famous Grouse. Elle vint avec son mari, Lord Snowdon, qui avait pris les photos de moi que Francis Wyndham avait commandées pour le *Sunday Times* et qui, disait-il, avaient la sérénité d'un Corot. Quand il m'invita à Kensington Palace, le chauffeur de taxi, un Irlandais, fut médusé d'apprendre que j'allais être reçue «à l'intérieur»!

De la bande de ces jours-là, Tony et Francis sont les deux avec qui je suis restée en contact au fil des ans, le plus souvent par téléphone. Quelques souvenirs, des projets de se rencontrer, qui aboutissaient rarement, et la dernière fois que je vis Tony, c'était au Cromwell Hospital, nous étions tous les deux sur un chariot pour des radios, et il m'envoya un chapelet de baisers.

Marianne Faithfull était aussi une habituée de mes soirées, l'archétype de la fille-fleur avec ses cheveux longs et ses colliers ficelles, marchand pieds nus et mettant Yeats en musique, «Si j'avais les voiles brodés des cieux». Diane Cilento apportait le *Yi-King*, le livre de l'antique sagesse chinoise, et les pièces de bronze spéciales, qu'on les jette et qu'on apprenne ainsi des hexagrammes et des trigrammes ce que l'avenir nous réservait. Visiblement entiché d'elle, Sean Kenny ne pouvait s'empêcher de dire que Sean Connery, qui était à portée de voix, était un «feu de tourbe à combustion lente».

Je m'étonne toujours d'avoir connu tous ces gens ; des rencontres de fortune nous rassemblèrent et nous unirent dans la chimère des « Swinging Sixties ». C'était une époque plus innocente. Les célébrités n'étaient pas si célèbres, et n'étaient pas entourées de cohortes malveillantes. Venant du comté de Clare, cette galaxie de visiteurs m'excitait, mais je ne me laissai jamais griser. Je savais que c'était transitoire, que nous étions tous en route, vers d'autres lieux, sur des orbites toujours plus hautes.

Roger Vadim et Jane Fonda étaient venus chez moi. Un producteur voulait que j'écrive un scénario pour Jane et son frère Peter à partir du roman *La Guitare bleue*. Vadim présidait en prince russe et les femmes étaient sous le charme. Mais il était aussi un homme doué d'un grand sens pratique, qui, avant l'arrivée des invités, me conseillait sur ma garde-robe et ma coiffure. C'est aussi lui qui vola à mon secours dans la cuisine, quand se produisit une petite catastrophe, que je laissai tomber l'oie en la sortant du four et que nous fîmes de notre mieux pour qu'elle parût présentable. Plus tard, je vis Judy Garland, la fameuse Dorothy, au salon, regardant autour d'elle d'un air songeur et perplexe, puis elle donna un coup de coude à son accompagnateur, qui m'était aussi inconnu, pour lui signifier qu'ils devaient partir, ce qu'ils firent, s'éclipsant sans dire mot à personne.

Les enfants pouvaient rentrer à la maison un week-end par mois et, pour eux, ces jamborees étaient un septième ciel. Ils portaient les tuniques rouges brodées que je leur avais trouvées dans une brocante (et qu'ils devaient jeter deux ans plus tard, jugeant que ça faisait tapette) et se lançaient dans les célébrations, petits monarques dans cette acoustique grisante de chants, de bavardages et de trucs. Ils répondaient à la porte, remontaient les caisses de champagne de la cave, jouaient les barmen, et Carlo était visiblement très intéressé par le roulement d'un joint qui circula à la ronde pour les amateurs. Oh, ces crises de fou rire ! Shirley MacLaine, me prenant la main pour y lire mes vies passées, décrétant le plus sérieusement du monde que j'avais été « mère et prostituée, plusieurs fois ». Puis ce fut George Melly et son *Homme, femme et bulldog*, tableau muet pour lequel, nu et avec une preste manœuvre des génitoires, il représenta très exactement un homme, une femme et un bulldog, un cigare éteint pendillant à ses lèvres.

Les nouvelles de Bedales étaient inquiétantes. Manifestement dévoyé par les réjouissances, Carlo s'était fait pincer avec un autre garçon, fumant du cannabis à l'extrémité du paddock. J'en fus informée dans un centre de remise en forme du Hampshire, non loin de leur école, où je passais quatre jours astreinte à un régime punitif de pamplemousse et de tisane. Sans même souffrir de la faim, j'avais la nostalgie du Dundee Cake, que je n'aime même pas. J'étais assise sur mon lit, regardant la pluie et le lac, où j'étais allée la veille au soir écouter les canards faire coin-coin, debout sur l'herbe trempée et jonchée de leurs déjections gris-blanc. Entendant la voix de Tim

Slack, le directeur adjoint, je fus effrayée et demandai s'il y avait eu un accident. Non, ce n'était pas ça, me rassura-t-il, mais je compris que quelque chose clochait. Je me surpris à divaguer sur les effets du jeûne, à quel point tout en était changé, que les nuages ressemblaient à des chameaux, comme pour Hamlet. Il se décida à cracher le morceau. On avait surpris Carlo en train de fumer du «cannabis regis». Furieuse, sidérée, je m'excusai et promis de lui passer un savon.

«Le problème c'est...», reprit Tim, dominant son bégaiement intermittent, «c'est qu'il dit s'y être mis chez vous, Miss O'Brien.» Le monde commençait à s'écrouler. Et soudain, dans un horrible flash-back, je revis Diane Cilento, lançant le *Yi-King*, Jim la Guibole mimant l'aiguille d'héroïne, et me rappelai les bâtons bruns de haschisch réchauffés, puis émiettés et allumés, et l'odeur pure qui emplissait la pièce.

Je lui promis qu'à compter de ce jour la vie à la maison serait plus rigoureuse et en rejetai la faute sur certaines grandes gueules qui ne seraient plus invitées chez moi.

En fait, les enfants devaient me retrouver le lendemain à déjeuner, au centre de remise en forme. Je m'étais arrangée pour qu'ils aient une salade de poulet froid tout en m'en tenant pour ma part au pamplemousse. Carlo monta les escaliers d'un pas traînant; dans la salle à manger, il nous fallut parler d'une voix feutrée, puisque les tables voisines étaient occupées par des gens respectueux de la loi. Dans un chuchotis enroué, je lui demandai ce qu'il fabriquait au nom du ciel : fumer un joint au fond du paddock. Contrit, il le reconnut, mais ajouta que c'était soir de danse, et que son ami Norrie lui avait demandé si ça lui dirait de « planer » avant de danser. C'était surtout pour avoir le courage d'inviter les filles. Ses yeux, qu'il avait grands et bleu-gris, étaient maintenant inondés de larmes, et je voyais bien que nous avions attiré l'attention sur nous. Entendant me montrer sévère, je dis que j'annulais leur week-end à la maison, qui était pour bientôt, mais ils savaient bien que j'allais sûrement fléchir. Ce fut un repas sans joie, puis ils filèrent, très frustrés et sans oser demander de l'argent de poche supplémentaire.

Ma mère me rendait visite une fois l'an et n'aimait pas le tempo des soirées. Pourquoi, demanda-t-elle, Joe Bushkin, que je n'avais rencontré qu'une fois, avait-il loué un piano plus clinquant pour le jamboree du samedi ? Pourquoi, sur un coup de tête, avais-je acheté un second buffet, quand on pouvait aisément ranger les bouteilles et les verres sous la table de la cuisine ? Flairant dévergondage, extravagances et sous-entendus sexuels, elle s'assit dans la bergère à oreilles, ses cheveux retenus par des peignes écaille de tortue, toisant les invités. Elle se retira, guettant mon pas, qui approcha quelques heures plus tard, la lampe allumée. J'entrai et, une fois assise dans son lit, d'un air de reproche, elle demanda : « Tu es une bonne fille, oui ou non ? »

*

C'est Sean Kenny qui réussit à persuader R. D. Laing de venir un samedi soir. Mi-Lucifer, mi-Christ, pâle et distant, Laing s'assit à l'écart, refusant de manger, visiblement médusé par ce qui l'entourait. Mais, me dis-je, ce n'était là que son moi extérieur ; il y avait celui qui avait écrit *L'Oiseau de Paradis*, avec ses extases discordantes qui faisaient penser aux *Fleurs du mal* de Baudelaire. Il y racontait un épisode crucial de ses études de médecine, à Glasgow, sur le chemin du laboratoire avec les restes d'un bébé monstrueux, enveloppé dans du papier journal, comment il entra dans un pub et qu'il fut pris du désir soudain de le déballer, de leur faire voir, de « pétrifier le monde ».

Il venait la plupart des samedis, arborant la même distance à demi moqueuse et, oh surprise, une querelle éclata un soir entre lui et Sean. Je vis Sean hérissé de rage, manches relevées, l'excitant à la bagarre, l'appelant « Laing les dents noires » et menaçant de le balancer au bas des escaliers. Laing affronta le barrage avec le calme d'un Bouddha, puis tira une carpette de sous la chaise et sortit au jardin, où il s'allongea sur l'herbe trempée et dormit. Plus tard, quand il revint, il dansa, seul et en transe, comme un Nijinski réincarné. C'est la nuit où il dit à sa femme qu'il ne pouvait pas rentrer, parce que je lui avais pris ses clés, les clés de sa voiture et les clés de sa maison, et c'est donc cette nuit que j'eus le sentiment qu'il s'était un peu dégelé.

Les soirées, qui se prolongèrent presque deux ans, se terminaient toujours brusquement. Aux petites heures du matin, Sean Kenny se blottissait sur un canapé en forme de rein et, au milieu d'une phrase, s'endormait. Ce qui déclenchait un exode subit : les blondes, dont il avait fini par mettre la patience à bout, braillaient les adresses d'autres bamboches dans les coins les plus éloignés de Londres, jusqu'à Petersham. Je restais seule avec lui, ce que je voulais. Une fois, cependant, une prédatrice du nom de Christie décida de rester ; elle et moi à genoux à ses pieds, les deux Marie au pied de la Croix, un peu épuisées, mais infatigables, sans échanger un mot, examinant ce visage qui, dans le sommeil, était si enfantin, la lumière de la lampe à pétrole posée sur un rebord, juste derrière, donnant un doux éclat au sommet de son crâne, à son grand front et à ses cheveux blonds ébouriffés. Il dormait à poings fermés, très loin de nous, telle une divinité au vernissage tout récent. De temps à autre, il marmonnait quelque chose, mais ne se réveillait pas. Peut-être est-ce le carillon de l'horloge de grand-père, dans l'entrée, qui lui fit prendre conscience de l'heure, car elle se releva soudain et demanda brusquement où était le téléphone. Il était dans la cuisine, et j'allai sur la pointe des pieds épier la conversation. Je l'entendis dire : « Comment va Kafka ? », puis écouter et raccrocher brutalement. Comme elle rassemblait ses affaires, fâchée de devoir abandonner sa place à côté de lui, je demandai qui était « Kafka ». C'était son chien, dont sa mère s'occupait, mais d'être réveillée à cette heure indue l'avait mise dans une humeur massacrante.

À son réveil, Sean regardait toujours le chaos autour de lui, verres et plats éparpillés par terre, lys blancs flétris, et demandait immanquablement : « Ce sont les gens qui ont fait mourir les fleurs ? » Il prenait un doigt de cognac dans son café, puis en versait quelques gouttes dans la paume de ses mains, qu'il frottait vigoureusement avant d'inhaler. Je savais, je crois, qu'il ne vivrait pas longtemps, la vie dans ce qu'elle a de plus ordinaire n'était pas pour lui : on aurait dit un météore qui avait besoin de se consumer.

On s'asseyait et on se passait et repassait un disque de Dion, j'étais attentive aux paroles, « Assieds-toi, vieux, y a quelque chose dans mon cœur que je dois te dire », imaginant que lui aussi avait quelque chose à me dire. Puis il s'apprêtait à partir, faisant la même blague, qu'il viendrait samedi prochain, mais juste pour le pain et le vin.

« Mais tu viendras, insistais-je.

— Bien sûr... chérie. »

Je vivais pour ces samedis.

*

Il y a des soirs où les gens débarquaient à l'improviste. Richard Burton sonna un lundi soir, tard, et dit qu'il était dans le quartier, ce qui n'était pas très vraisemblable parce que personne n'était dans ce coin-là par hasard en ce temps-là. Jamais sur aucune scène je n'ai été à ce point fascinée, en transe, comme je le fus cette nuit, entendant Richard Burton réciter Shakespeare par torrents. Enfant, il avait appris ces discours par cœur et les récitait dans les vallées galloises, se jurant de consacrer sa vie à Shakespeare – un vœu qu'il avait renié, ce dont il se désolait. Il adorait la langue et adorait les écrivains. Il avait écrit *Une histoire de Noël* en imitation d'*Un Noël d'enfant au pays de Galles* de Dylan Thomas, que Dylan soit heureux au Parnasse. Une nouvelle de moi, *L'Objet d'amour*, mettant à nu les ramifications spirituelles et charnelles d'une histoire d'amour, était l'une de ses préférées. Peut-être à cause d'elle me croyait-il plus libertine que je ne l'étais. Il n'arrivait pas à comprendre que je n'aie pas envie d'aller «au lit», préférant rester assise à l'écouter, fascinée. Pour moi, les hommes étaient soit des amants, soit des frères ; les amants étaient plus intimidants et souvent inaccessibles, et même si je le souhaitais ardemment, je n'arrivais jamais à associer les deux qualités chez le même homme. Richard Burton était un frère, et un frère barde par-dessus le marché.

Je rencontrais de plus en plus des gens du cinéma. Leslie Caron comptait acheter les droits de mon roman *Le Joli Mois d'août*, où elle jouerait aux côtés de Laurence Harvey. Un soir, elle m'invita à dîner Montpelier Square, et je me retrouvai assise à côté de Marlon Brando. Marlon Brando, avec son intelligence si vive et létale, tendu de tout son être, comme un animal, prêt à bondir. Il décida qu'il allait me reconduire à la maison et, à ma grande consternation, congédia le chauffeur alors que je m'évertuais à lui rappeler que les taxis noirs ne croisaient pas à Putney au cœur de la nuit. On s'installa dans la cuisine, où il but du lait, et moi du vin. Encore un barde. Des histoires.

Des vengeances qu'il avait assouvies sur ceux qui l'avaient contrarié, dont un juge qui l'avait fait coffrer pour imprudence sur la route, puis, dans un contraste enfantin, il parla avec révérence de Stella Adler, la professeur de théâtre qui avait été son mentor et sa muse. Il se montra enjoué et taquin, ajoutant qu'il voulait me poser une question à laquelle je devais répondre du tac au tac et sincèrement. Je ne devinais pas de quoi il pouvait bien s'agir. Devant mon embarras croissant, il désamorça le suspense, disant simplement avec des intonations différentes, insistantes, que je devais dire la vérité. La question, quand il y arriva, était plutôt innocente : étais-je chatouilleuse ?

Ce fut une nuit chaste, ainsi qu'il le confirma d'un air piteux dans la lettre qu'il devait écrire le lendemain aux aurores au Connaught Hotel où nous allâmes prendre notre petit déjeuner. Il médita longuement les mots, se coulant lui-même dans le rôle d'Othello offensé, et pour faire bonne mesure me donna un mouchoir tacheté, alors même qu'il n'avait pas l'emblème des fraises*. Ça, et un livre d'Abbie Hoffman.

Après une promenade Grosvenor Square, il fila à l'aéroport non sans me demander à l'improviste : « Es-tu un grand écrivain ? » La question si soudaine et intimidante me prit au dépourvu. Je n'avais pas envie de me vanter, mais je n'avais pas envie de me

---

* Cf. *Othello*, III, 3, 435 et III, 4, 75-77. Le mouchoir qu'Othello tend à Desdémone est orné de fraises, symbole de perfidie à la Renaissance.

dénigrer non plus, et je m'entendis répondre : « Je compte bien. » Comme il y avait des balançoires à proximité, il me fit asseoir sur l'une d'elles et par une belle et vertigineuse poussée m'envoya vers les altitudes tant désirées de la langue.

*

Tous les lundis matin je montais écrire en haut de la maison. Il n'y avait pas le moindre lien entre les deux mondes, le monde vertigineux des soirées et le monde déchirant du travail. Puis, dans un rêve, mon moi divisé m'apparut. C'était encore ma cuisine, mais en beaucoup plus grande, avec des alarmes rouges le long du mur, comme si elle avait été transformée en hôpital. Sur le long four noir, les casseroles d'eau bouillante et les poêlons moins profonds avec la graisse d'oie chaude qui grésillait. Sans réfléchir, je m'en saisis et en balançai le contenu à la tête des invités éberlués, incrédules. L'ère des soirées touchait à sa fin.

*

Les jours où j'étais incapable d'écrire le moindre mot, je m'occupais à ranger, vider la sécheuse, trier les habits des enfants devenus trop petits pour les donner à des œuvres de bienfaisance, et comme toujours je tombais sur la cigarette interdite. Il se trouvait que Maurice Girodias était venu à Putney, essayant de m'encourager à écrire une suite à *Histoire d'O* et, prenant congé, m'avait offert la cigarette, suggérant qu'elle possédait des propriétés magiques. Cette longue cigarette blanche, que j'imaginais Aubrey Beardsley en train de fumer, exerçait sur moi une redoutable fascination. Quel pouvait bien en être l'effet ? Me faire dériver dans des lieux nébuleux et roses, ou me plonger dans les mers redoutables où je savais vaguement avoir été jadis ? Probablement en exagérais-je la puissance, mais je ne l'en fourrais pas moins en sécurité, dans le foulard, au fond du tiroir. Je fréquentais des ateliers et des séminaires de recherche du moi transcendantal, et de nombreuses soirées où il y avait des gens qui flottaient dans des visions lapis-lazuli, prétendant avoir touché le nombril de la sagesse, débitant des bêtises qui passaient pour de la vraie poésie. Au fond, j'avais peur de perdre le peu de stabilité que je possédais.

Une fois, dans la belle ferme de Philip Dunn, à Majorque, où sa fille Nell m'avait obtenu une invitation, se trouvait un autre visiteur, célébrant la vie alternative. Un Hollandais qui trimballait une véritable cache de drogues, et comme je déclinai, il se prononça pour une solution plus drastique. Trépanation. Muni d'une perceuse Black & Decker, il voulait me percer un trou au centre du front pour me donner le troisième œil et les lumières que je désirais ardemment. Là encore, je pris la fuite, tout en courtisant inconsciemment la catastrophe.

La manche de Saskia

La matinée que j'avais choisie pour goûter au LSD avec Laing était ensoleillée et claire. Je n'en avais pas moins des pressentiments. C'était le 6 mai 1970, la pièce était en ordre, des masses de pivoines roses et blanches, avec des éclaboussures rouge sang, dans une grosse cruche, et le fleuve, au-dehors, qui donnait une image de calme et de sérénité. Laing arriva ponctuellement à dix heures, portant un beau costume-cravate que je lui avais rarement vu. J'étais de ses patientes depuis environ six mois. Les séances, il faut être honnête, étaient peu orthodoxes, et tantôt il parlait, tantôt il riait, tout seul, tranquillement. Il admirait le psychanalyste Georg Groddeck, dont les méthodes étaient tout aussi peu orthodoxes et qui vantait les bienfaits de la folie. Ce qui importait, c'était de revenir à la source originelle, au roman familial, et parfois il me racontait quelques-uns de ses souvenirs de petite enfance : personnages effroyables à droite et à gauche du lit d'enfant, une mère en colère et son père qui rampait sur le lino imitation parquet. Un jour que j'apportais un petit panier de figues fraîches, il regarda leur peau aubergine sombre, puis sortit un couteau et les coupa en deux. Il nous fit asseoir par terre et les observer cinquante minutes durant, les figues ouvertes, avec les graines dans la pulpe de chair rougeâtre.

Ce matin de mai, quand il arriva, j'eus le sentiment de devoir aborder le rêve que j'avais fait, mais en même temps j'hésitais. J'y étais une toute petite fille sur le chemin de l'école, quand je trébuchais et tombais sur la chaussée, m'ouvrant le front sur une pierre pointue. Ma cervelle se répandit, et prit la forme d'une toupie, et voici que les passants, jeunes et vieux, se mirent à danser et à la piétiner. Comme si l'avertissement ne suffisait pas, j'avais appris par Sean Connery, avec qui j'avais dîné la veille, que son trip avec Laing – tous deux étant de vieux amis d'Écosse – avait eu sa charge de terreurs. Je n'en annulais pas pour autant le rendez-vous. Comme si, d'une certaine façon, je pensais pouvoir vivre ça tout en échappant à la terrible épreuve. Une part secrète de moi brûlait d'être plus proche de Laing, une autre partie croyait, sur la foi de diverses choses que j'avais lues, que mes rêves et donc mon écriture en seraient enrichis.

Je bus ma potion dans un verre. Je n'ai pas souvenir qu'elle ait eu le moindre goût. Assise, je me souvins que je devais lui demander de me tenir, ou tout au moins de me tenir la main, mais alors que les mots sortaient dans un bégaiement, je le trouvai sur son fauteuil à oreilles, soudain métamorphosé en rat, en chef rat, bridé dans un costume-cravate. Ce fut ma pensée demi-rationnelle du jour. Le monde tournait, tournait, et le sol au-dessous se mit à tanguer comme les vagues de l'océan. Je courus à la cuisine pour lui échapper, mais là aussi ça tanguait et les murs, à mon contact, étaient devenus chair. Je retournai au salon, où il dansait, mais, me disloquant, je déclinai son invitation à danser avec lui. Cela dura des heures et des heures. Je n'étais plus assise, mais par terre, haletant, chaque assaut plus abominable que le précédent. Matrice. Sang. Enfer. Feu. La pulpe blessée d'une figue ouverte.

À un moment, il décrocha du mur l'immense miroir doré et me montra mon moi qui tournoyait, visage pourpre, yeux fous. Puis ce furent les grandes eaux comme quand j'avais accouché, des cascades jaillissant de moi, et pourtant je ne sentais pas la moindre humidité sur le sol sur lequel j'étais agenouillée. Pas le moindre sentiment du temps ou du changement de lumière. Récit embrouillé de venue dans ce monde avec un souvenir et un cadre désespéré, puis par deux fois je dis : « *Les bords ne cessent de se fissurer, et ce toi doit mourir plus d'une fois, ma mère, mon mystère, mes petits enfants, je peux seulement vous supporter.* » J'avais vaguement conscience qu'ils étaient dans un pensionnat de Petersfield, loin, trop loin, pour les rejoindre jamais.

Il s'en alla peu après et je me retrouvai seule, rampant autour de la pièce, tel un animal blessé. J'aurais préféré qu'il reste. J'aurais aimé qu'il me tienne. J'aurais voulu un biscuit, et je savais exactement le gingembre doux que je voulais, sauf que je ne pouvais atteindre la cuisine, où la boîte était rangée. Je rampai jusqu'au téléphone qui se trouvait sur une table basse et tentai d'appeler Ted Allan. Le téléphone avait un front métallique, avec les lettres et les chiffres dans un renfoncement, et j'essayai de composer le numéro, et c'était comme si je le composais sur mes gencives, impossible d'y arriver. C'est alors que je pleurai, des larmes sans fin, et une pitié malencontreuse et vaine pour tout un monde auquel je n'avais pas accès.

J'eus droit à une sorte de répit. Juste avant la nuit, je vis la lumière du soir s'estomper et, à cet instant, j'eus des aperçus de couleurs resplendissantes dans le ciel, sur le fleuve, des couleurs qui jaillissaient de ma tête, riches et ruisselantes. Je voyais, comme un jour à Vienne, les chasseurs de Pieter Bruegel dans la neige, et dans cette blancheur, les troncs noirs des arbres et les rares corbeaux étaient plus noirs encore, tandis que deux meutes brun-roux velouté réclamaient des caresses. Les chasseurs avec leurs lances dans la neige rapetissaient à mesure qu'ils s'enfonçaient dans la plaine, vers les pics enneigés et la gorge invisible entre la montagne et le ciel vert petit-lait. Puis ce fut la manche de Saskia, la seconde femme de Rembrandt, comme pour la cérémonie, or et plongeante, et soudain je regrettai de n'avoir dansé avec l'Homme-Rat. Combien de temps me faudrait-il pour revenir où j'avais été ? Aussi longtemps, peut-être, qu'il m'avait fallu pour arriver là.

On finit par sonner à la porte et je parvins à me lever, puis à marcher, pour aller répondre. Ted Allan et Sean Connery étaient passés voir comment j'allais et, ainsi qu'ils le dirent plus tard, reçurent un choc en voyant une femme aussi drastiquement altérée, débitant des âneries sans queue ni tête et donnant l'impression de marcher sur des échasses. Ma conversation allait des vieux souvenirs à des bribes de savoir en passant par les ordonnances que je préparais à la pharmacie, le vers d'un poème, « *Ô toi Seigneur de vie, envoie la pluie à mes racines* », et, inévitablement, les manches de Saskia, la seconde femme de Rembrandt. Je demandai un biscuit et un peu de vin rouge. La couleur du vin était glorieuse. Depuis le ménisque même jusqu'au fond de la bouteille, je voyais différentes bandes de rouge de plus en plus foncées, et bus lentement, comme si c'était du nectar. Ils restèrent un bon moment, et quand j'allai au lit, j'étais fatiguée dans mon corps et dans ma tête, ayant vécu de multiples vies en moins de vingt-quatre heures.

La suite fut effrayante. Je devins un peu détraquée. Beth m'accompagna un dimanche pour voir les enfants et apporter les paniers, et c'est elle qui fit l'essentiel de la conversation, qu'ils ne remarquent rien de bizarre en moi. Quelques semaines plus tard, dans une boutique de Bond Street, achetant des bottes à la Souvarov brodées de marguerites, je vis soudain les étamines jaunes remuer, et les fleurs s'animer. Moi qui adore le théâtre, je ne pouvais plus y aller. Dans un théâtre de St Martin's Lane, je dus quitter ma place presque sitôt installée, alors que des épées portaient le sommet de mon crâne vers les délicates sculptures du plafond.

Le voyage à Paris devait tempérer ces diverses crises, au lieu de quoi il en précipita une. J'étais avec Roger Vadim dans son appartement de la rue de Rivoli, où nous discutions de la possibilité de faire un remake de *La Religieuse* de Diderot. Jane rentra d'une journée de tournage avec Jean-Luc Godard, mais elle n'était pas dans un bon jour, lançant une caisse d'huîtres et disant quelques mots dédaigneux à Vadim.

C'est le lendemain, dans ma chambre d'hôtel, que les hallucinations reprirent. Sur ma cheminée à Londres, je m'en souvenais, j'avais une reproduction de l'*Adoration de l'enfant Jésus* de Jacob Cornelisz, dans un intérieur brun, les bruns enrichis de mouchetures or et des anges suspendus aux avant-toits et jouant de la trompette en hommage à l'enfant nu allongé sur un tréteau de bois ; mais mes visiteurs furent différents. C'était à l'Hotel, autrefois connu sous le nom d'hôtel d'Alsace, que j'avais choisi parce qu'Oscar Wilde y était mort et avait laissé une note impayée. De minuscules créatures, spitfires en petites bavettes, se balançaient aux quatre coins du plafond et sifflaient. D'abord simples amibiens, elles se mirent à enfler et à se multiplier. Je faisais mon possible pour leur échapper. J'essayai diverses stratégies, me rappelant que dans un guide j'avais lu que la tour Eiffel était assemblée grâce à deux millions cinq de rivets et dix-huit mille pièces de métal, et bizarrement je pensais à John Berryman, dans un hôtel de Dublin, descendant un quart de whiskey par jour et essayant de terminer un poème. Puis ce fut le tour de Salvador Dali, dont je me souvenais qu'il était dans cette même ville mais dans un autre hôtel, sautant au plafond pour écraser les envahisseurs avec une serviette. De l'antichambre, qui jouxtait la chambre à coucher, pour la faire entrer dans la catégorie des « suites », apparut une créature grotesque, un homme avec des favoris, qui s'étendit sur moi, ses favoris écumeux et trempés de bière brune tandis que les trolls, dans leurs coins, riaient à petites gorges déployées. Je crus que c'était la fin et appelai, trouvant la sonnette derrière la soie plissée du mur. On appela un médecin, et c'est lui qui diagnostiqua la cause des hallucinations : une huître avariée. On alla chercher des médicaments, que j'avalai, pour me glisser à nouveau au centre du lit, tirant l'édredon sur mes yeux pour chasser les envahisseurs, que j'imaginais rôdant et marmonnant.

J'avais demandé qu'on ne laisse entrer aucun visiteur, mais, par trois fois, il y en eut. La première fut Marguerite Duras ; tâtant mon front et mon pouls, elle se précipita dans une pharmacie chercher des suppositoires et du tilleul. Le suivant fut Peter Brook, car nous étions censés écrire un scénario ensemble. Il avait un titre et un thème, mais pas grand-chose d'autre. Il s'appelait *Vacant* (Libre). Il en avait conçu toute l'architecture en images, et, sur de grandes feuilles de papier blanc, il y avait des dessins, tout un kaléidoscope changeant d'idées que j'étais trop désorientée pour saisir, en sorte que l'entrevue se termina de façon peu concluante. Puis ce fut Samuel Beckett, pas étranger aux chambres de malades et aux asiles de fous dans ses fictions, qui ouvrit le mini-frigo, en sortit une mignonnette de whiskey et un verre et s'assit. Il se passa un certain temps avant qu'il ne me demande ce qui n'allait pas, et je lui parlai des bizarres visitations, suivies de l'arrivée des deux visiteurs, Marguerite Duras et Peter Brook.

« Ah, ça pourrait être ça », fit-il, puis il continua sur son mode méditatif.

L'obscurité s'était faite, les objets de la pièce étaient indistincts. Il était notoire que Beckett n'aimait pas beaucoup parler. Ses œuvres sont toutes truffées de signes d'exaspération envers les bavards impénitents, des *quaquaquas*. Je me hasardai finalement à demander ce qu'il écrivait, à quoi il répondit : « Pas grand-chose, et à quoi bon, toute manière ? » La conversation tourna d'une certaine façon autour des lieux d'inhumation. Je lui parlai de ma tombe sur une île du Shannon, si isolée, avec ses diverses églises, toits ouverts aux cieux, ses oiseaux sauvages qui descendaient en piqué, le lichen qui mangeait les pierres tombales. Surpris, il demanda si je rentrais pour une « dose de dégoût » perpétuel. Peut-être se souvenait-il du monstrueux traitement infligé à James Joyce, qui inspirait une telle répulsion aux autorités et aux pompes funèbres irlandaises que ses restes ne furent jamais rapatriés. Je me souvenais que, peu après avoir fait sa connaissance en 1964, Beckett m'avait envoyé une carte postale – peut-être un manifeste qu'il adressa à beaucoup – disant qu'il était à Dublin pour la dernière fois et avait acheté un chapeau de deuil noir chez Elverys. Mais l'Irlande restait tellement présente en lui, dans sa voix, sa démarche, sa canne, et ses écrits, « la terre jonchée de ruines entre route et fossé, les chères routes secondaires, les pâquerettes, les moutons, les agneaux, la délivre », tels qu'il les observait dans les promenades en montagne qu'il faisait avec son père, tout cela et le martèlement argenté des tailleurs de pierres qu'on entendait au loin. Synge lui-même n'avait saisi l'Irlande avec cette sensibilité. J'ai toujours pensé à Jack Yeats, Synge et Beckett dans un même souffle, des esprits parents, des vagabonds de noble extraction, qui littéralement foulaient le sol qu'ils consacraient en peinture ou dans la langue. La toute première chose que j'eusse lue de lui, c'était au quatrième étage de la British Library, dans cet antre ténébreux où je tombai par hasard sur un livre avec des reproductions des peintures de Yeats, un livre que je fus très tentée de voler. Dans une courte introduction rayonnante, Beckett avait écrit que l'artiste qui joue son être n'est de nulle part et n'a pas de parent. J'en fis état, il leva les yeux, satisfait, oubliant qu'il avait écrit tout ça, se rappelant plutôt les longues marches que lui et Jack Yeats avaient faites dans le nord de Dublin, se reposant toujours dans quelque pub tranquille pour méditer. Il peut paraître déplacé de parler boisson concernant un homme d'une telle exigence, mais la plupart des génies irlandais, Joyce, Beckett, Flann O'Brien et tant d'autres, étaient des habitués notoires de la taverne, sachant faire de leurs séjours un bon usage assidu.

Il n'y avait pas le moindre bruit dans cette chambre, sauf le grincement des roues de son fauteuil contre la plinthe et les femmes de chambre sur le palier qui s'apostrophaient péremptoirement, mais gaiement. Assis, il regardait devant lui et parfois dans les angles, où les monstres étaient auparavant apparus.

« Aucun besoin d'y retourner », dit-il, avec une sorte de résignation, et je savais qu'il n'aurait pu parler des fossés et des marguerites, de la terre jonchée de ruines s'il ne l'avait aimée d'un esseulement si beau, triste et impérissable.

*

Quelques mois après mon retour de Paris, l'écrivain Patrick Seale me sollicita, me demandant si je voulais bien écrire un article pour un magazine sur le pèlerinage à La Mecque. J'acceptai allègrement. Il me fit observer que je devrais renoncer à la foi catholique et me faire musulmane pour être autorisée à y prendre part, et là encore je dis oui. Mais un rêve me raconta une autre histoire. Les cieux s'ouvrirent et je vis le visage barbu de Dieu, dans tout son courroux et son omniscience. Il était venu demander des comptes à l'humanité. Une bataille pour la fin du monde était engagée. Les armées adverses opposaient juifs et musulmans, dont les bataillons se faisaient éliminer l'un après l'autre sous mes yeux. Leur arsenal avait fini par s'épuiser, et les armes improvisées devinrent des lambeaux de chair humaine, découpés comme on le ferait d'une pâte, et emplis de sang humain qui acquérait mystérieusement des pouvoirs meurtriers.

Je me trouvais dans le camp juif, mais, à dire vrai, les deux parties étaient également démentes et également assoiffées de sang. Dans la mort, ils se jetaient les uns sur les autres en tas, la fraternité même qui les effarait dans la vie s'imposant à eux dans l'extinction. Alors même que je montais au front, j'entendis une voix, la mienne ou une autre, crier : « Ce n'est pas pour des considérations terrestres que nous combattons, que nous souffrons, c'est pour apercevoir Dieu. »

Je téléphonai à Laing pour prendre rendez-vous.

« Ça pouvait être quoi ? » lui demandai-je, racontant les terreurs et fléaux divers, la naissance et la mort, et les sables désertiques d'Arabie où je n'avais jamais été. Il dit que le trip lui-même et les « flashes » ultérieurs étaient la réédition d'expériences que j'avais vécues il y a bien longtemps et que je devrais revivre. C'était dans l'ordre des choses.

Je ressortis de mon rendez-vous plus secouée que jamais.

Quand sa note arriva, je vis soudain les choses sous une lumière plus livide. Une somme énorme, couvrant les heures qu'il avait passées avec moi et, bien qu'un peu agacée, je remplis le chèque et le postai tout de suite. Se produisit alors une chose étrange. Quelques semaines plus tard, appel de son assistante : on attendait toujours mon règlement. Je dis que je l'avais envoyé et, craignant qu'elle ne me crût pas, je pris rendez-vous à son retour de vacances. Ce devait être le mois d'août.

Par une journée chaude, j'étais assise chez lui, sa femme et son enfant au jardin. Par les fenêtres ouvertes tout autour, j'entendais des bruits, et j'entendis distinctement quelqu'un crier son nom et le défiant. Il n'y fit aucune allusion. Je fis état du chèque qu'il croyait impayé, sur quoi, avec cet étrange demi-sourire, il sortit une enveloppe d'un tiroir de son bureau. Ce qui était bizarre, c'était que l'adresse était la bonne, et parfaitement lisible, mais que l'enveloppe avait fait le tour de tous ses domiciles londoniens, d'où on la lui avait fait suivre. Comme s'il était suivi par des forces occultes.

Au moment de le quitter, je lui demandai pourquoi Freud avait donné un narcisse à Virginia Woolf le jour où elle était venue le voir, également dans un appartement de Hampstead. Il rit de ce rire figé, inscrutable, et je ne devais plus le revoir.

Longtemps après, un taxi me ramenait d'Édimbourg à Glasgow quand la radio annonça la mort de Laing. Une crise cardiaque, sur un court de tennis, dans le midi de la France. J'avais une dette envers lui ; il m'avait envoyée promener avec un cri ouvert, et ce cri allait devenir le suc du roman que j'allais écrire. Je l'appelai *Nuit*, l'histoire de Mary Hooligan, dans son écume nocturne, son esprit embrouillé et blessant, tout semblant de délicatesse disparu. Ce fut la ligne de partage de ma vie, entre une forme d'écriture et une autre.

Chelsea

Il était temps de quitter la maison de Putney. Dans l'état d'effilochage qui était le mien, je commençai à imaginer des cercueils dans diverses chambres, des petits cercueils blancs d'enfant et, bientôt, il se trouva que chaque chambre en était pleine et donc inhabitable.

Tant bien que mal, dans tout ce tumulte, je parvins à travailler un peu. J'avais écrit un scénario, *Zee & Co.*, une sorte de flamenco sexuel mettant en scène une épouse spitfire, son mari et l'autre femme. Il fut acheté pour un film dans lequel Elizabeth Taylor, Michael Caine et Susannah York devaient finalement jouer, mais le résultat fut un navet dont tout le suc avait été expurgé. Je touchai trente-cinq mille livres et, avec ma gouvernante, Elizabeth Lobey, je me mis à la recherche d'une maison. Elle savait conduire, pas moi. Le soir, nous nous éloignions de Putney en direction de Chelsea, à l'affût des écriteaux «à vendre» cloués sur les portails ou les piliers. Nous descendions et faisions le tour pour voir si c'était la bonne rue ou la bonne maison, et je me postai avec l'intensité d'un radiesthésiste pour essayer de deviner s'il y avait des cercueils blancs dans le coin.

Lower King's Road, nous passâmes devant le magasin de luminaires de deux Russes, Dawna et Petrov, Au cours de mes promenades, j'étais attirée par leur vitrine inondée de lumière, car les lustres restaient allumés toute la journée. Quantité de lustres, serrés sur des chaînes dorées peu élevées, les pendants joue contre joue, donnant un chatoiement à une section de rue qui passait sous un pont de chemin de fer, avec quelques petites usines, une fonderie et un garage de réparations. Y jetant un œil, je ne pouvais m'empêcher de penser à Anna Karénine dans un bal de Saint-Pétersbourg, avec des pensées fraîches dans les cheveux, dansant la mazurka, tournant et tournant encore, sur le point de quitter la basse terre du devoir et de la routine pour les pics plus hauts et plus terrifiants de l'amour.

Puis nous tombâmes sur mon futur hôtel particulier, au 10 Carlyle Square. Dans le double salon, un jeune garçon jouait au piano, et déjà j'y voyais mes fils. Que le prix demandé correspondît exactement à ce que me rapportait le film était une preuve supplémentaire que la maison était pour moi. Après un peu de marchandage avec l'agent immobilier, le prix fut baissé de quinze cents livres et, le moment venu, Petrov vint accrocher des lustres assortis dans le salon du bas.

Ma première nuit dans cette maison fut de loin la plus heureuse. Depuis le pas de la porte, je vis une guirlande électrique sur un restaurant en face, et juste à côté une galerie d'art et un magasin de vins, où un jeune homme enthousiaste, Ali, allait devenir mon chevalier servant.

Très vite, je fis la connaissance d'autres gens dans les cafés voisins : un homme au béret noir qui se disait le neveu de Marc Chagall et un autre, toujours éméché, qui était originaire de Bretagne et vendait des oignons dans le quartier. Il entrait en titubant prendre un café, puis s'en allait à vélo avec des chapelets d'oignons rouges autour du cou et sur le guidon de sa bicyclette. Il y avait deux marchés tout proches, spécialisés dans les vêtements et les bijoux des années 1920 ; dans l'un d'eux, sur un trône de coussins, se trouvait la voyante des Highlands, Isabella Campbell, qui devint une amie et prévit bel et bien les histoires d'amour qui se profilaient. Les gens étaient chaleureux. Je m'y attardais et me disais que c'en était fini de la solitude forcée. Jouxtant l'un des marchés, il y avait un café où une toute jeune fille timide faisait des crêpes qu'elle garnissait de compote de pomme ou de fromage blanc et de sucre. La vie de bohème dont j'avais rêvé.

Ali portait le kilt et était une sorte de joyeux luron, taquinant les clients et appelant tout le monde John. « Oui, John. Non, John. Vos désirs sont des ordres, John. » Comme il y avait un sous-sol Carlyle Square, je lui demandai si ça lui plairait d'y vivre. Il exultait. « Oui, John. » Vingt-quatre heures après, il était installé ; peu après, sa mère m'envoya deux rosiers en cadeau et pour souhaiter bonne chance. Il vécut toutes ces années chez moi avec, il faut bien le dire, quelques visiteurs chahuteurs le week-end. Souvent, le lundi matin, une fourgonnette de la marine, avec son gyrophare bleu, se garait devant la maison : un officier en colère venait chercher les marins en retard qui ne s'étaient pas présentés à leur poste. Les amants d'Ali. Je le mettais en garde à ce sujet et il inclinait la tête d'un air penaud et disait que ça ne se reproduirait plus, John. Puis il disait qu'il m'aimait, comme il aimait sa mère et Ella Fitzgerald, et c'est la vérité, John.

*

L'acteur Patrick Magee vint déjeuner et apporta un bouquet de roses rouges. Un homme puissant, dont la voix était un mélange céleste de la très religieuse Armagh et des rhapsodies plus animées d'Anew McMaster dans ses grands rôles shakespeariens. Magee avait tourné en Irlande avec McMaster, et un des membres de la troupe était le jeune Harold Pinter, qui aimait à dire en plaisantant que Magee et lui avaient partagé des petits rôles, des coups de coude et des suspensoirs.

Si lamentable est le contraste entre le soir où je fis la connaissance de Harold Pinter au bar du Aldwych Theatre, à une avant-première de *L'Anniversaire* au début des années 1960, et notre dernier déjeuner, une semaine avant sa mort, en décembre 2008. Il y eut sept années de maladie, qu'il combattit héroïquement, dédaigna presque, sauf qu'elle était là, et jamais de manière plus éloquente que dans les vers du poème : « Moi je me souviens comment on meurt, bien que tous mes témoins soient morts. » Il était l'ombre frêle de cet autre homme, l'homme d'avant, menton saillant, yeux noir réglisse et qui frappaient, littéralement, comme quand il avait, ce qui arriva, une altercation avec le barman sur la glace dans son whiskey. Lors de cette toute première entrevue, il parla de ses années de tournée en Irlande, comme il devait le faire le tout dernier jour, cette Irlande pauvre et débraillée, et pourtant dans son idée c'était l'âge d'or, qu'il enchâssa dans un opuscule intitulé *Mac*, en hommage à McMaster. Il y croque Mac le Thespien, Mac le Prudent Directeur et Mac le Furieux qui, au cours de ses soliloques enlevés, ne souffrait d'être interrompu ni par les ignorantins du premier rang ni par les actrices en pâmoison.

Mais ce n'est pas lui qui me présenta Magee, c'est Samuel Beckett, dans le bar à côté du Royal Court Theatre. Magee était chaleureux et expansif, mais on le sentait sous l'emprise d'une telle turbulence que, un petit morveux essayait-il de s'imposer, Magee explosait. Il adorait Beckett, ça sautait aux yeux, mais tel était aussi le cas de tous ceux qui le rencontrèrent. Ce n'était pas la gloire, c'était le simple dépouillement, pas une once d'insincérité ni dans la personne ni dans l'œuvre ; il avait tout taillé au couteau.

Magee s'invita à déjeuner Carlyle Square et, le jour dit, débarqua ponctuellement, habillé en dandy. Le bouquet associait roses et gypsophile blanche, et quand je dis que les hôpitaux à domicile n'aimaient guère mélanger fleurs rouges et fleurs blanches, il s'inclina devant la tradition et mit la gypsophile dans un vase séparé. Il était poli, presque distingué, et évoluait comme le font parfois les hommes grands et forts, avec délicatesse. Il but de la vodka, et il commença par boire lentement, mais ça ne devait pas durer. Il parla de l'Irlande, gadoue et fumier, pères violents et mères au cœur tendre, voué dès son plus jeune âge au bateau, un émigré, avec ses sveltes élocutions. Commencé par haïr l'Angleterre, les provinces, les trous perdus, jouant pour de petites salles avec, toutefois, quelques patronnes solitaires et sensibles. Il but encore, s'égaya, puis redevint mélancolique et rageur, et d'heure en heure plus théâtral.

Cinq heures, six heures, et Magee n'était pas d'humeur à partir. Il récitait les discours de Hamm, dans *Fin de partie*, y insufflant une folie froide mais furieuse. Un peu nerveuse, je dis que je devais aller quelque part.

« Capital, capital », il allait m'accompagner. Pour donner plus de poids à mon mensonge, j'inventai le nom d'une famille dans une grande maison de Wimbledon Hill que j'avais remarquée au temps des jachères, quand je prenais le bus de la ligne 14 pour aller chercher les enfants. Je filai dans ma chambre me changer et me maquiller, mesurant combien tout ceci était absurde. Nous quittâmes la maison ensemble, moi qui essayais de l'apaiser, lui expliquant que c'étaient des gens sans intérêt et que ce serait un dîner guindé. Tut-tut, fit-il. Il mettrait un peu de couleur. À l'angle de King's Road, voyant un taxi arriver à l'autre extrémité, je courus et le hélai brusquement, quittant

Magee tel un roi détrôné, proférant ses harangues sur le traitement honteux qu'on lui faisait subir, lui qui avait dîné avec les nobles des grandes maisons d'Irlande, d'Angleterre et d'ailleurs.

Il était trois heures du matin quand le téléphone sonna à côté de mon lit : c'était Magee, à la fois lucide et furieux, déclarant son amour et sa haine à part égale, me morigénant, déclarant : « Femme, je t'apporte des roses et, pour toute reconnaissance, tu me flanques à la porte. »

*

Mes plus proches voisins de Carlyle Square étaient un peu pointilleux, et je compris qu'il n'était pas question d'emprunter la proverbiale « coupe de sucre » par-dessus la clôture de bardeaux. Ils voyaient d'un mauvais œil les invités turbulents d'Ali, et une fois, quand Carlo, maintenant à l'école de cinéma de Beaconsfield, se fit prêter le bus scolaire pour la nuit, ils écrivirent une lettre pour se plaindre d'avoir dû supporter de voir une chose aussi vulgaire depuis leur salon. D'autres trouvèrent à redire au chèvrefeuille que j'avais rapporté de Drewsboro et qui poussait prodigieusement sur les grilles en façade. Au fil des ans, bien d'autres visages célèbres honorèrent les lieux, dont Robert et Beryl Graves, Robert amenant Jerome Robbins, auquel il fit croire qu'il était sur le point de rencontrer Edna Ferber, bien qu'il la sût morte de longue date.

Ma pièce *A Pagan Place* fut montée au Royal Court pour six semaines. J'exultai de voir mon nom en néons au-dessus de la porte. C'est ainsi que je fis la connaissance de Joan et Laurence Olivier, Laurence la jugeant « saisissante d'humanité ». Ils venaient souvent et, pour un réveillon de Noël, on put voir Laurence à travers la fenêtre, dirigeant les chants.

Un soir que Sasha rentra à l'improviste de Cambridge, il vit la porte d'entrée ouverte, avec devant un policier en faction qui lui demanda son nom. À l'intérieur, il trouva sa mère qui dansait avec le Premier ministre Harold Wilson, sous les yeux de sa femme Mary et de Marcia Falkender. Je n'étais pas bonne danseuse, mais Harold Wilson était galant homme, à la différence de Lawrence Durrell, que j'avais rencontré à Paris et à qui j'avais dit par accident que je ne savais pas danser. Une carte postale, qui suivit cette rencontre malheureuse, disait que, s'il avait lu quelque chose de moi avant notre entrevue, il aurait regardé mon unique sein : autrement dit, il voyait en moi une Amazone. Féministes et universitaires, en revanche, s'en prenaient violemment à moi, me reprochant mes inclinations indolentes et mes mines d'enterrement.

Le soir de la première de ma pièce *Virginia*, dans laquelle Maggie Smith fut à la fois rayonnante et prismatique, Carlyle Square accueillit une grande galaxie de personnages, dont Ingrid Bergman, qui entra avec des airs d'héroïne d'Ibsen dans son manteau agrémenté d'un haut col de fourrure.

*

« Le froid obscur couvre le pays de sa mante. » Tels étaient les vers inoubliables d'une lettre que m'écrivit Jay, le premier des deux amours que la voyante des Highlands avait vus dans sa boule de cristal ambre. Il y avait eu quelques cartes désinvoltes évoquant tant bien que mal le danger de l'attirance qui se profilait. Je le rencontrai par hasard chez Odin's, un restaurant de Devonshire Street que tient Peter Langan, autre Irlandais incorrigible qui, étant lui aussi du comté de Clare, s'estimait en droit de m'éreinter, lâchant « T'es qu'une pute, tu sais pas écrire », me rappelant la façon dont Anthony Burgess m'avait démolie, disant qu'après Joyce et Yeats and Co., après les géants, venaient « les nains », comme moi. Plus tard, il devait venir à la table avec une bouteille de champagne, peu désireux de revenir sur ses propos, et Sean Kenny lui reprocherait sa goujaterie, mais Sean Kenny comptait désormais parmi les ombres. Icare aux cheveux d'or, il avait volé trop près de la lumière, il mourut à quarante-quatre ans. Comme il le prévoyait. Au précédent réveillon du Nouvel An, chez Kevin McClory dans le comté de Kildare, il écrivit dans le livre d'or : « J'ai l'habitude de marcher et de parler. J'ai l'habitude de marcher vers la mort. » Ce soir-là, quand je fis la connaissance de Jay, homme timide, poète en herbe, avec sa longue chevelure brune lâchée, ce fut comme si le fantôme de Sean Kenny nous avait réunis. Il m'avait vue à l'enterrement de Sean dans le comté de Tipperary, il avait voulu, dit-il, traverser la rue et entrer dans le pub où se déroulait la veillée, au lieu de quoi il était resté avec les hommes, à côté du mur de pierres, leurs casquettes à la main, lui rendant un hommage silencieux. Une des quatre ravissantes sœurs de Sean me montra la maquette de théâtre magique que Sean avait réalisée à neuf-dix ans. Des boîtes d'allumettes peintes en vert avec des découpages de papier de verre pour le lustre. Il le baptisa Kincora, siège d'un roi célèbre. Je lui dis combien je l'avais aimé, à quoi elle répondit : « Il brisait les cœurs, c'est exactement ça. »

Jay était un Anglais parti vivre en Irlande et, dans ses lettres, il décrivait ses promenades le long du grand fleuve, froid et bleu, puis comment il s'éloignait du sentier battu pour se trouver un coin caché, où les vieux arbres s'étaient emmêlés et formaient une sorte de maison, histoire d'être seul et penser à moi. Il me rendit le paysage que j'avais quitté. Puis un jour je reçus un exemplaire de *The Collected Poems of W. B. Yeats*, avec sur la page de garde : « Soudain, je rencontre ton visage. » Une invitation à une histoire d'amour.

Il devait venir en Angleterre une ou deux fois par mois, mais j'avais cette envie terrible de le rejoindre quelque part en Irlande, pour retrouver cette époque de ma vie, avant que je le rencontre, jetant de la sorte un pont sur les années qui nous séparaient.

Castle Martin. Castle Keep. Castle Martyr. Castle Mary. Castle Hen. Ce n'étaient que quelques-uns des noms de châteaux irlandais qu'on voyait dans les dépliants touristiques. Je trouvai une publicité pour un château situé dans l'estuaire du Shannon et qui méritait bien son nom de Castle Bullock («bœuf»). Pour un château, il n'était pas cher, mais je ne l'avais pas encore vu.

Il était au milieu d'un champ, avec son mur sur pignons lugubre qui s'écroulait et penchait sous les vents. J'allai le voir avec mes fils. Certes, il était dans l'estuaire du Shannon et il était muni de fenêtres de guet pour éviter les maraudeurs, mais les bestiaux en avaient fait leur demeure, entrant et sortant par la porte ouverte, avec des bouses partout, des bouses sèches et des bouses fraîches, et l'odeur des bêtes qui se dégageait de la paille éparpillée dans les coins. Les garçons trouvèrent des poteaux pour dresser un échafaudage de fortune jusqu'au dernier étage et, y étant grimpée, je me laissai aller à mon rêve éphémère d'entretenir Jay dans cette galerie salubre.

Peu après je le retrouvai à Tipperary et, comme c'était une journée chaude, inhabituellement chaude pour mars, on s'assit sur l'herbe parsemée de pâquerettes pour dresser des projets irréalistes.

Cette nuit-là, alors que nous étions allongés dans un lit à colonnes, enlacés dans le sommeil, entra un personnage moitié clown, moitié satyre, vêtu d'une chemise de nuit blanche et d'un bonnet de nuit en tricot. Il tourna autour du lit, tout à la fois comique et hargneux. Jay se redressa, étonné, puis cria : «Dehors, dehors», et le personnage disparut, souriant. Reste que ce n'était pas un esprit, mais quelqu'un envoyé nous épier. Nous étions donc filés. Mais on se jura que rien ne pouvait se mettre entre nous.

Quelques-uns de ses amis, en Angleterre, soupçonnèrent que nous étions intimes. Ainsi que je le remarquai à son regard assassin, la seule fois que je la croisai, une femme le prenait mal et plus tard, retirant un cheveu brun-roux du col de son manteau, elle dit mon nom, subodorant son infidélité. Un autre de ses amis m'invita à déjeuner, disant malicieusement que Jay serait là, trois hommes rien que pour moi. Jay évita mon regard, donnant plus ou moins l'impression que nous ne nous connaissions pas. Je partis de bonne heure et me rendis tout près, Portobello Road, où perversement, puisque je n'aime pas les manteaux de fourrure, j'en achetai un bon marché. Il avait connu des jours meilleurs. En réalité, c'était une peau, avec de sinistres touffes de fourrure. Quand je rentrai chez moi, il était déjà dans le salon, pensif et contrit, se réchauffant les mains auprès du feu. Il avait voulu le dire à ses amis, il avait voulu proclamer notre amour, mais il n'y arrivait pas. Voyant le manteau, il eut un mot malheureux, lâchant que sa femme pourrait s'en servir comme doublure pour un meilleur manteau, et je filai, effarée. Nous avons dû nous pourchasser et nous manquer dans je ne sais combien de ruelles de Chelsea, parce que, lorsque nous finîmes par nous retrouver au bout du monde, devant une boutique qui s'appelait « Granny fait un voyage », nous étions tous deux éreintés, mais réconciliés.

Ses lettres d'Irlande étaient ce qui me donnait de l'entrain, et je ne me lassais pas de les lire. Des lettres gorgées de promesses.

Puis un matin, sans crier gare, il apparut, portant un petit sac avec quelques affaires et, sans aucune explication, il était clair qu'il emménageait. Nous vivions ensemble. Nous faisions le dîner ensemble. Il chantait Billie Holiday, *When the Neighbours Call*, en pelant les patates. Nous nous lisions tout haut le *Tristan* de Thomas Mann et, parfois, jouions au Scrabble. La plupart des soirs, il sortait appeler sa famille de la cabine téléphonique, mais quand il revenait il n'y faisait aucune allusion. Quelques mois plus tard, en pleine nuit, la douleur le laissa sans voix. Il en était réduit à mimer. Il claquait des dents. La douleur lui montait du cœur jusque dans la bouche ; aux premières heures du matin, j'appelai un médecin. Au Heart Hospital, où il passa deux semaines, j'allai le voir en dehors des heures de visite, et je me rendis compte que je n'étais pas la pierre angulaire de sa vie. Je n'apportai pas de pied de veau en gelée ni de biscuits à la fécule de maranta, je n'étais pas la femme qui allait discuter avec lui de ses projets de retour à la maison et de convalescence dans le boudoir, peut-être plongé dans la lecture de Thomas Mann.

Pourtant, une fois libéré, ce n'est pas chez lui qu'il retourna, mais chez moi, et ce fut donc comme avant, sauf que ce n'était pas vraiment ça.

Juin : le mois où Virginia Woolf disait que les mères de Pimlico donnaient la tétée à leurs petits. J'aurais aimé que nous ayons un enfant et parlai de quelques femmes de ma connaissance qui avaient eu des enfants à quarante ans passés. Je le désirais. Nous revenions d'une soirée donnée à Chelsea Embankment, discutant des invités, des charlatans et des poseurs, quand je décidai d'introduire la clé dans la porte qui ouvrait accès au square, que nous puissions nous asseoir sur un banc et bavarder, prolonger la nuit. Une petite chose me restait sur le cœur. Au moment de partir, un ami à lui, du temps de la fac, qui était maintenant célèbre, lui demanda son numéro de téléphone quand il était à Londres, et pointant le doigt vers moi, il répondit : « Pour l'instant je suis avec madame. » Ce qui me piqua au vif.

Nouvelle lune argentée, dans son cercle de soufre sans aspérités et l'odeur entêtante du lilas avec les averses orageuses qui n'avaient cessé de toute la soirée. Puis, sur le banc, j'entends des mots que je n'ai jamais voulu entendre et que j'espérais ne jamais entendre.

« Désormais, je vais te téléphoner tous les jours de ma vie », dit-il. Mais c'est une façon de quitter la scène, pensai-je, tout en l'imputant au fait qu'il avait trop bu, et que de revoir son vieil ami, maintenant célèbre, avait réveillé sa jeunesse, ses espoirs exubérants et les sorties en bateau sur le Cam. Il n'était certainement pas sérieux. Si, il l'était. Il avait décidé plus tôt, dans la soirée, que ça ne pouvait pas coller. Il faisait un saut à la maison, dit-il, puis partait en Allemagne, sur les lieux où les grands poètes qu'il avait tant admirés avaient vécu et qui, quand il était plus jeune, lui avaient donné l'idée téméraire que lui aussi pouvait être poète. Assis, nous pleurions : si bien assortis et pourtant sur le point de nous séparer.

Le lendemain matin, je me réveille de bonne heure et décide de sortir. Une petite marche me fera du bien. Fulham Road, sottement, je regarde la vitrine d'un antiquaire où il s'était arrêté, je le savais, et avait vu les mêmes choses : tapisserie argentée, coffre à fusil, prie-Dieu et un dessus-de-porte de velours vert fané. J'eus l'impression que plus je resterais, plus il était probable que les choses s'arrangeraient.

Regagnant mon salon, je la vis, la pierre de la bague verte que j'avais retirée la veille, se reflétant dans le métal de sa clé de la maison, qu'il avait laissée sur la cheminée. Il était parti. Je courus quand même à l'étage, imaginant qu'il pouvait être encore là, mais non. Son briquet terni préféré se trouvait sur sa table de chevet et, étant donné ses caprices, je me dis que, s'il en jaillissait une flamme, tout était bien ; je l'allumai et sortis une cigarette du paquet qu'il avait également laissé. Probablement l'ai-je fumée, cette cigarette. Je ne tenais pas en place. Au jardin, où les roses elles-mêmes semblaient sidérées, puis retour à la maison, à la porte d'entrée, pour l'ouvrir, regarder dehors, puis la refermer. Puis je m'assis, plongée dans une inertie presque catatonique pendant la première moitié de la journée, jusqu'à ce que la cruelle vérité s'impose à nouveau.

Je me souvins que son avion pour l'Irlande partait le soir et qu'il devait être encore à Londres, probablement en visite chez l'amie qui avait trouvé un cheveu à moi sur son revers. Je cherchai son numéro dans l'annuaire et, quand elle répondit et que je parlai, je l'entendis qui l'appelait, d'un ton affectueux. Il passa chez moi, comme je l'en avais imploré, mais je m'aperçus que c'était une violation. Le moteur du taxi ronflait : manifestement, il avait demandé au chauffeur d'attendre. Il n'était plus du tout le même, froid et désinvolte. L'homme marié qui rentre à la maison.

J'attendis et espérai, me souvenant de tout, et m'abaissai à prendre contact avec un ami à lui, pour avoir de ses nouvelles, si on peut dire, puis un jour j'écrivis la lettre vengeresse de Médée qui est l'envers de l'amour.

À la maison pour les grandes vacances, je fus incapable de dominer mes crises de larmes. Ma mère s'en aperçut, et alors que nous pliions ensemble une courtepointe en chenille de coton, les rabats dissimulant tantôt son visage, tantôt le mien, elle observa que je donnais un mauvais exemple, particulièrement malsain, aux enfants, qui avaient espéré s'offrir du bon temps. Plus tard, elle appela Carlo dans la salle du petit déjeuner sous prétexte d'enlever un plateau et lui demanda ce qui n'allait pas chez sa mère, si elle était *fautive* en quoi que ce soit. Sachant que c'était une histoire d'amour, elle le prit mal. Depuis que j'avais quitté mon mari, douze ans auparavant, elle craignait la vie de dissipation qu'elle me prêtait. Chacune de ses lettres y faisait allusion. Elle écrivit :

Tu auras toujours mon amour et mon affection et ne t'embarrasse plus des hommes, en dehors des rencontres dans la vie quotidienne ou pour le travail. Je prie pour toi et, chaque jour de ma vie, je m'agenouille et demande au Christ que tu te souviennes des mots de saint Paul : « Fuis la fornication. »

J'avais quarante ans passés et je croyais que, par la volonté de ma mère, je ne connaîtrais plus l'amour – « l'os et le nerf de mon malheur », avait dit Sylvia Plath, et Aurora, une jeune fille au pair qui avait habité chez nous à Putney avant de rentrer en Espagne et de s'y marier, disait dans une lettre : « L'amour est une maladie du cœur. » Selon le naturaliste Gilbert White, l'amour et la faim sont les « grands mobiles des bêtes brutes », et la bête brute en moi pleura Jay de longues années.

*

La seconde histoire d'amour prophétisée fut plus vertigineuse encore. Quand j'y pense, je pense au premier et au dernier jour où je rencontrai ce Lochinvar*, alors que les dimensions de cette histoire excédaient de beaucoup celles de ces deux occasions cruciales. Ce fut lors d'une soirée dans une salle de Pall Mall qui respirait la force, comme lui. Nous partageâmes notre

---

* Jeune chevalier des Highlands dont Walter Scott chante les aventures dans une ballade.

admiration mutuelle pour Dylan Thomas et j'étais à ce point tourneboulée que je ne remarquai pas si les murs étaient or ou terre de Sienne, ni si les colonnes de marbre portaient les emblèmes des territoires : la rose, le trèfle et le chardon. En sortant, je demandai un livret, histoire de garder un souvenir de cette rencontre-surprise, et c'est là que je sus, pour les colonnes de marbre et les emblèmes des territoires.

Lors de sa première visite chez moi, Lochinvar dit ce que toute femme brûle d'entendre : « Je n'en finirai pas de te connaître. » Avec ces mots, j'imaginais un merveilleux avenir qui s'ouvrait devant moi et rien n'aurait pu me démonter. J'étais sur le trapèze le plus haut au commencement de l'amour, sans être entièrement aveugle à la façon dont les choses se passaient : rencontres-surprises, rendez-vous annulés, jalousies dévorantes, ravissement et ruptures. Je devrais dire ici que je n'ai pas la duplicité ni la dissimulation nécessaires pour une liaison normale. Je suis davantage encline aux extrémités de la poétesse russe Marina Tsvetaieva, pour qui l'amour était à la fois transport et purgatoire. Elle avait échangé avec Pasternak des quatrains de parenté éternelle, à jamais convaincue que peine et tourment pouvaient être déversés dans la poésie. Puis ce fut Rilke, son Orphée, qui était pour elle le Rhin tout entier, et la langue de leurs échanges la langue des anges. Ils ne se rencontrèrent jamais. Dans une dernière lettre adressée de Saint-Gilles-sur-Vie, alors qu'il se mourait déjà, elle lui suggère de regarder une carte et de choisir une grande ville française où elle, la pauvre, le retrouverait.

Elle ne reçut pas de réponse. De son propre aveu, Marina créait des situations d'isolement dans l'amour qui lui permettaient d'écrire. James Joyce l'exprima plus brutalement encore, lorsque, après son badinage avec Amalia Popper, il écrivit : « Ça ne sera jamais, écris-le. »

En attendant, il y avait le vertige de la liaison, les multiples tours et détours, les sagesses reconsidérées, les alizés soufflant le chaud et le froid et de nouveau le chaud. Il est impossible de saisir l'essence de l'amour par l'écrit, seuls demeurent les symptômes, l'absorption érotique, l'immense disparité entre les temps passés ensemble et les temps de séparation, le sentiment d'être exclu. Je me souviens d'une amie me téléphonant pour me raconter une soirée dont Lochinvar était le principal invité, comment il s'était donné un coup de peigne en passant devant un miroir de l'entrée, et toutes les femmes qui l'adulaient. J'aurais marché sur l'eau pour être là-bas. Peut-être ma demande d'amour était-elle excessive pour lui faire une place dans la vie quotidienne.

Le pire moment, ce fut l'été, quand les analystes laissent en rade leurs malheureux patients et que les amants prennent des vacances en famille à l'étranger. Il se trouva que nous allions tous deux en Italie, quoique séparément. Le même soleil donnant à plomb sur nous deux, sur les toits et les coupoles, sur les rochers déchiquetés des sentiers étroits descendant jusqu'à la mer et sur les feuilles des oliviers suspendus immobiles et informes.

Gore Vidal m'avait invitée dans sa villa, La Rondinaia, près de Ravello. Pour accéder à la villa, il fallait descendre au portail et remonter une longue allée qui rappelait celle de *L'Année dernière à Marienbad*, avec une série de toutes petites marches. Au clair de lune, oui au clair de lune, la maison blanche sur le promontoire de rochers élevés, dominant la baie d'Amalfi, était le château enchanté. Ma valise était lourde, puisque j'avais été invitée dans une autre maison en Toscane et, ignorant le protocole, j'avais apporté toute ma garde-robe, de trop nombreuses paires de chaussures et beaucoup trop de livres. Témoignage de mon état de langueur, elle était plus lourde encore quand je quittai l'Italie. Je crois que Gore le perçut, car le dernier matin, alors que je lui faisais mes adieux pour prendre le train de Rome, et que je descendais péniblement les marches avec la valise, il lança de sa voix inimitable : « Est-ce encore Sisyphe que j'entends ? »

Ma chambre était immense et le dernier mot en matière de somptuosité. Lorsque Howard, le compagnon de Gore, m'y conduisit, il déclina les noms des célébrités qui y avaient dormi, et je me souviens en particulier des noms de Tennessee Williams, Johnnie Carsons et Bianca Jagger, et je me demandai si à l'heure de la sieste eux aussi, peut-être, avaient pleuré sur la soie vert pâle du couvre-lit brodé ou s'étaient penchés au balcon, envoyant malédictions ou tendresses à l'absent.

Le lendemain matin, les jardins, en terrasses et courant sur des kilomètres, étaient pareils à ceux du Cantique des Cantiques, haies d'aloès et de buis, grenadiers, fleurs tombées, et l'air, voilé et argenté, avec l'arrosage automatique. Si lumineux, si juste, si mûr. Et pourtant je broyais du noir, me souvenant qu'à travers l'Italie, par une chaleur suffocante, les touristes, dont Lochinvar, étaient sur le départ, équipés de guides et de chapeaux de soleil, gravissant les marches pour rejoindre les grandes cathédrales, se dirigeant vers la place de Sienne pour le «Palio», avec les cavaliers montant à cru qui rivalisaient de courage, ou encore faisant la queue à Florence pour voir le *David* de Michel-Ange. Encore un mendiant au département de l'amour, ce Michel-Ange, qui aurait voulu qu'on l'écorchât pour tailler dans sa peau un vêtement ou une sandale pour l'aimé.

Je décidai de descendre en ville et de faire un peu de tourisme, que Lochinvar et moi puissions comparer nos séjours italiens lors de notre prochaine rencontre. Elle était à près de trois kilomètres. Terrassée par la chaleur, j'entrai dans la grande église de la place pour réciter quelques prières en silence, soulagée par son obscurité relative et son calme, loin de l'éclat fulgurant sans rémission. Je priai de tomber sur lui et, d'un même souffle, souhaitai sa mort. Moments d'affection entremêlés de moments d'affliction. Ballottée de l'une à l'autre. «Je ne veux plus te voir, à moins que je cède à la tentation.»

L'église était presque pleine, femmes vieilles et moins vieilles, les yeux fixés droit devant sur l'autel, et d'autres encore qui caressaient diverses statues, les implorant de leurs chuchotis. Il y avait aussi des vases de fleurs fraîches et de fleurs fanées dans divers recoins, des roses dont le rose virait au blanc laiteux. Par la sacristaine, j'appris, également en chuchotis, que le miracle se produisait autour de l'Assomption. «*Miracolo, miracolo*», disait-elle. Le sang coagulé du Martyr se liquéfiait et, dans le cas contraire, c'était de mauvais augure pour les récoltes. Il était là, dans son reliquaire de verre, rouge foncé comme un morceau de résine ou de la cire à cacheter, et les fidèles qui le regardaient fixement, attendant ces premières gouttes de sang versé, prélude à l'Annonciation. Le sud de l'Italie, si l'on en croit Gustaw Herling, est «accro aux miracles comme les gens seuls le sont aux rêves», et elles étaient toutes là, toutes ces femmes, et j'étais des leurs.

Je sortais parfois prendre un verre d'eau gazeuse au café, puis je me réfugiais chez un antiquaire qui offrait aussi un bric-à-brac et errais de salle en salle, examinant les prix. Pour y avoir mis si souvent les pieds, j'eus le sentiment de devoir acheter quelque chose et me décidai étourdiment pour des garnitures de cheminée, envisageant déjà l'automne et les feux que j'allumerais pour accueillir à nouveau mon amant. L'ensemble consistait en grosses pinces de laiton, un tison assorti, une pelle et deux supports de laiton pour accrocher ces accessoires. Ils furent enveloppés dans de vieux journaux et il était évident qu'ils n'entreraient pas tous dans la valise : certains pendraient peu glorieusement à la courroie, rendant humiliante mon arrivée à la prochaine villa. C'est le bruit sourd de cette valise, alors que je descendais les escaliers le dernier matin, qui amena Gore à lancer de sa voix sonore : «C'est Sisyphe que j'entends ?», devinant que c'était la sonate d'amour des vieux jours.

Le miracle ne s'était pas produit à l'heure de mon départ, mais j'étais certaine qu'il surviendrait, avec tout ce brassage des os et des chapelets, les gros soupirs, les poitrines qui se soulevaient et les visages tellement implorants. Tout cela ne pouvait que hâter le *miracolo* qui, d'une certaine manière, s'étendrait à moi, ce qu'il fit.

Ce fut dans un train en Angleterre, une quinzaine de jours plus tard, que mon amant et moi nous rencontrâmes, tombâmes l'un sur l'autre, lui qui revenait du wagon-restaurant avec un sac de papier brun percé et moi qui m'y rendais. Au point de jonction des deux voitures, sur des bouts de toile inégaux, avec les rails qui cliquetaient et les wagons qui bringuebalaient, chancelants, et le train qui fonçait à une vitesse folle dans la campagne, où l'on apercevait les moissons à travers la vitre encrassée. Réunis par hasard et à part, il était clair que l'absence estivale et la résolution tiède d'y mettre fin avaient été vaines et que nous repartions à neuf, une fois encore.

Un matin, au réveil, je découvris que j'étais ruinée. J'aurais dû le prévoir, à force de ne pas écrire régulièrement et de manquer de présence d'esprit. C'est mon comptable qui m'informa de la situation, un homme de la City, qui posa soigneusement son melon sur une desserte. Ruinée. « Mais j'ai cette maison », répondis-je. La maison, m'expliqua-t-il, ne valait pas autant que je l'avais imaginé. Les prix baissaient, et ce qui avait valu X milliers de livres vaudrait bientôt moins X. Comment cela était-il arrivé ? Je le savais, comment. Amour, générosité, projets chimériques. J'étais une de ces vierges folles qui n'avait pas veillé à ce que sa lampe à huile restât pleine. Quant au Janus bifront, je vis sous mes yeux l'expression reconnaissante de Lochinvar chaque fois que je lui ouvrais la porte, et maintenant son expression chagrine parce que cette porte resterait à jamais close. Nous n'avions connu qu'une fraction l'un de l'autre, mais cette fraction était sacrée. Je m'étais bercée d'illusions, vivant de miettes émotionnelles, et les mots amers de Yeats étaient devenus mon univers : je m'étais « nourri le cœur de fantaisies, et à ce régime mon cœur était devenu brutal ».

L'agent immobilier était de la brigade des petits snobinards, me suggérant de donner un coup de cisailles au chèvrefeuille, puis tapotant les murs et les encadrements de fenêtre avant de se glisser à moitié par une lucarne à tabatière pour jeter un œil sur le toit. Il ressortit en s'époussetant les mains, disant que les choses étaient en relativement bon état, mais à sa façon de traîner sur le mot « relativement » je sus que ça signifiait une réduction du prix demandé.

La maison se vendit vite et pour des clopinettes, et je me transportai du côté des panoramas plus larges et plus solitaires du nord de Londres. Assez étrangement, le jour où arrivèrent les déménageurs, j'étais affairée et pleine d'allant. Je les regardai soulever le piano de son chariot puis le déposer dans le camion à l'aide de robustes courroies blanches, enveloppé de couvertures, comme je l'avais vu faire avec Lil, notre lévrier tout énervé avant une course, recouvert d'une carpette de tartan. Le lustre de Petrov fut placé dans une caisse à thé et emmailloté dans l'amiante. Je déterrai même un magnolia à la floraison précoce, avec ses fleurs blanches en corolle et nettes comme un œuf de poule naine.

Dans mon nouvel appartement, mon ami et futur voisin Robin Dalton avait apporté un pique-nique. Un drap sur le sol et du papier noir à la fenêtre, et rien ne pouvait m'arrêter dans mes bonnes résolutions.

Mais l'harmonie devait être de courte durée. Le papier peint, que j'avais à peine remarqué, était lugubre, aubergine foncé, et un chien, un labrador, ne cessait d'aboyer dans le jardin collectif. Moins de vingt-quatre heures après, le magnolia que j'avais planté avait été arraché et abandonné au bas des escaliers extérieurs qui descendaient aux jardins. Plus tard m'arriva une lettre du secrétaire de la copropriété m'informant qu'aucune liberté n'était autorisée concernant la plantation ou le pillage des arbres et des arbustes.

C'est dans un dîner au Gay Hussar, à Soho, avec les autres jurés du prix dramatique annuel de l'*Evening Standard*, que je pris la mesure de mon préjudice. C'étaient des affaires volatiles, tout le monde commençant par s'étonner que l'année ait passé si vite, puis attendant impatiemment le canard rôti à la sauce aux pommes, qui était la spécialité de la maison, tout cela dans la plus grande affabilité, puis les délibérations commençaient et ce n'était qu'acrimonie et poings frappés sur la table. «La rumeur courait», raconta un journaliste, qu'on avait aperçu Lochinvar entrant chez une maîtresse du Dorset avec un parmentier de poisson. Je savais qu'il racontait ça pour se faire mousser et je savais aussi que c'était un mensonge. À cette époque, je croyais plus que jamais que ce n'était pas terminé, que Lochinvar m'attendrait, que notre amour avait la durabilité du mythe.

C'est après minuit, par un froid de canard, que je sortis. Étourdiment, je demandai au chauffeur de taxi de me conduire Carlyle Square et ne reconnus mon erreur qu'en gravissant les marches extérieures et en voyant une bouteille de lait à côté du paillasson, avec un billet coincé dedans. Ce n'était plus ma maison.

Chaque jour, à mon bureau, je jetais un œil au jardin collectif, au trou laissé par le magnolia arraché, aux escaliers raides partant de chacune des maisons hautes, et entendais le labrador, que son propriétaire laissait dehors et qui aboyait, qui aboyait presque jusqu'à la folie. J'avais perdu ma Cerisaie, que je regretterais longtemps, pour ne pas dire toujours. J'aimais un homme qui ne m'a pas connue telle que j'étais vraiment.

C'est un refrain que je devais entendre souvent, de mainte femme, mais jamais je ne l'entendis de manière plus poignante qu'à Noël, au King Edward VII Hospital de Londres, où je devais subir une opération de la hanche. On m'avait inséré dans la hanche un alliage de métal et de céramique d'une douzaine de centimètres, et sur mon lit se trouvait un livre avec les exercices recommandés pour mon retour à la maison : ronds de jambe, flexion du genou, pieds levés.

Le moment ne pouvait être mieux choisi. Je pensais aux mères dans les comtés, emballant les cadeaux, garnissant la volaille, sur le point de craquer, alors qu'il y avait encore un repas fin à préparer, tout en écoutant le doux carillon des églises proclamant le jour saint. Il avait neigé toute la nuit et le monde extérieur était une véritable carte de Noël, avec la rue latérale et les ardoises inclinées des maisons couvertes d'une neige douce et poudreuse légèrement bleutée.

L'atmosphère de l'hôpital était à la fête. Une infirmière portant une gigantesque boucle d'oreille rouge qui clignotait comme un feu de circulation m'avait apporté une tasse de thé de très bonne heure ; à ma porte avait été accroché un petit panier d'osier avec des chocolats, un gâteau de Noël miniature et une mignonnette de porto – cadeaux de l'hôpital, pour me souhaiter un prompt rétablissement. Il y avait même un livre de blagues par ordre alphabétique, et je lus au hasard le verdict d'un producteur de Hollywood sur les talents d'actrice d'Esther Williams : « Dans l'eau elle est une star, pas à sec. »

Le cocktail était à midi, et l'assistante de l'infirmière en chef tenait à ma présence. Elle dit que j'y rencontrerais peut-être des gens que je n'avais pas revus depuis un bail, un vieux beau peut-être, le « doux refrain de l'amour » une fois de plus. Je devais donc m'y préparer. Les souliers étaient hors de question, mais j'avais des chaussettes angora à rayures toutes neuves, qu'une amie adorable, Therese, avait déposées en bas, étant trop discrète pour monter. M'habiller ne fut pas un mince exploit. M'aidant d'une canne-crochet, je m'escrimai à enfiler les chaussettes, puis passai un kimono de soie rouge sur ma robe d'hôpital.

Le personnel s'était donné beaucoup de mal pour décorer le couloir, brindilles de houx et cartes rehaussées de lamé dissimulaient presque les divers dessins de vertèbres, épaules blessées et genoux agrafés. La plupart des patients étaient rentrés chez eux pour Noël et l'assemblée se composait surtout de membres du personnel qui n'étaient pas en service et dans un grand état d'effervescence, attifés de chapeaux en papier et comparant les breloques trouvées dans leur pochette-surprise de Noël. Un médecin de famille avait un air absurdement rébarbatif avec ses andouillers de feutre, cadeau d'un « patient reconnaissant » en Laponie. Un anesthésiste portait un masque blanc avec une entaille rouge sang pour les lèvres et tenait une carte sur laquelle on pouvait lire : « Voici le vampire. » Il y avait très peu d'invités. Une jeune Arabe aux cheveux longs noirs de jais, avec des yeux de biche et un gros pendentif émeraude, avait toute une cour autour d'elle. Ils buvaient du Coca-Cola. L'autre visiteuse, assise dans le meilleur fauteuil, était une robuste Anglaise, qui dissertait de la dégradation du pays. Elle avait chuté dans sa cuisine la veille, juste pour descendre une foutue boîte de sardines, et avec la bonne qui était partie et le sol qui glissait, elle s'était cassé la figure. Plus d'une heure s'était écoulée avant que n'arrive l'ambulance et on l'avait conduite dans un abominable hôpital public, où elle avait dû attendre des heures dans une salle pleine d'étrangers, effroyable Babel. Pire, elle avait dû y passer la nuit et avec une ardeur de missionnaire elle annonça :

« Je sais maintenant à quoi ça ressemble, la prison, après une nuit passée dans un hôpital public. » Elle était maintenant où on aurait dû la conduire dès le départ, dans un hôpital dont elle était en réalité administratrice, et elle en était à son deuxième, voire son troisième verre de champagne. Puis il fut question du discours de la reine, une infirmière lâchant que nous en serions probablement au plum-pudding à ce moment-là, après avoir dégusté notre premier plat, dinde rôtie avec sa garniture, et que nous serions un peu pompettes. La virago s'en excusa, elle n'était pas d'accord. La jovialité, très peu pour elle. Elle ne l'écouterait même pas : monarchiste de toujours, elle ne supportait pas que sa chère reine eût tout cédé à l'Europe. Le médecin avec ses andouillers de feutre essaya de lui faire observer que ce n'était pas la décision de la reine, sur quoi elle réclama ses béquilles et se leva tel un général sur le point de passer ses troupes en revue.

J'avais regagné ma chambre clopin-clopant quand on m'annonça de la visite. L'écrivain Andrew O'Hagan, un nouvel ami, qui en l'espace de deux ans était devenu un ami à toute épreuve. Il apporta la neige avec lui, sur ses épaules et sur ses cils, formant une crête si parfaite qu'on l'aurait dite appliquée au fer à friser. Il avait fait des kilomètres à pied dans la neige, après être allé à la messe, où les chants du chœur l'avaient ramené aux scènes de son enfance, les allocations familiales, sa mère et ses quatre garçons et son bon à rien de mari, une publicité pour le whiskey Bell's au sommet de la gare centrale de Glasgow avec le captivant «*Afore ye go**». Il avait apporté des tas de cadeaux : bougies, gants, une bouteille de double malt et un puzzle avec un portrait d'Emily Brontë dans un intérieur carrelé brun clair et sépia, telle la reproduction d'un maître hollandais. Emily Brontë, qui chaussait du trente-six fillette, et à qui l'on prêtait l'esprit d'une navigatrice, resta toujours au même endroit pour bourlinguer à travers les perplexités du cœur tortueux. Il se servit un petit malt et découvrit encore un cadeau dans sa hotte de père Noël. Je lui demandai comment il se faisait que nous, qui en avions vu de dures, étions si prodigues, et il y réfléchit et répondit que c'était peut-être parce que le grand frère saxon nous avait faire croire à nous, les Celtes, que nous étions «petits-petits». Je lui demandai une chanson, et il chanta *Where the Bonnie Lassie Lives* de Robert Burns. Plusieurs infirmières pointèrent la tête par la porte pour signifier leur approbation.

C'était le soir et, après avoir retourné mes draps, Irina, une infirmière d'Europe de l'Est, demanda si elle pouvait s'asseoir quelques minutes. Elle était seule. Elle aurait bien aimé rentrer chez elle, mais elle habitait à cinq heures de là par l'express et ça coûtait beaucoup d'argent, ce qu'elle ne pouvait se permettre. Elle mettait de l'argent de côté pour la maisonnette de ses rêves, qui était dans son pays, et l'autre rêve était

---

* «Avant d'y aller». Au cours de la Grande Guerre la famille Bell avait envoyé du whiskey à distribuer aux troupes sur le front occidental : elles devaient boire un coup «avant d'y aller».

un rêve d'homme, d'homme parfait, venant à elle. Elle avait un petit ami qu'elle aimait, mais il va vivre avec une autre femme, et voici que cette autre femme lui dit : « Va, va », parce qu'il craque encore pour une autre. Sur ce, elle pleura et se sécha les yeux, s'excusa de pleurer et pleura encore, ajoutant : « J'ai la paix, mais je suis seule. » Voyant les livres, les carnets de notes et les stylos sur ma table de chevet, elle demanda, presque une invocation : « Madame, s'il vous plaît, écrivez un livre sur l'amour pour les hommes parce qu'ils ne le comprennent pas comme nous. »

Je n'ai pas eu le cœur de lui dire que les grandes histoires d'amour parlaient de la douleur et de la séparation entre hommes et femmes.

*

J'avais quitté le nord de Londres et emménagé dans une maison de location, à Chelsea, arpentant les ruelles que je connaissais, passant devant les petites maisons à terrasse avec jardins de cottage et enclaves de gazon, cosses de graines et pollen soufflant de tous côtés, et les gens qui éternuaient et échangeaient quelques mots. Un retraité de la caserne voisine était en fauteuil roulant, tandis que son compagnon allait à l'épicerie, fier de son veston écarlate, son chapeau à pompon et son fouet à champagne de papier vert, une babiole qu'il agitait. Il répétait régulièrement la même chose : « Aux Galles », donnant au pays de Galles la résonance mythique de Troie.

TROISIÈME PARTIE

Page blanche

Les mots ne venaient pas et je me rappelais le temps où ils étaient venus et que c'était sans effort, les pages manuscrites rapides d'une histoire ou d'une autre. J'avais rapporté des Zig d'Amérique, des stylos porte-bonheur et qui permettent d'écrire sur les photos, sans acide et étanches, des stylos rapides comme l'éclair, qui ne coulent pas et dont l'encre ne s'efface pas au fil des ans. Mais ça ne suffisait pas. Henry James disait que ces laps, ces intermèdes ou ces spirales de dépression, peu importe le nom qu'on leur donne, «étaient bons pour [son] génie», mais j'étais plus encline à donner raison à Virginia Woolf, qui dans un de ses états de confession avait dit, la folie approchant, qu'elle irait chez John Lewis se faire faire une robe. Je relus les livres que j'aimais, les anciens et quelques-uns des nouveaux qui avaient un peu le timbre des anciens. Je tins un journal. Je lus avec inquiétude que seuls les très jeunes et les très fous tenaient leur journal. Les entrées s'entrechoquaient: «La fleur empoisonnée des Borgia», «La porte noire de Pluton » et Nietzsche, « Nous avons l'art pour ne pas mourir de la vérité ». Toutes très édifiantes et inutiles.

Il m'arrivait de parler aux étudiants, d'aller dans les universités et les collèges, où j'étais censée leur distribuer des pépites de sagesse. Je leur lisais du Kafka, leur expliquant ce que Kafka avait dit, qu'un livre doit être la hache portée sur les mers de glace qui sont en nous. À Hull, le vent de la mer du Nord, avec ses embruns humides, frappait les carreaux qui tremblaient et frissonnaient, exposés au monde, nus. Dans la salle à manger presque vide, la discussion tournait autour de la page blanche et des lieux où fuient les écrivains dans l'idée que ça les aidera à écrire. Une des assistantes rentrait tout juste de Laponie, une Boadicée sur sa luge, menant quatre huskies à travers les neiges, débitant son bois, faisant son feu, dressant sa tente. Chaque nuit, avant de se coucher pour dormir, elle regardait la nuit silencieuse, argentée, feutrée, qui devint la substance de son rêve, dans lequel elle conçut un conte de fées qui fut un étonnement pour elle, mais qui malheureusement s'évanouit à l'instant même de son réveil.

Je songeais aux nombreux voyages futiles que j'avais faits par désespoir. Qui, ayant toute sa raison, irait par un hiver désolé, dans une maisonnette de la campagne anglaise, chercher les soins d'un gourou prétendant avoir glané les secrets de la libido en Orient et en Occident ? Il était tout de blanc vêtu, robes blanches et turban blanc, servi par un essaim d'ex-épouses et de maîtresses actuelles, qui ne cessaient de lui donner du « Gourou ceci, Gourou cela ». Donnant peut-être la réplique à Wilhelm Reich, il était clairement un avocat de l'orgasme, insistant sur la nudité lors des massages, pressant de sa personne sur les divers chakras pour un surcroît d'intensité et haletant plus que de raison. Tout ce qu'il fallait, c'était une boîte à orgone. Des années plus tôt, j'y avais pris place sous la houlette d'un médecin norvégien.

Dans cette petite maison de campagne, nous étions trois patientes : une brave femme qui tenait un restaurant, une femme qui toussait et moi. Les cloisons avaient l'épaisseur d'une feuille. De nuit, on entendait la toux et les gloussements venant des appartements privés, où le gourou vivait avec son harem.

Nous buvions du jus avec une concoction de minéraux et de vitamines, censée dissiper la faim, ce qui était bel et bien le cas. Comme il pleuvait, nous passions le plus clair du temps dans le salon, avec l'odeur des bâtons d'encens qui flottait depuis le vestibule, sans grand-chose à se dire l'une à l'autre tandis que nous lisions nos horoscopes dans des magazines périmés. Après deux journées d'apathie, sans écrire, je décidai d'abréger mon séjour. Ce qui passa mal. La brigade des femmes me prévint que ce serait terriblement affligeant pour leur gourou, et lui-même essaya de me persuader de rester, disant que je n'avais pas accordé à ses méthodes le respect qu'elles méritaient. Dans le train, j'avais l'impression de faire l'école buissonnière et commandai un quart de blanc australien, qui était tiède.

La ville d'eaux en Autriche était différente, plus austère. On y allait pour la « cure » et tout tournait autour de ça. La salle à manger donnait sur un lac, avec des hôtels aux allures de châteaux sur la rive opposée et la pente de la montagne escarpée couverte d'arbres à feuilles persistantes qui montaient jusqu'au sommet, où la montagne plongeait et s'élevait, obturant le dernier coin de ciel lilas. Conseil était donné aux patients de mâcher leur pain d'épeautre quarante fois jusqu'à ce qu'il ait la consistance d'une purée. Nous étions par tablées de quatre, Autrichiens, Allemands, Anglais et moi, mâchonnant notre pain et songeant, peut-être, à nos systèmes digestifs ou nous demandant si nous aurions des sels d'Epsom doux ou forts avant de nous retirer. Je cherchai comment on dit salive en allemand et notai le mot dans mon carnet. La conversation était découragée, tout comme la lecture. Les filles qui nous servaient portaient des costumes tyroliens et de petits demi-tabliers ; elles étaient polies, mais strictes sur notre régime, en sorte qu'il n'était pas question d'avoir une portion supplémentaire de gâteau de riz.

Après l'extinction des feux, et sachant que je ne dormirais pas, je restais assise, observant les poissons dans un aquarium, sans cesse en mouvement et ridant l'eau sur leur passage. Ils se battaient. Des escarmouches en tous genres, puis une courte trêve, le temps de se poser sur des bouts d'écorce ou un galet, prenant possession de leur territoire et se regroupant pour la bataille.

Je leur donnai des noms. Saddam Hussein, le rayé qui se pavanait. George Bush, le terne avec ses cohortes de fanfarons, et Vladimir Poutine, en position de force, avec son cercle de larbins pour le protéger. Il y avait une créature corallienne angélique, avec ses palmes qui frissonnaient, et que j'appelai Emily Dickinson, piégée au milieu des totalitaires.

Le jeûne induit la léthargie et des bouffées hallucinatoires. L'après-midi, je m'asseyais dehors, mes carnets vierges sur le banc à côté de moi et *La Montagne magique* de Thomas Mann. Certains patients prenaient place sur des chaises pliantes, d'autres s'étaient retirés après le frugal repas de gâteau de riz et de savoureuse pâte à tartiner pour bénéficier d'une compresse de fleurs de camomille chaudes tandis qu'une poignée de patients héroïques enfourchaient un vélo ou faisaient du ski de fond. Je m'assis devant une fontaine. D'une gourde de pierre jaillissait une corolle d'eau qui clapotait sur les flancs pour finir dans des fonts qui, un temps, eurent le don de fondre les pierres de lune. J'essayais de méditer, de ne faire qu'un avec l'eau, au lieu de quoi j'engrangeais quelques impressions pour une histoire ou une autre que je pourrais écrire.

Des haies basses de troènes enfermaient des carrés d'herbes et de fleurs orange, que je pris d'abord pour des soucis nains qui auraient fleuri nonchalamment. Il y avait un bouleau sur lequel tout un forum de petits oiseaux bruns convergeaient et s'attardaient, mais pas un seul ne se donna une fois la peine de chanter. La cuisine était située juste derrière moi, et l'odeur de rôti, auquel je n'avais pas droit, était exaspérante. Les patients qui restaient sur place après la « cure » se voyaient servir de succulents repas, sitôt expiré le régime punitif, mais j'avais hâte de partir. Même Thomas Mann me semblait lourd.

Un après-midi, une jeune fille, à côté de laquelle je m'asseyais tous les matins aux bains de siège, partait pour l'Angleterre. J'attendis dehors avec elle l'arrivée de son taxi. Je l'interrogeai sur le bâtiment de l'autre côté de la rue et appris, en proie à une excitation croissante, que c'était le bar-restaurant pour les membres du club de golf voisin. Mon moral remonta. J'irais tranquillement à six heures trente et me régalerais d'un verre de rouge, avant le bol de soupe claire qui devait être ajouté ce soir à ma diète. Je lui confiai mon projet ; elle me prit par le bras et me dit que sous aucun prétexte je ne devais courir ce risque. Un oligarque russe et sa suite étaient venus prendre les eaux, s'étaient rendus un soir au restaurant, s'offrant steaks et champagne : à leur retour, on les escorta jusqu'à leurs chambres pour les prier de plier bagage sur-le-champ, puisqu'ils avaient enfreint les règles de la clinique.

Après son départ, je jetai un œil sur la page de garde de mon nouveau carnet et vis où j'avais recopié un vers de Joseph Brodsky : « Se débarrasser du superflu est en soi le premier cri de la poésie. » N'ayant absolument rien écrit, j'approchais de la poésie.

Certains soirs, un jeune homme de la ville venait s'occuper des poissons. Il nettoyait la cuve, éparpillait je ne sais quoi dans l'eau et leur parlait avant de les couvrir d'un linge noir pour la nuit. J'essayai d'engager la conversation. Que mangeaient-ils ? Quand s'accouplaient-ils ? Dormaient-ils dans le noir ? Il se contentait de sourire et disait : « *My English no good* », « Anglais moi pas bon ».

Le matin de mon départ, pourtant, il avait laissé une lettre manuscrite intitulée « Ma famille poisson » :

Sexe, nourriture, guerre, ça leur vie. Poisson toujours surveiller ennemi. Chacun regarde qui est le plus fort. Rayé toujours sur caillou. Bleu toujours sur bois. Tout petit poisson né dans cette cuve, son père le jaune né dans lac Malawi. Sa mère inconnue. Tous les poissons, ils croisent toute la journée. Centaines, milliers de mètres. Mâles se battent. Femelles se battent pas beaucoup. Plus ils sont colorés, plus ils sont combattants. Plus facile de survivre sans couleur. Mâle voit femelle frissonner et veut être grand mâle pour elle. Puis danse. Mâle creuse un trou dans sable, puis nage vers femelle pour son intérêt et elle suit. Femelle pond œufs sur sable et prend en bouche trois semaines et demie. Œufs en sécurité là. Après quatre semaines bébés poissons ils nagent. Quand lumières éteintes, tous croisent moins mais jamais dormir complètement, jamais totalement immobiles. Vous demandez si j'ai un préféré. La bleu lapis. Ahli qu'elle s'appelle. Elle très belle avec corps bleu et raie blanche sur tête. Mais tous sont beaux et exigent grands soins. Nous oubliez pas. Michael le gardien.

*

L'invitation à la villa de Majorque réveilla mes espoirs. J'avais séjourné dans l'île des années plus tôt, au printemps, quand les amandiers étaient en fleur, et j'en avais gardé le souvenir d'un paradis florissant, avec des moulins à vent parsemant le sommet des collines. Une jeune Ghanéenne, que j'appelais Ophélia, m'avait obtenu l'invitation, parce qu'elle avait réalisé la décoration intérieure pour le propriétaire. Elle viendrait avec moi, y restant le week-end, puis j'aurais douze jours seule, pour écrire.

De l'aéroport de Palma, nous prîmes un taxi. La nuit tombant, elle commença à se tracasser de la direction dès que nous eûmes quitté l'autoroute. Les routes secondaires étaient de plus en plus étroites, la campagne peu familière, avec ici et là la lumière d'une maison située au bout d'un champ, des petits ponts cahoteux, puis d'autres routes étroites, des sentiers, et, après presque deux heures d'un suspense croissant, elle fit « Eurêka, eurêka » en apercevant une palissade décorée d'un immense chat noir.

El gato, el gato, lança-t-elle, priant le chauffeur de prendre à gauche, une route de terre battue, sur laquelle il s'engagea si vite qu'on entendait la caillasse rebondir sur le capot. Puis un second « Eurêka » quand nous arrivâmes au portail vert ouvrant sur l'allée et la *finca*.

Il y avait deux entrées, mais, du fait de nos bagages, elle décida que nous entrerions par la cour, et comme elle tournait la grande clé dans la serrure et, plus lentement encore, poussait la porte de bois avec son chanfrein de fer, je songeai aux mondes érotiques de Luis Buñuel. Une antichambre avec un évier métallique dans un coin menait au salon, qui était sombre, les arches hautes s'enchaînant et s'étirant jusqu'à l'escalier de fer forgé, au-delà. Elle chercha la lumière à tâtons. Il y avait des fauteuils et des canapés de cuir, des livres illustrés et une longue table de bois sur laquelle je pourrais étaler mes notes et me mettre au travail. La pièce avait la froideur d'un mausolée. Dans l'immense cheminée adossée à un mur, un fût d'arbre foisonnant de jeunes pousses reposait sur un lit de cendres blanches.

Pour accéder à la chaudière, nous avançâmes à tâtons à travers une série de chambres, les unes éclairées, d'autres pas, avec une table de ping-pong, des raquettes de tennis, des motos neuves et une chaudière qui semblait avoir rendu l'âme. La veilleuse était éteinte. Juste à côté se trouvait un pressoir à olives, la poignée de fer forgé dressée telle une boussole sans destination. De retour au salon, nous fîmes des boules de papier journal que nous jetâmes sottement sur le fût de bois impossible à déplacer, imaginant que ça nous réchaufferait. Elle trouva le cellier et revint triomphalement avec un bordeaux millésimé que nous nous promîmes, sans conviction, de remplacer.

Avant d'aller au lit, je sortis tous mes livres et lus deux petites choses embrouillées et hors de propos que j'avais écrites dans l'avion, des notes pour me rappeler que j'avais commencé – «Les fleurs empoisonnées des Borgia» – «Les portes noires de Pluton»

– « Qui a dicté à Dante les pages de *L'Enfer* ? » – , mais des notes sans lien aucun avec le travail que j'étais venue faire.

La chambre était encore plus glaciale que le rez-de-chaussée. Je ne cessais de me répéter Ca'an D'Or, tel un mantra pour me réchauffer les mains. C'était une autre villa qui appartenait au propriétaire, et où nous pourrions aller le lendemain, pourvue de toutes les commodités, chauffage, éclairage et cuisinière électrique. Les rideaux ne se fermèrent pas sans mal, mais, enveloppée d'un duvet blanc, je me glissai au lit et me parlai à cœur ouvert, me demandant si je devais ou non repartir avec Ophélia dimanche.

Le ciel était voilé d'une sorte de gaze lactescente. Peu après, je me levai et sortis inspecter les environs et regarder le soleil se lever. Tout autour, des bosquets d'oliviers et de citronniers. Des oliviers, courbés et noueux, aux membres grêlés de verrues et de protubérances, mais aux feuilles effilées et argentées chuchotant leur froufrou. Les terre-pleins qui menaient aux champs en terrasses étaient parfaitement entretenus, puis, au-delà, une pinède, dense et sans passage, s'étendait jusqu'à la chaîne de montagnes gris-blanc, les sierras, dont les sommets étincelaient de neige. À l'arrière de la villa, il y avait de petits murs de neige, et accroupis sous l'un, comme juste échappé d'un récipient de formol de Damien Hirst, un mouton, hébété, silencieux, sans le moindre bêlement. Ce serait mon compagnon.

Ophélia apparut, pleine d'allant. Elle avait appelé le propriétaire, qui ne voyait aucun inconvénient à ce que j'emménage à Ca'an D'Or, et nous devions passer chercher les clés à l'agence immobilière. Elle se révéla encore plus hostile. Une maison moderne carrée, plantée au milieu d'un champ, sans oliviers ni citronniers à l'entour. Il suffisait d'appuyer sur un interrupteur blanc géant pour avoir le chauffage central, mais les ventilateurs faisaient un tel vacarme qu'il était absolument impossible d'écrire. Je décidai de descendre dans une *pensión* de la vieille ville la nuit et, chaque matin, de prendre un taxi pour la *finca* afin d'y travailler dans la solitude. Dans la seule *pensión* ouverte, le *patrón* nous donna les clés des deux chambres à l'étage, que je choisisse celle que je préférerais. Elles étaient identiques. L'une donnait sur une place, l'autre sur une ruelle – celle que je choisis, imaginant qu'elle serait plus calme.

Alors qu'Ophélia était partie prendre son avion, je vis la foule s'amasser sur la place et appris que ce soir c'était la fiesta connue sous le nom de «Calle di Calvari». C'était pour la Sant Antoni, la Saint-Antoine, le saint patron des animaux de ferme qui avaient déjà été bénits dans les fermes en début de matinée. Il y aurait un pèlerinage, qui impliquait de gravir trois cent soixante-cinq marches vers une petite chapelle nichée au sommet : le Calvaire. Tout le long du chemin, il y avait de belles maisons, des jardins et même des échoppes. J'arrivai à mi-hauteur, mais les premiers pèlerins commençaient déjà à redescendre, essoufflés par la grimpette. Je m'en retournai avec eux sur la place. Elle était déjà illuminée d'une multitude de lanternes de papier, et les roulements de tambours marquaient le début des réjouissances. Un sabbat de sorciers. Une nuit de vin et de ribote, avec une immense banderole où l'on pouvait lire, en grosses lettres noires : « En cette nuit de feu, tout est permis. » Après s'être donné la peine de grimper, les gens se retrouvaient tout excités sur la place, prêts pour les bacchanales. Arlequins et Colombines aux visages spectraux dansaient, et les gosses dansaient avec eux, et détalaient, feignant l'horreur, devant les diables, dont les cornes, tout droit sorties de l'abattoir, gouttaient de sang. Des jeunes traînaient un arbre immense devant les marches de l'église pour y mettre le feu, et une femme qui fermait son étal me céda un châle de tricot à moitié prix, l'air ronchon.

Marcel Proust a décrit le son « ferrugineux, intarissable » des cloches, mais dans la petite chambre de cette *pensión*, sur un lit étroit, avec la bande de lumière vert pâle du radioréveil, elles étaient hardies et présomptueuses, ponctuant les heures lamentables.

« Personne ne dort à la fiesta, madame », me dit la fille de la maison lorsque je descendis de très bonne heure rendre les clés. Je dus renoncer à la caution puisque, dit-elle, son père m'avait fait les meilleures conditions possibles et que, de surcroît, ils auraient pu donner la chambre à une personne honorable. La place, au petit matin, était déserte, le grès jaune de l'église de Nostra Senyora dels Angels inondé de soleil, tandis qu'une vieille femme munie d'un petit balai vert balayait les débris. La porte de l'église était fermée, mais je me souvenais de l'intérieur, très décoré, avec des figures de la Vierge, d'anges et de saints caparaçonnés d'or, les mains parées d'or et des couronnes d'or sur la tête.

À la *bodega*, j'achetai des choses qui n'avaient pas besoin de préparation, car je décidai de laisser la cuisinière électrique dans son emballage à l'intérieur de la villa. Amandes, boîtes de sardines, biscuits salés et olives farcies. Redescendant la ruelle escarpée, dans la vitrine d'une boutique fermée, les mannequins en filasse fauve avec leurs petits seins en tourelles formaient un tas, comme si quelqu'un avait quitté les lieux en rage. Dans la vitrine latérale, je recopiai avec soin le nom et le numéro de téléphone d'un gentleman qui pratiquait le shiatsu.

Au retour, je ne cessai de demander au chauffeur de taxi de ralentir – *Lento, lento*, disais-je – afin de pouvoir glaner quelques repères pour indiquer la route à suivre au masseur : un rond-point, puis à gauche, puis une sculpture de coq, brun-roux et pas très beau, puis une ceinture d'arbres où la route devenait plus noire, un monastère sur une colline, dont il m'indiqua le nom, Puig de Santa María. Il était pressé. La voiture faisait des bonds sur les routes étroites et les ponts de pierre cahoteux, et c'est à peine si j'eus le temps d'apercevoir le chat sauvage sur la palissade :

« *El gato !*

– *Salvaje* », dit-il, et peu après il fit une embardée à droite, évitant de justesse un arbre, avant de s'engager sur la piste de fortune dont je vis, à la lumière du jour, qu'elle était couleur sable.

« *Salvaje ?* »

Haussant les épaules, il dit que les touristes étaient *loco, loco*, d'aller dans la forêt, où vivaient les chats sauvages. Il fut contrarié de devoir descendre ouvrir le portail vert, pour passer ensuite devant les oliviers et les vignes, puis rejoindre la villa dont je fus l'otage onze jours durant.

Il y avait des signes réconfortants. Le jardinier était passé. Un feu resplendissait et craquait dans l'âtre immense. Le tronc avait été repoussé et servait de dessus de cheminée, avec les grandes bûches disposées en pyramide pour assurer le tirage. Il avait apporté trois brouettées de bois, m'assurant que j'en aurais assez jusqu'à son retour, jeudi. « *Jueves. Jueves.* » Ce même jour, on livra aussi du mazout. Je posai la question au sujet du mouton solitaire sous la ruine, et tout ce qu'il répondit, ce fut « *Estúpido, estúpido* ». Voyant les livres et les carnets sur la table, il demanda si j'étais *professora*, et je répondis timidement que non.

Dès son départ, je décidai de me faire faire un massage ce jour même, pour être dans un état *mucha calma*, pour employer une expression que j'avais dénichée dans mon guide de conversation. Tout dépendait de ce Japonais ; dans l'état brumeux où j'étais, après une nuit blanche, son toucher zen ferait des merveilles. C'est une femme qui répondit au téléphone, et je ne saurais dire si elle était japonaise ou majorquine. La courtoisie même. Je communiquais en m'aidant d'un dictionnaire ; pas dormir, nerveuse. « *Nerviosa* », reprit-elle, et elle dit que son mari allait venir tout de suite, car aider tous les gens *nervioso* était pour lui une obligation. À trois heures. «*A las tres.*» «*Es a la disposición de usted.*» Il serait à ma disposition. Elle prit note des directions que je lui indiquai en anglais, avec des bribes d'espagnol. Qu'il prenne la route au départ de Pollensa, passe le rond-point, passe l'*esculpido*, le coq, puis l'*arco* d'arbres foncés et le «Puig», où se trouvait le monastère. Il imaginera, lui dis-je, qu'il ne va nulle part, car les routes sont de plus en plus étroites et cahoteuses, mais qu'il persévère jusqu'au pont, *el puente*, et l'image du chat, *el gato*. Il n'aura plus qu'à suivre une route déserte jusqu'à un portail vert et à remonter l'allée, le *camino* jusqu'à l'*entrada*, où j'attendrais. J'attendrais. «*A las tres.*»

Je descendis le duvet, avec des serviettes et des draps, pour être près du feu, imaginant qu'il apporterait une table de massage. Je sortis de temps à autre, juste pour voir si sa voiture arrivait. Il n'était toujours pas là à trois heures trente, mais je ne m'inquiétais pas trop. Elle m'avait assuré qu'il resterait aussi longtemps que je le souhaitais, une heure, deux heures, suivant mon désir. J'allai plusieurs fois sur la terrasse, agitant les bras comme une idiote, afin qu'il me voie en prenant la dernière boucle du *camino* privé. Me précipitant pour répondre au téléphone, je glissai sur le sol de pierre, évitant de justesse une blessure. Mon agitation se transmit à la femme, qui m'assura qu'il était en route, qu'il était parti voici deux heures, mais qu'hélas il s'était trompé de direction et n'avait pas de carte. «*No carreteras*», fit-elle, pas de routes, mais que je ne me fasse pas de souci, car venir en aide à qui souffrait ou était *nervioso* était pour lui une obligation. Je répétai les directions, le rond-point, l'*arco* d'arbres, le coq, le pont, le sentier de terre battue, etc., tandis que ma foi dans cette expédition commençait à fléchir.

À chaque nouvel appel, les choses s'embrouillaient un peu plus, sa voix se faisait plus stridente alors qu'elle répétait les mots que j'avais imprudemment prononcés, très peu de lumière, de plus en plus noir, sentier étroit, ça n'a l'air de rien, l'impression qu'on n'est nulle part, mais il faut persévérer jusqu'à ce qu'on arrive au portail vert. Je décidai que j'irais au bout de l'allée, voire au-delà, et guetter sa voiture – une Honda rouge.

La lumière se mit à pâlir, et je sentis quelque chose de doux sur mes joues, duveteux, comme une aile de mite, sauf que c'était la neige, une chose presque inconnue sur cette île, de la neige qui fondait en tombant. Entendant le bruit de motos à pleins gaz, je me persuadai que des voyous du coin avaient eu vent de mon arrivée, une *señora sola*, dans une villa isolée, et approchaient en maraude. Je courus à la maison, et le téléphone cessa de sonner au moment même où j'entrais. J'y vis un bon signe, qu'elle appelait juste pour dire que maintenant il arrivait. J'y crus d'autant plus qu'elle ne rappela pas tout de suite. Histoire de passer le temps, je lus les prospectus que j'avais pris à l'église et à la *pensión*. Saint Antoine était un saint copte d'Égypte, un saint du désert et le père de tous les moines qui allaient dans le désert. Le diable le tenta par l'ennui, la paresse et des fantômes de femmes, et comme il n'arrivait pas à le briser, les fantômes de femmes se transformèrent en bêtes sauvages, loups, lions, serpents et chats. Ermite de toujours, il se tissait des nattes en joncs. Puis je lus quelque chose sur l'olivier, cité dans l'*Iliade* et dans la Bible, originaire des régions côtières du bassin méditerranéen, de l'Asie occidentale, de l'Afrique du Nord et de l'Iran septentrional, à l'extrémité sud de la Caspienne, vaguement apparenté au frêne, au lilas et au jasmin, mais s'adaptant mieux aux sols pauvres. C'était une feuille d'olivier que la colombe avait rapportée à Noé, signe de la fin du Déluge.

Tout paraissait propice.

Les ombres s'épaississaient sous les grandes arches de bois, et je n'eus pas besoin de passer le visage par la fenêtre pour savoir que la lumière du jour avait disparu, entièrement disparu; il faisait nuit noire dehors, avec quelques flocons de neige, et la terrasse, les oliviers, l'orangeraie, le court de tennis et le pauvre *estúpido* Damien Hirst – tous engloutis dans l'obscurité. Je n'osai pas sortir de crainte de glisser ou manquer une marche. Le téléphone sonna. Son équanimité avait été mise à rude épreuve. Son mari avait dû rebrousser chemin et rentrer à la maison, l'obscurité devenant trop grande. Il y avait *muchos puentes*, beaucoup de ponts, mais hélas pas le pont qui aurait dû le conduire à moi.

Je sus, comme je sais à chaque fois, que tout le voyage – le sac de toile supplémentaire que je dus acheter à l'aéroport de Gatwick pour soulager ma valise pleine à craquer de quelques livres, les cahiers avec les références aux fleurs toxiques des Borgia, à la porte noire de Pluton, la *pensión* et les sons de cloche toujours plus graves – , que tout n'avait eu qu'une seule raison : différer la terreur de commencer le livre que tout à la fois je voulais et ne voulais pas écrire.

Le seul bruit de la pièce était le sifflement de l'eau suintant du bois vert que j'avais étourdiment lancé dans le feu et que léchait la flamme insatiable.

Le Nord

Écrire sur le Nord, c'était pénétrer en eaux troubles : courroux et accusation des uns, amitiés brisées, sans oublier les ricaneurs insinuant que je « couchais avec les Provos* ». Telle fut l'accusation que l'écrivain Hugh Leonard me lança tout haut dans un restaurant de Dublin, que nul n'en ignore.

J'admirais ceux qui avaient écrit sur la guerre, en particulier Hemingway, Orwell et Auden. Mais c'était une guerre différente, la « sale guerre », comme on a dit, menée ouvertement et dans l'ombre, les morts et les dévastations de l'IRA, des quatre organisations paramilitaires protestantes, des forces de sécurité et de l'armée britannique – batailles de rue, couvre-feu, terreur et contre-terreur, voitures piégées, traquenards, guet-apens, barrages routiers, assassinats, embuscades, vendettas, rossées punitives, sans compter le monde trouble des agents et des agents doubles, une guerre

---

* Appellation des membres de l'IRA provisoire.

où courage et criminalité se chevauchaient, une guerre où les idéaux pâtissaient du hourra total de la victoire.

Dans ses lettres, ma mère s'attardait sur ces atrocités, telles qu'elle en avait connaissance, prenant en pitié les vivants qui devaient se rendre à la morgue pour identifier les leurs, souvent à un simple bouton de manteau, une boucle ou un soulier. Elle voyait les dommages de la guerre ; alors que pour beaucoup, dans le Sud, l'IRA, c'étaient les « stupides hooligans » qui couvraient de honte leurs pareils catholiques et une tache sur l'autel de la nation. Les « stupides hooligans » de l'autre camp étaient loin de susciter une réprobation aussi véhémente.

La première chose que je remarquai, quand j'allai à Belfast, ce fut la lumière. Une lumière grise, pluvieuse, des maisons ouvrières protestantes et catholiques, identiques, lilliputiennes, la présence de la montagne et de la mer et des nuages amoncelés qui réclamaient de la poésie, non pas un bain de sang. Voici deux camps qui partageaient une langue et un paysage, mais qui avec un zèle atavique entendaient faire valoir le droit du sang. Je fus ébahie de voir les gens vaquer à leurs activités quotidiennes, mais il y avait toujours les sirènes et la peur masquée des pires ravages à tout moment. Aucune boutique du coin de la rue, aucun pub, aucun parking, aucune discothèque, aucune station-essence ni bande de stationnement n'échappait aux « miasmes », comme dit Seamus Heaney, du sang versé. Il n'y aurait pas de Guernica, ni d'*Hommage à la Catalogne* pour cela, car, comme dit Anna

Akhmatova de ses années sous Staline, « l'histoire a matraqué sa muse à mort ». Rien à voir avec les rébellions de jadis, celles qu'on m'avait apprises à l'école, les rébellions écrasées en l'espace de quelques jours, la dernière étant celle de Pâques 1916, qui inspira à Yeats le beau poème cathartique des « hommes doux et audacieux ». C'était une guerre qui prit des proportions épiques, entre carnage et contre-carnage, qu'on pourrait qualifier de « jacobéenne » sur le papier, mais qui dans la vie se transforma en macabres statistiques de mort et de mutilation, en sorte que, comme dans l'Elseneur de *Hamlet*, tous les camps commirent des « actes charnels, sanglants et contre-nature ».

Non qu'il n'y eût point d'histoires ; il y en avait tant, barbares et frustes, défiant souvent la compréhension des hommes. Prendre une seule semaine dans l'histoire de la province, c'est donner un exemple de la folie, de la mutilation. En 1988, quand trois membres non armés de l'IRA, à Gibraltar, qui avaient probablement l'intention de commettre un attentat, furent abattus dans la rue par le SAS*, et leurs corps, rapatriés à Dublin, accueillis par des milliers de personnes alors que le cortège se dirigeait vers Belfast. Au cimetière de Milltown, dans l'ouest de Belfast, se pressaient des milliers d'autres gens en deuil quand un terroriste loyaliste lança une attaque au pistolet tout en balançant des grenades. Il fut pourchassé et suivi

---

* *Special Air Service* : unité des forces spéciales de l'armée britannique.

par des douzaines de catholiques, dont trois trouvèrent la mort dans la chasse, puis sur l'autoroute, où ils finirent par l'arrêter et le frappèrent jusqu'à ce qu'il perde connaissance, jusqu'à ce qu'une voiture de police arrive et l'évacue. Quelques jours plus tard, aux funérailles de l'un des trois hommes tués, deux caporaux de l'armée britannique s'aventurèrent par erreur dans le cimetière ; croyant à une répétition de l'attentat commis quelques jours plus tôt, les nationalistes arrachèrent les deux hommes à leur véhicule et les abattirent. Il faudrait Dante, remonté du sein des damnés, pour saisir les circonvolutions et les répercussions de cette seule semaine : meurtre de sang-froid, meurtres fous, haine et vengeance dans toutes ses profondeurs enfouies, telluriques. Poison, peur et funérailles.

Deux bus quittaient le centre-ville deux fois par semaine pour la prison de Long Kesh, une pour les catholiques et une pour les protestants. Je vis les visages des mères et des épouses, lasses, stoïques, serrant des colis, serrant des enfants, des visages dont, si on les voyait à Dublin, Londres ou New York, on ne dirait pas : voici un visage catholique, voici un visage protestant : Puis, contre toute attente, la morsure de l'amertume. J'embarquai par erreur dans le bus protestant et, entendant mon accent du Sud, une femme me demanda de débarrasser le plancher, d'aller avec les miens, « la lie des Fenians ». Ce que jamais je n'oublierai, lors de ce voyage en bus, c'est ce vaillant petit garçon de six ans qui allait et venait dans l'allée, pointant l'index, et demandant à chaque personne, ou chaque couple de voyageurs : « Et alors ? » Je l'écrirais, ça, sauf que je ne pourrais pas. Sa mère lui apprenait-elle des chants rebelles ? En grandissant, allait-il devenir un terroriste, ou les initiatives de paix au point mort finiraient-elles par aboutir ?

> *À quel prix la paix*
> *Nous coûtera-t-elle la vie à tous ?*
> *Et quand il n'y aura plus personne pour mourir,*
> *La paix viendra ?*
> *À quel prix la paix vient-elle, est-elle partie ?*

Le jeune catholique Stephen McCann, qui a écrit ce chant, a une croix blanche à son nom dressée aux côtés de milliers d'autres croix blanches de victimes innocentes, sur les terres de City Hall, à Belfast. Il le paya de sa vie. Revenant d'un bal à Queen's University, à deux heures du matin avec sa petite amie, il fut enlevé par des Shankill Butchers qui le ligotèrent, le jetèrent dans une voiture et le conduisirent dans un coin isolé, où ils l'abattirent d'une balle dans la tête et lui tranchèrent la gorge. Un samedi soir, quand ils sortaient armés de couteaux et de fendoirs pour se faire un « Taig », un catho.

Mais quand l'IRA abattit leur chef, des centaines de panégyriques affectueux devaient paraître dans les colonnes du *Belfast Telegraph*, dont celui de l'une de ses tantes : « Rien ne saurait être plus beau que les souvenirs que nous avons de toi ; pour nous, tu étais très particulier, et Dieu a dû penser ça lui aussi. »

Au fil des ans, je devais entendre les histoires horrifiques des mères privées de leurs enfants dans des atrocités commises par l'un ou l'autre camp. La petite revenante, Julie Livingstone, tuée par une balle en caoutchouc, victime de violences policières, et qui avait écrit son nom au crayon sur le placard-séchoir, sous la cuisinière et dans le papier peint, que sa mère le retrouve après sa mort. Une mère catholique partie vivre avec un homme dans une région protestante et dont les loyalistes firent sauter la maison : alors qu'elle avait réussi à sauter par la fenêtre, elle pressa ses enfants de prendre les escaliers déjà engloutis dans un rideau de flammes, qui prit aussi les trois enfants. Une mère protestante qui avait perdu un fils quand l'IRA avait fait sauter une poissonnerie de Shankill Road, et qui s'enchaîna au tourniquet de sortie de la prison de Long Kesh pour affronter son meurtrier, qui devait bénéficier de dix jours de liberté conditionnelle pour Noël. Anne Maguire poussait un landau dans une rue de Belfast ouest, ses deux autres enfants à ses côtés, quand une voiture fit une embardée, mordit sur le trottoir et les écrasa. Une voiture pour filer, conduite par un membre de l'IRA, avec son camarade Danny Lennon à côté de lui, qui venait d'être abattu par un soldat dans une Land-Rover blindée. Elle resta quinze jours dans le coma, mais, quand elle revint à elle, et dut apprendre le sort de ses enfants, elle ne put y croire, car elle ne les avait pas vu porter en terre. La perte était trop lourde et elle finit par s'ouvrir les poignets avec un couteau à découper électrique, laissant un billet implorant le pardon.

*

Quand l'IRA faisait des attentats en Angleterre, la peur et l'appréhension étaient tangibles, une femme me demandant, consternée, pourquoi les Irlandais voulaient tuer des innocents à Manchester, Birmingham ou Londres. Inutile d'invoquer l'histoire ou la chaîne de morts autour d'Anne Maguire. Mais les réactions en Irlande étaient différentes, plus personnelles, plus enflammées, plus provocantes et, parfois, vacillantes. Quand, en 1974, les loyalistes firent un jour sauter trois voitures piégées à Dublin et Monaghan, perpétrant le plus grand massacre commis jusque-là, des dizaines de gens moururent dans la bousculade, et des dizaines d'autres furent blessés; on a dit que les morgues furent les lieux les plus macabres que l'Irlande ait vus depuis longtemps. Et la déclaration du porte-parole de l'UDA* n'était pas faite pour alléger l'atmosphère: «Je suis très heureux des attentats de Dublin. Il y a une guerre avec l'État libre et aujourd'hui c'est nous qui rions d'eux.»

Sachant que j'allais souvent dans le Nord et espérais écrire quelque chose, les gens, au pays, me demandaient comment je pouvais fermer les yeux sur la criminalité de l'IRA, une armée qui semait mort et dévastation parmi les siens, une armée qui recevait armes et Semtex

---

* *Ulster Defence Association*: organisation paramilitaire protestante.

du colonel Kadhafi, une armée dont le pape de Rome avait qualifié les agissements d'« inhumains » quand, lors d'un dîner dansant de l'Irish Collie Club, un engin attaché à la grille d'une fenêtre explosa et que les gens furent engloutis dans une boule de feu, transformant la salle en fournaise – et les secouristes arrachant les rideaux pour essayer d'étouffer les flammes. Non, je ne fermais les yeux sur rien de tout cela, l'escalade de violence au fil des ans, la RUC* accusée de dissimuler des preuves accablantes qui pourraient être invoquées contre des organisations paramilitaires loyalistes, les abîmes macabres de la haine qui déshumanise : ainsi, quand Robert Hamill, un jeune catholique, fut frappé à mort par un groupe loyaliste de Portadown et que sa sœur devait être conspuée dans la rue, les sympathisants de ses tueurs sautillant autour d'elle en ricanant : « Où il est Robert ? Où il est Robert ? » Je me demandai alors, et me demande aujourd'hui, comment la province n'a pas sombré dans l'anarchie et la folie totale. Comment, par exemple, une mère, une femme ou une fille pouvait envisager la réalité de l'un des siens dans une cellule d'isolement, assis sur une couverture imbibée d'urine, avec des vers sur le sol, et des murs barbouillés d'excréments ? C'est alors que les républicains, pour se voir reconnaître la qualité de prisonniers politiques, commencèrent la « Sale protestation », tandis que dehors l'IRA prenait pour cible les responsables et le personnel pénitentiaire de la province.

---

* *Royal Ulster Constabulary* : police royale de l'Ulster.

Puis ce fut la grève de la faim, dix hommes bien organisés sous la houlette de Bobby Sands, personnage iconique et messianique qui avait écopé de quatorze ans de prison pour possession d'un pistolet. Je lus ses écrits, qui étaient pleins de compassion pour les siens et de détestation pour l'ennemi. *J'ai combattu un monstre aujourd'hui*, avait-il intitulé un de ses textes – le monstre étant le système inhumain qui l'avait mis ici, avec les geôliers qui le raillaient et le frappaient, avec sa haine qui dévorait tout.

Après soixante-six jours de jeûne, en mai 1981, allongé sur un matelas d'eau de l'hôpital carcéral, avec sous les yeux un grand crucifix que l'émissaire du pape lui avait offert dans un vain effort de médiation, Bobby Sands mourut. J'ai su que, quand la nouvelle se répandit, un de ses gardiens rit, un autre pleura. De violentes émeutes éclatèrent dans les rues, la police utilisant des balles en caoutchouc, et plusieurs catholiques furent tués. Dans le nord de Belfast, la populace catholique lapida à mort un laitier protestant, Eric Guiney, et son fils Desmond.

L'Europe entière organisa des marches de solidarité avec Sands, son nom fut donné à des rues à Saint-Denis, Milan, Gand et Lisbonne, tandis que l'Union Jack était brûlé à Oslo. À New York, l'Association des dockers organisa un boycott de vingt-quatre heures des navires britanniques ; les bars irlandais fermèrent deux heures. Certains journaux fulminèrent contre le triomphe du terrorisme, tandis que le *New York Times* observa que les Britanniques avaient mal jugé la profondeur du nationalisme irlandais. Mais il est hors de doute que sa mort et celle des neuf autres martyrs qui le suivirent changèrent à jamais la perception des Troubles.

Quelques années plus tard, j'écrivis un poème pour Bobby Sands :

Dans ta porcherie, des milliers
D'heures à tuer.
As-tu rêvé –
Limiers
Sîra du prophète
Mûres de Rathcoole.
Ta bouche en mutinerie.

Au coin de la rue Sébastopol,
Tu regardes d'une fresque malmenée par les
Que c'est beau,   *[intempéries]*
Ce rayonnement
La manne, dit-on, tombée du Ciel
Jadis.
Des visiteurs te prennent en photo
Pour te ramener au pays –
Feuilles volant autour de toi
Et la pluie –
La peinture est parfois détrempée
L'histoire rincée et re-rincée
Mais comme tu disais –
« Tu tenais la distance »
Avec le spectre d'un sourire.

*

C'est chez moi, dans le comté de Clare, que je finis par trouver l'histoire que j'allais écrire. J'étais allée déjeuner chez ma sœur, et la discussion porta sur Tina, la pauvre Tina, muette depuis l'attaque contre la banque, cinq jours plus tôt, arrivant de bonne heure, comme toujours, quand, alors qu'elle prenait une tasse de thé, deux braqueurs masqués, court-circuitant le système d'alarme et brandissant des armes, lui dirent de passer les sacs d'argent, et vite. Quatre minutes en tout. Alors que personne n'avait revendiqué le coup, tout le monde, dans cette cuisine, assurait qu'il présentait toutes les marques de l'IRA. Ils évoquèrent l'affaire du bureau de poste, en montagne, quelques mois plus tôt, le matin où l'on déposait les sacs de la Sécu. Un homme cagoulé et armé surprit la receveuse qui, comme elle devait ensuite le raconter aux gardes, « rugit comme un baudet », si bien que le desperado prit la fuite. Son courage lui valut le surnom d'Annie Oakley. Le desperado fut plus tard abattu, quelques kilomètres plus loin, sur la route, dans un échange de coups de feu avec un garde local. Après le déjeuner, j'allai voir le garde et, comme il faisait encore jour, il proposa de me conduire sur place, que je « sente la chose ». Voici comment il me raconta l'épisode, d'une voix pressante, chantante, avec son accent de Cork :

Une belle matinée ensoleillée, j'dirais une des plus belles de mai, et les gars avaient déposé leurs sacs, l'argent de l'aide sociale, quand sur le système radio j'entends le sergent qui me dit de monter là-haut, et vite. On fonce à toute berzingue, sirène hurlante, quand on voit leur caisse bleue qui roule vers nous. On les dépasse. J'tire un coup de semonce, qu'ils comprennent qu'on est en service. Le gars sur le siège du passager baisse la vitre, cagoulé, des trous pour les yeux, et nous qu'on hurle des obscénités. Demi-tour, et les deux bagnoles, la nôtre blanche et la leur bleue, se font face et les tirs commencent. Mon chauffeur est aplati derrière les deux sièges avant quand les deux mecs, ils lâchent des rafales. Je riposte. Maintenant c'est la guerre. Je touche leur chauffeur par trois fois et je sais que je l'ai eu, parce que je le vois s'affaler sur le volant et la cagoule qui pend. Le second mec crie des injures, ce qu'il va me faire, et il sort de sa caisse, et moi aussi je sors. On est derrière nos bagnoles, accroupis, juste au bord pour tirer, puis de nouveau planqués pour les prochains rounds, et les balles qui volent, et lui qu'a l'avantage parce qu'il a fusil et revolver. On est à moins de trente mètres l'un de l'autre, et je me dis, c'est lui ou ma pomme, le moment de vérité. Mais voilà que se pointe tout à coup un camion chargé de bois, et se voyant coincé, braquant son fusil, le gars traverse, lance quelques mots qui claquent au chauffeur, et saute dedans, sur le siège libre. Plus tard, j'ai su qu'il ordonna au chauffeur de le conduire dans une carrière désaffectée, où une deuxième bagnole était planquée. On y a retrouvé son fusil et sa veste paramilitaire et il est parti à pied vers une montagne paumée, pour se retrouver dans un camp de Gitans, sans savoir où il était.

Pour nous, sur place, c'était une autre histoire. Le gars affalé sur le volant a perdu connaissance, mais il respire encore. Il est pas mort. On le sort et on lui fait un oreiller avec un gilet fluorescent et on l'allonge. Des cartouches partout. Belle matinée, tous les oiseaux ont filé, chassés par les coups de feu. Ne rien toucher, le temps qu'arrivent l'ambulance et les gars de la médecine légale. Un type d'une maison pas trop loin, au bout de l'allée, approche, un peu secoué, raconte qu'il donnait des corn-flakes à ses gosses, mais quand ça a commencé, il les a fait coucher par terre, blottis les uns contre les autres. Il offre une tasse de thé. J'aurais donné n'importe quoi pour un whiskey. Puis c'est le prêtre et le médecin qui arrivent. Le prêtre administre les derniers sacrements puis lit un sermon, demandant à quoi bon tout ça et disant que le pays était devenu fou.

« Oh, ça oui, on en a parlé, c'est comme je vous dis, fit-il, légèrement confus, regardant autour de lui et voyant que les oiseaux étaient revenus.

— Et qu'avez-vous ressenti ? demandai-je.

— Quand vous tirez, c'est cinquante-cinquante, mais quand vous le touchez, c'est une autre histoire, parce que sous la peau on est tous des Irlandais. » Il le dit avec une telle gravité que ça m'en apprit davantage sur la complexité et le pathétique de la guerre que des rames et des rames d'invectives dans la presse et de reportages à la télévision. Cela me fournit les premières lignes de mon roman, *La Maison du splendide isolement* : « L'histoire est partout, elle s'infiltre dans le sol, le sous-sol. Comme la pluie, la grêle, la neige, le sang. Une maison se souvient ; des remises se souviennent. Un peuple rumine. Le conte diffère selon le conteur. » L'histoire d'un homme de l'IRA venu dans le Sud, qui prend ses quartiers dans une grande maison où une vieille est clouée au lit et qui reste interdite quand il pousse la porte et fait irruption. Peu à peu, ils en viennent à se parler et à discuter, se trouvant du même et du différent, et il est clair que l'un ou l'autre sera inévitablement sacrifié.

Dans certains milieux, on regretta que la virtuosité de la langue fût incapable de racheter la répugnance du thème, alors que David Hare, que je connaissais à peine, m'écrivit une lettre pour dire que l'Anglais qu'il était pouvait ainsi se faire une idée de cette guerre. Le couronnement fut la carte blanche gaufrée, avec l'emblème or de l'aigle : une invitation de Hillary Clinton à dîner à la Maison-Blanche. La voyant pour la première fois dans ce cadre resplendissant, sortant par une porte latérale pour se plonger dans la cohue, elle me parut timide et hésitante, presque une visiteuse comme nous, venue voir le lit en bois de rose de Lincoln avec son immense tête de lit et son dais drapé – un lit dans lequel, à en croire certains, il n'a jamais dormi. C'est là que je repérai Jack Nicholson, que j'avais rencontré à Londres avec Anjelica Huston quand il tournait *Shining*. Je demandai s'il lui serait possible de me reconduire – une demande qui dut le surprendre, car il régala son monde du fait surprenant que j'avais pris le taxi pour venir à la Maison-Blanche – chose inouïe dans ces sphères.

À dîner, je me retrouvai assise avec Jack et Hillary, et la conversation tourna autour de la question délicate du moment où l'on doit se tourner vers la personne de l'autre côté, fût-ce à contrecœur. Je leur racontai l'histoire, telle que me l'avait rapportée Ralph Richardson, y voyant un exemple de socialement correct. Il était à côté de la reine, persuadé qu'elle l'ignorait assidûment au point de se sentir un peu rejeté, quand elle se tourna, « à mi-bouchée », et dit : « Sir Ralph, combien de fois avez-vous joué Ibsen ? » Les mots me firent autant de bien que si elle m'avait à nouveau anobli. « À mi-bouchée » sont les deux mots que Hillary devait employer dans les rares lettres que nous avons échangées depuis.

Belfast et les « miasmes » ne pouvaient être plus éloignés.

Après le dîner, sans façons, grignotant du pop-corn, on regarda un film dans lequel jouait Nicholson, et de temps à autre, quand le président était appelé, je ne pouvais m'empêcher de penser au passage de *Docteur Folamour* où l'on croit qu'un général cinglé a mis les mains sur le bouton nucléaire.

*

On était bien loin de cette cordialité après le portrait de Gerry Adams que je brossai pour le *New York Times* en 1994. La rumeur courait d'une percée politique chuchotée, mais aussi qu'il pourrait recevoir un visa pour assister à une conférence sur l'Irlande du Nord à New York.

Il était une sorte de paria, que beaucoup haïssaient, au nord et au sud de la frontière ; l'émissaire, semblerait-il, de chaque mort, et en écrivant sur lui je me compromettrais à mon tour. Depuis quelques années, il poursuivait des discussions secrètes dans un monastère avec John Hume, tous deux leaders de partis nationalistes – des hommes engagés, mais aux idéologies totalement différentes. Hume ne dissimulait pas que l'IRA (se référant explicitement aux nazis) se considérait comme « la race des seigneurs ». Malgré leurs différences, ils n'en persistèrent pas moins, et c'est à leur courage et à leur persévérance qu'on doit les premiers pas sérieux, quoique hésitants, vers la paix.

C'est au bureau de presse du Sinn Féin, Falls Road à Belfast, que je rencontrai Adams. Une petite pièce, avec des mugs de thé à moitié vides, des cendriers pleins à craquer et un bout de carton à la fenêtre qui n'avait pas été réparée depuis le jour où, des années auparavant, un policier de la RUC se faisant passer pour un journaliste avait réussi à entrer et avait abattu trois personnes avant de s'enfuir par la fenêtre et de se tirer peu après une balle dans la tête.

Le calme d'Adams avait quelque chose de déroutant, tout comme son refus des invectives, ce qu'on ne pouvait guère dire de ses homologues protestants. Autant Michael Collins était extraverti et plastronnait, Adams était réfléchi et réservé, même s'il ne devait jamais perdre de vue l'ombre du destin de Collins : Collins qui, signant le traité qui autorisait la partition de l'Irlande, savait qu'il signait son « arrêt de mort » – de fait, il devait rencontrer la mort peu après dans son comté natal de Cork, dans un district tendrement appelé « La bouche des fleurs ». Beaucoup, dans la communauté catholique d'Adams, usés et malmenés par vingt-cinq ans de bain de sang, le pressaient de « se ranger, se ranger », alors qu'ailleurs il y avait des fissures, d'autres encore le soupçonnant d'être un vendu, exprimant leur mécontentement par des graffiti sur le mur de crépi granité, près de l'église catholique.

Avec son regard noir de renard, il avait l'air épuisé. Son héros, ainsi qu'il le dit avec passion, était Nelson Mandela, imaginant une trajectoire qui le mènerait de l'*Armalite** à la table des négociations. Il mettait les dernières touches à un discours qu'il devait prononcer le soir même à Belfast, demandant au Premier ministre John Major des éclaircissements sur un document que Dublin et Londres devaient bientôt publier et qui servirait de cadre à la paix envisagée. Mais les obstacles étaient nombreux. Major tenait absolument à ce que le document fût « exempt des empreintes digitales de l'IRA », tandis que son homologue irlandais, Albert Reynolds, l'implorait de persévérer. Dans le même temps, dans la rue, on assistait à une escalade des tueries de part et d'autre. Craignant la trahison, les loyalistes se montraient de plus en plus virulents, histoire

---

* Nom du fusil automatique ultraléger dont se servaient les combattants indépendantistes irlandais.

de pousser l'IRA à aller toujours plus loin, et James Molyneaux, le chef de l'UUP*, prédisait qu'il n'y avait rien dans le document pour les catholiques, tandis que l'UDA publiait son propre document, esquissant un scénario nécessaire, qui était le « nettoyage ethnique de l'Ulster, une guerre totale, où l'on se servirait de catholiques comme de gages pour anéantir les autres, histoire de réduire les demandes de vivres ». L'affaire serait réglée en une ou deux semaines, calculaient-ils. Le révérend Ian Paisley faisait savoir que son parti ne cherchait à pousser personne à « discuter de quoi que ce soit avec Gerry Adams ». D'autres proposaient de le mettre en quarantaine, de le décontaminer. Malgré tout, il était d'un optimisme surprenant, expliquant que le processus de paix était une « avancée irréversible ». Puisque le Dr Paisley, essayant de ruiner toute possibilité de paix ou d'une quelconque assemblée commune, lançait ses « assauts classiques contre le Sud, l'Église catholique, l'IRA et la Perfide Albion », je demandai à Adams si, dans l'éventualité peu probable où ça aboutirait, il serrerait la main de Paisley.

« Pourquoi pas ? » répondit-il. Ni cynisme ni apaisement : simple pragmatisme politique.

Mais la paix, comme disait Yeats, « goutte lentement », et les espoirs qui avaient foisonné tournèrent au désespoir.

Un samedi d'octobre 1993, Shankill Road, alors que les chalands se pressaient dans les rues, une

---

* *Ulster Unionist Party* : Parti unioniste d'Ulster.

bombe explosa. Deux hommes de l'IRA, vêtus de blouses blanches pour se donner une allure de livreurs, la déposèrent cachée sous un couvercle, sur un plateau de plastique, dans une poissonnerie, imaginant que l'état-major de l'UDA se réunissait à l'étage. L'engin explosa prématurément, tuant le commerçant et ceux qui étaient dans sa boutique sous les décombres de l'immeuble qui s'effondra, en tuant d'autres qui passaient dans la rue et qui furent vite ensevelis. Police, habitants du coin et ambulanciers, tous convergèrent sur les lieux, se servant de haches, de barres de fer ou de leurs mains pour extraire les morts et les survivants. Exhumant des membres, des sauveteurs entendirent un grognement ou un souffle, et un médecin, qui raconta plus tard l'épisode dans une revue médicale britannique, examina une jeune femme dont les yeux, quand il les ouvrit et braqua sa lampe-stylo, révélèrent la poussière couvrant ses cornées chatoyantes qui avaient la vague opacité de la mort. «Je ne sais si c'est humain», écrivit-il.

Les représailles ne tardèrent pas. Le chef de l'UDA qu'ils avaient espéré tuer fit savoir que «John Hume, Gerry Adams et l'électorat nationaliste paieront les atrocités d'aujourd'hui au prix fort, très fort».

Les terroristes loyalistes s'en donnèrent à cœur joie, tuant six catholiques cette semaine, puis dans le bar d'un hôtel de Greysel, où des catholiques se réunissaient pour fêter Halloween par des danses folkloriques, ce fut la catastrophe. *Trick or Treat*, «Bonbons ou baston!», lancèrent deux hommes en entrant, et les gens crurent d'abord à une farce de Halloween, puis les coups de feu claquèrent. C'est un jeune garçon, Raymond, qui m'avait précédemment conduit dans mes visites au Nord, et qui se trouvait au pub, mais en a miraculeusement réchappé, qui a décrit la scène du carnage, les hurlements, le sang sur les murs et les membres ensanglantés, du sang partout. Le médecin qui examina la cornée de la jeune mourante de Shankill Road et se demanda si c'était humain aurait posé la même question face à ce massacre.

*

C'est quatorze ans plus tard, en 2007, après de nombreuses initiatives avortées, aveux et désaveux, que les deux francs-tireurs, hommes de robe présumés, le révérend Ian Paisley et le jésuitique Gerry Adams, sortirent de leurs tanières pour siéger côte à côte aux tables en forme de diamant et annoncer, face aux appareils photo, qu'ils étaient prêts à travailler ensemble dans une nouvelle Assemblée irlandaise.

J'étais seule chez moi à Londres et regardai la scène avec une émotion et une incrédulité compréhensibles, regardai, suivant le mot de David McKittrick, « la chose qui ressemble le plus à un miracle que Belfast ait jamais vue ». Je me souvins alors que, quand mon interview avait pris fin, Gerry Adams m'avait raccompagnée en bas, à la librairie, pour me faire cadeau d'un recueil de dictons de Belfast dans le parler belfastois. Un personnage solitaire, iconoclaste, mais, malgré tout, avec cette certitude innée qui devait finalement le conduire vers le grand escalier du pouvoir. Je me souvins aussi que, pour avoir parlé de lui avec franchise, avec ma « sotte mentalité de romans à deux sous », un journal anglais me présenta comme « la Barbara Cartland du républicanisme au long cours ».

NewYork, NewYork

J'ai souvent été invitée par une université américaine ou une autre pour un semestre d'enseignement, et je m'en suis félicitée. Un répit, un stimulant et une manière de fuir le cafard. J'ai enseigné plusieurs fois au City College de New York, à l'angle de la 136ᵉ Rue et de Convent Avenue.

New York a toujours été vivifiante, comme si l'air lui-même était chargé de quelque étrange élixir. J'avais peine à me contenir dans la queue, à la douane, souvent à piétiner sur place, avec les fonctionnaires à leur bureau, penchés sur les formulaires, puis, avec un sadisme exaspérant, se levant pour faire un petit tour, décidant de nous faire suer et d'alimenter la peur multiple, et ma peur en particulier que mon visa ne fût pas en règle.

Ensuite l'excitation du trajet en taxi depuis l'aéroport, généralement à la brune, passant devant les rares repères dont je me souvenais, le site de l'Exposition universelle avec son immense globe terrestre perché sur un cercle d'acier, puis quelques maisons de bardeaux, toutes identiques, et d'imposants immeubles d'habitation, gris et blottis les uns contre les autres, avant d'arriver au pont et aux abords de Manhattan même. Les marques d'impatience se faisaient plus pressantes à mesure que nous approchions de ma destination, brûlant que le feu passe au vert : « Vert ! » Sur la Cinquième Avenue se trouvait un bâtiment peu élevé, au fond du parc, tel un cottage de gardien, qui dans son calme et son cachet avait tout l'air d'une relique du vieux New York, celui dont ma mère parlait et celui que je vis sur des réclames sépia de savons et d'eau de Cologne.

Je descendais habituellement au Wyndham Hotel, où l'accueil de Mrs Mados n'était jamais en défaut. Randy, le concierge, se postait à la réception pour m'offrir une rose rouge dans sa flûte de cellophane. Puis un veilleur de nuit (qui devait plus tard devenir un agent célèbre à Hollywood et que des années plus tard encore je devais voir escortant Nicole Kidman dans un restaurant de Los Angeles) me conduisait à la suite 1006 ; là m'attendaient d'autres fleurs et des messages téléphoniques sur des bouts de papier rose, avec un clignotant indiquant « on vous a appelée ». Le monde entier, comme la Statue de la Liberté elle-même, ouvrant ses bras pour moi et l'Angleterre, avait l'air d'une nonnerie en comparaison.

Quand je pense à tous les gens que j'y ai rencontrés, j'en suis encore ébahie. Plusieurs introductions passèrent par Milton Goldman, agent dramatique dont les soirées à Sutton Place étaient légendaires, comme son acharnement à présenter tout le monde à tout le monde, y compris Arnold Weisberger, son compagnon depuis de longues années, à la mère d'Arnold. C'est chez Milton que je connus la seconde femme de Stravinsky, Vera de Bosset, à quatre-vingt-dix ans passés, qui demeurait assise dans le plus grand calme tandis que nous faisions la queue pour échanger quelques clichés avec elle. Lors d'une réception chic donnée par le designer Halston, à laquelle Milton me conduisit, je fis la connaissance de Martha Graham. Grande et impérieuse, elle m'apparut comme la réincarnation d'une aïeule tribale. Je me souviens de la conversation et d'une coïncidence : nous avions toutes deux le même titre pour un travail encore à accomplir et que ce titre était «Blood Memory» (Mémoire de sang), celui qu'elle devait donner à son autobiographie*, dans laquelle elle dit que la vie c'est la danse, et la danse la vie.

Dans le hall du Wyndham, il y avait toujours des célébrités, et un jour on me présenta à Coral Browne, qui, avec une joie féroce, puisqu'elle sortait dîner avec Mr et Mrs Mados, promit de me rapporter un *doggy bag*. La rebuffade fut de courte durée parce que le lendemain soir, pour une célébration de la Saint-Patrick avec Gregory Peck, je devais réciter de la poésie irlandaise depuis la chaire de la cathédrale St Patrick sur un accompagnement musical de Phil Coulter.

---

* En français, *Mémoire de la danse*.

Dans la salle à manger plutôt déserte, dont les tons rouges étaient manifestement redevables au salon de thé russe de la 57ᵉ Rue voisine, j'invitai des gens, le maître d'hôtel Vincent, grand amateur d'opéra, nous régalant de ses arias favorites. Mes enfants voulaient savoir quand je rentrais à la maison, et Carlo me rappela que la machine à laver était en panne. En revanche, Sasha se délecta à me raconter que je figurais dans une chanson du groupe Dexy's Midnight Runners aux côtés de Laurence Sterne, Gene O'Neill, Oscar Wilde et Samuel Beckett.

Lors d'une visite antérieure, pour la sortie du *Joli Mois d'août*, j'étais descendue à l'Algonquin, où je croisai aussi par hasard toute une galaxie de gens. Il y eut une longue séance au Blue Bar avec Thornton Wilder, qui partait le lendemain traverser l'Amérique à bord d'un bus Greyhound et qui me réprimanda pour mes héroïnes languissantes et m'enjoignit de prendre exemple sur le cran et l'humour intrépide de Rosalind dans *Comme il vous plaira*. Je devais recevoir une lettre manuscrite, ainsi tournée : *Chère Edna O'Brien, Voulez-vous me retrouver au Blue Bar à dix-neuf heures, ce soir, et si nous nous plaisons au bout de quelques minutes, on sortira et on ira manger un gros poisson ou un autre animal. Bien à vous, Günter Grass. P-S : C'est ma première lettre en anglais.* Quand je descendis quelques minutes après sept heures, il était déjà au téléphone, vraisemblablement pour appeler ma chambre. C'est en ce temps-là qu'on me prenait pour Maureen O'Hara et une fois, dans un taxi, agacée qu'on me pose encore la question, je répondis : « Oui, oui, c'est moi », sur quoi le chauffeur répondit : « Vous êtes une foutue menteuse, pa'ce qu'elle était dans ce cab hier et que vous n'êtes pas elle. »

Alors pourquoi me poser la question ? Juste parce qu'il imaginait que je pouvais être sa sœur ou je ne sais quoi.

En dehors de ces repaires dorés, il y avait d'autres New York, bien entendu, la New York que je connaissais par tant d'œuvres de fiction. Celle d'*Au jour le jour* de Saul Bellow, une New York pour laquelle le rêve de celluloïd, à force d'agrandissement et d'illusion, quoique sous une autre forme que celle de Gatsby, s'était aussi transformé en une « vallée de cendres ». Il y avait la New York d'Isaac Bashevis Singer, les immigrés qui se retrouvaient dans des cafés d'un autre âge, sans un *groschen*, mais riches de leurs souvenirs de rabbis et de marieuses, imprégnant la vie d'improbables récits d'amour et de richesses. Il y avait les bohèmes d'Anatole Broyard au cœur de Greenwich Village, sans oublier les camés et les vauriens, les racoleuses et les travestis de *Last Exit to Brooklyn* de Hubert Selby.

Brooklyn, de l'autre côté du pont, où ma mère avait vécu huit ans et où je comptais partir à la recherche du roman que j'allais écrire sur elle. Pour Brooklyn, New York était « l'immense Gomorrhe de l'autre côté de l'eau ». J'avais lu cela. J'avais lu aussi que Walt Whitman récitait Shakespeare du haut d'une diligence, puisait son inspiration dans sa population, et de l'eau dans la rue également. C'est là aussi que Henry Miller devait retracer ses initiations spirituelles depuis son passage par les asiles de nuit, et c'est encore là que Norman Mailer avait poignardé sa femme.

De Brooklyn, ma mère avait rapporté une cachette de souvenirs qu'elle gardait sous clé, et une fois seulement, alors qu'elle se confiait à une autre femme, je la surpris parlant de l'homme qu'elle aimait, ah, l'homme qu'elle aurait dû épouser, et comment, étrangement, alors qu'il la raccompagnait un soir chez elle et qu'ils passaient devant une maison mal famée, il avait suggéré d'y entrer. Elle avait d'abord travaillé comme servante dans une maison, puis avait suivi des cours pour devenir coupeuse dans le service de confection d'un grand magasin. Elle avait rapporté des habits magnifiques qu'elle trouvait peu d'occasions de porter : un éventail de gaze noire parsemé d'hélianthèmes blancs, une robe de bal en georgette et des souliers argent. Ce ne sont pas ces falbalas que j'ai, mais les ciseaux de la salle de découpe, moitié la taille de cisailles, rouillés maintenant et rangés dans un tiroir – précieuse possession, comme si, entre nous, quelque chose attendait d'être découpé.

La première chose que je faisais, quand j'arrivais dans la suite 1006 du Wyndham, la croyant à moitié mienne, était de regarder sous les papiers qui couvraient les fonds de tiroir du bureau, pour voir si les notes que j'y avais laissées y étaient encore, et tantôt elles y étaient, tantôt elles n'y étaient plus. Je sortais sur la terrasse, où il y avait un baquet de terre cuite, pour voir si les paquets de graines que j'y avais semées avaient fleuri, et parfois quelques pétales de pensée mollassons avaient bravé l'argile citadine. Mes visites étaient habituellement en décembre, la saison des saveurs, où la vraie neige n'était pas de taille face à la pompe artificielle des vitrines de la Cinquième Avenue. À chaque fois j'étais surprise que, parmi les volumes de livres de la bibliothèque vitrée, personne n'eût volé *Le Bûcher des vanités* de Tom Wolfe.

En remontant de la rue depuis le Wyndham, à deux portes de la Sixième Avenue, se trouvait mon restaurant préféré, Jean Lafitte. Dans ce coin, un maniaque roulait régulièrement vitre baissée, criant des obscénités aux femmes bien habillées, les prenant pour des prostituées, et dans mon long manteau vert je fus moi aussi en butte à sa rage. Dans cette portion de rue, près d'une boutique d'articles de voyage, trois feuilles de trèfle avaient été taillées sur le macadam, à côté d'un traiteur, dont la spécialité était la soupe de poulet aux boulettes, pour laquelle il était réputé.

J'étais avec le réalisateur Neil Jordan, et, d'une table voisine, Miloš Forman engagea une conversation animée. J'avais connu Miloš à Prague, me souvenant du jour de notre rencontre, quand je lui rendis visite dans un minuscule appartement qu'un poêle de fer noir maintenait à peine tiède. J'avais tenu à le rencontrer parce que j'admirais ses films, *L'As de pique* et *Les Amours d'une blonde*, et lors de cette première visite il dit : « Comment je demande à une femme de retirer son manteau, sans retirer ses vêtements ? » Je répondis que, pour certaines, il n'y avait pas de différence bien tangible. Puis, chez Jean Lafitte, il me gronda encore de préférer son ami, le réalisateur Ivan Passer, quand ils étaient descendus chez moi, à Putney, Deodar Road, et il se souvint d'un dîner que j'avais donné et où quatre personnes, dont moi et Rita Tushingham, avaient fait une allergie au homard.

Mes soirées étaient toujours occupées grâce à mes deux fidèles amis, Arthur et Alexandra Schlesinger, qui me faisaient partager les invitations nocturnes. Je vois encore ces assemblées et « cette broche de visages », suivant le mot de Philip Larkin, les sanctuaires qui respiraient la rose et les privilèges. Les halls des immeubles étaient pleins de fleurs, des mers de poinsettias rouges sur le sol marbré en échiquier, et, à l'automne, on était excusable de se croire égaré dans une forêt, avec les cornes d'abondance mêlant feuilles, fruits, branches et baies. Il y avait toujours un portier pour vous escorter dans l'un des ascenseurs matelassés de cuir rouge, avec un étroit siège de velours. Ah, les voix, les voix, au moment de quitter l'ascenseur pour le penthouse. Visages célèbres, écrivains, acteurs, hommes politiques et une phalange de bijoux, de quoi faire vivre un pays affamé. Et les maîtresses de maison toujours si posées, comme *La Femme au luth* de Thomas Dewing. J'ai souvenir d'un Magritte, un jardin dans une pénombre bleue, avec des cèdres bleus qui menaient à une maison avec un bandeau. Dans un autre salon se trouvait un Picasso où, étonnamment pour une arène, il avait choisi une palette vert pâle, plutôt que le rouge sang chaud de la corrida. L'audace du génie. Dans la collection Frick, où j'allai souvent, je fus surprise que, pour son *Saint François au désert*, Bellini eût drapé le rocher de vert petit-lait et ajouté un âne, des bambous et un petit lutrin pour donner de la chaleur.

Dans ces grands dîners, les places étaient soigneusement, assidûment, étudiées, suivant qu'on était socialement supérieur ou inférieur. J'ai eu souvent la chance d'être à côté de Norman Mailer, qui s'était adouci au fil des ans. Je l'avais connu au temps de ses fanfaronnades, la toute première fois étant dans une soirée chez George Plimpton, où, sur le point de partir, il apostropha l'écrivain Bill Manville : « Manville, dis à Plimpton que j'ai dit bonsoir. » Une autre fois, il laissa entendre que nous aurions pu nous marier, puisque ma voix lui rappelait celle de son ancienne épouse, Jeanne Campbell, qui était écossaise. Il y avait beaucoup de Mailer, Mailer l'artiste, Mailer le cogneur, Mailer l'intellectuel, essayant toujours de s'en débarrasser par des bagarres et la confrontation, et Mailer l'homme enfantin qui m'embrassa timidement à l'église catholique Saint-Jean-l'Évangéliste de Brooklyn, où nous étions allés nous protéger d'une averse. Il me guida à travers la ville alors que je préparais le roman que je voulais écrire sur ma mère. Quand je lui en exposai le fond, il secoua la tête, dit que c'était trop intérieur, puis il répéta : « T'es trop intérieure, c'est ça ton problème. » Il me suggéra plutôt de l'accompagner avec George Plimpton à La Havane, où ils montaient la pièce qu'il avait écrite sur Fitzgerald, Hemingway et leurs femmes. Leur Zelda leur faisait faux bond, et je pourrais la remplacer, sauf que je devais enseigner au Bard College. À vrai dire, j'aurais volontiers troqué les environs calmes de Rhinebeck pour les nuits piquantes de La Havane. Ses héros littéraires étaient Dos Passos, Thomas Wolfe, Henry Miller et, par-dessus tout, Hemingway, Hemingway si grand et si lamentablement incompris. Pour un homme prétendant avoir moins de lien avec le passé que tout autre écrivain, ses souvenirs de Brooklyn, ce jour-là, étaient vifs : le pensionnat où il écrivit son premier livre, la maison où il vécut avec sa première femme, la maison de sa mère, et la fameuse habitation où, lors d'une soirée, il avait plongé un canif dans la poitrine de sa seconde épouse. Les gens le reconnaissaient dans la rue, les hommes lui touchaient le bras au passage et, dans divers pubs où nous nous réfugiâmes pour boire un coup vite fait, les patrons et les barmans lui étaient tous redevables.

Les grands dîners de l'Upper East Side, Sutton Place ou Central Park West, passaient toujours étonnamment vite, puisqu'il y avait le rituel des discours, et surtout du discours attendu de l'invité d'honneur. La clochette tintait, et j'avais invariablement un serrement de cœur. Quelque ponte, toujours un homme qui rentrait de Pékin, Istanbul ou Jérusalem, était sur le point d'exposer ses conclusions, révéler sa sagacité, remettre le monde sur les rails – un monde qui n'en suivait pas moins sa voie démente et meurtrière, affolé par l'argent. Un de ces soirs, je me réfugiai dans la salle de bain et là, sur le siège des toilettes, se trouvait

Mrs Kenneth Galbraith, venue simplement passer le temps. Elle avait déjà entendu tout ça. La salle de bain, comme toutes les salles de bain, était un temple de calme : fioles, flacons à bouchon de verre et amphores, baumes, onguents et parfums qui auraient pu venir des apothicaires de Florence sous le règne des Médicis.

Ayant bénéficié de toute cette hospitalité, je me devais de donner un dîner. Ce fut un dimanche, quand les gens rentreraient des Hamptons ou du Connecticut. La soirée était chaude, et la clientèle du bar, chez Jean Lafitte, se pressait à la fenêtre ouverte, avec les courants d'air qui portaient les bruits de la rue. Les premiers arrivés furent les Schlesinger, qui amenèrent Evtouchenko et sa femme Macha, puis Bill Walton, Marietta Tree, Carlos et Sylvia Fuentes, puis Al Pacino et sa belle petite amie, Lyndall Hobbs. Il y avait aussi plusieurs enfants, et amis d'enfants, plus que je ne m'y attendais, et il fallut ajouter une rallonge à la table ronde. Grabuge. Coke, Coca allégé, Stoli, Grey Goose, bourbon. Pas d'huîtres. Ils ne servaient jamais d'huîtres. Ni fruits de mer, parce que c'était dimanche. Al Pacino, très timide, portant un bandana et tâchant de passer invisible, n'en créa pas moins un certain émoi. Comme si le bruit s'était répandu, par le téléphone arabe, qu'il était là, et les lieux se remplirent. Le maître d'hôtel, Claude, autrefois parangon de délicatesse, demanda à me voir en privé ; son ami avait été figurant dans un film avec Mr Pacino et aurait aimé passer lui dire « Hi ». Je l'implorai d'attendre. Evtouchenko demanda que sa femme le prenne en photo avec Al, puis dit qu'il avait envoyé une pièce à Dustin Hoffman et que, n'ayant pas eu le moindre écho, il aimerait bien l'adresser à Pacino. Je commençai à me sentir embarrassée, d'autant que je le connaissais à peine. Nous nous étions rencontrés deux jours auparavant, en coulisses, quand Suzanne Bertish et lui jouaient dans *Salomé* d'Oscar Wilde. Il avait fallu le cajoler pour le convaincre de venir dîner avec nous et je me souviens encore des petits pichets de blanc et de rouge et des galettes aussi fines qu'une hostie, parsemées de romarin. Alors que chez Jean Lafitte il resta muet, chez Orso's, la conversation ondoyait – Oscar Wilde, sa mère Speranza, Jean-Baptiste, Hérode – et, de temps à autre, Suzanne se levait pour aller fumer à côté du portemanteau. Là, il avait des histoires à raconter. Peut-être n'avait-il pas été gardien dans le Bronx dans sa jeunesse, mais ça faisait plaisir à entendre, on s'y laissait prendre, et on s'étonnait d'apprendre comment le futur Michael Corleone, qui ne connaissait rien aux chaudières, fut appelé un soir de Noël dans un appartement où la chaudière était tombée en panne et, quand une femme ravissante lui avait ouvert la porte, avait eu la folie de lui demander si elle voulait bien danser.

L'endroit était plein à craquer et le service, assez naturellement, erratique. Quelqu'un reçut un steak tartare, qu'il n'avait pas commandé, sur quoi le garçon surmené lui répondit : « Eh bien tant pis pour vous. » Arthur se montra intraitable avec les oignons. « Pas d'oignons », ne cessa-t-il de répéter bruyamment. Un soufflé expira sous mes yeux, et les enfants piquaient des colères à cause de leurs chips qui n'arrivaient pas. Je me jurai de ne plus jamais inviter des célébrités au restaurant. N'était Arthur, la soirée eût été une catastrophe. Les gens lui en furent reconnaissants. On l'interrogea sur les présidents qu'il avait connus, leurs faibles, leur grandeur, leurs plus et leurs moins. Il aima JFK d'un amour aveugle et n'en fit pas mystère, mais il dut bien reconnaître qu'aucun président de sa connaissance ne répondait à l'idéal d'Emerson : « Le grand dirigeant se domine. » Ni russe. Ni japonais. Ni allemand. Ni cambodgien. Ni chinois. La boisson mit un peu d'animation. Je priai que la Gitane ne vienne pas dans les parages avec ses roses rouges, car cela ajouterait un peu plus à l'anarchie, mais me souvins alors qu'elle surgissait dans un autre restaurant du West Side, où il y avait des compartiments avec des panneaux de verre colorés. Je ne mangeai presque rien. Notre table, comme on dit, était le point de mire. Pourquoi fallait-il que tout, à New York, fût extrême, les bons moments et les mauvais, les embrassades et les rebuffades ? Pourquoi Robert Mapplethorpe, que je rencontrai dans un loft du Village, me regarda-t-il et regarda-t-il à travers moi d'un œil si froid, sans compassion aucune ? Pourquoi ai-je reçu tant de roses le même jour ? Pourquoi, alors que j'étais assise sans but dans un café de l'Upper East Side, avec juste un petit bout de treillage en plastique qui le séparait du café voisin, fus-je accostée par un groupe d'hommes en colère et braillards, distribuant des tracts disant pis que pendre d'un patron de la 93ᵉ Rue, un Jaune qui embauchait des non-syndiqués ? Pourquoi, quand je glissai sur le parquet de l'appartement que louait Lindsay Duncan et me cassai l'épaule, fus-je trop gênée pour le dire alors que l'assemblée regardait les Oscars ?

Quand tout le monde fut parti, je payai la note de Jean Lafitte. Sur le tabouret haut se trouvait encore le grand homme noir, celui qui avait été figurant dans le film d'Al Pacino, et il gloussait parce qu'ils avaient échangé quelques mots.

Après quoi j'allai m'asseoir sur un banc de pierre, autour d'un arbre, à mi-chemin du Wyndham, n'en finissant pas de soupirer. J'étais seule maintenant, mais encore démontée, comme si c'était non pas un dîner, mais une inquisition à laquelle j'aurais échappé de justesse. Je ne suis pas la Femme au luth, moi. Les rues quasi désertes, les gratte-ciel prenaient leur autonomie, semblant se balancer au sommet, là-haut dans les cieux alanguis. De vieux couples sortant des restaurants flânaient, et des vendeurs poussaient leurs chariots, leurs peaux sombres se fondant dans l'obscurité, et dans leurs chariots, sous une couverture, reposaient les sacs à main et les foulards que le lendemain ils exposeraient à l'angle de la Cinquième ou de la Sixième Avenue, où croisait le fanatique délirant.

*

On répétait ma pièce, *Virginia*, au Public Theatre, et Kate Nelligan souhaitait que je la guide dans la dernière promenade de Virginia Woolf, à travers les champs du Sussex, avant qu'elle ne glisse des cailloux dans ses poches pour se noyer. Un machiniste me fit signe pour me dire qu'il y avait un coup de fil de Jackie Onassis, mais que c'était très probablement un canular. Et non. C'était Jackie, à l'autre bout du fil, et elle voulait savoir si j'avais un peu de temps pour elle. J'en avais, et je fus invitée à dîner le lendemain soir. Son appartement était exquis, avec ses peintures et sculptures modernes à côté de torses et de figurines antiques. Jackie, petite fille, légère comme une plume, tendre, capricieuse et volontaire, Shéhérazade qui, au lieu de raconter des histoires, les encourageait chez les autres. Ce soir-là, comme elle demandait ce que j'écrivais et si l'enseignement était un handicap (ce qu'il était), je me souviens qu'elle ne cessait de répéter : « Prenez un bout de tourte, j'y tiens. »

J'étais ébahie qu'elle fasse du jogging à Central Park, qu'elle se rende au salon de coiffure de Morrissey, sur Madison Avenue, se promène partout sans garde du corps ; mais, comme elle disait, il arrivait que des gens l'arrêtent, même si c'était vingt ans plus tard, pour lui raconter exactement ce qu'ils faisaient ce jour-là, à Dallas, en novembre 1963. Apprenant à la connaître, je compris comment elle pouvait se le permettre, du fait d'un don instinctif pour prendre ses distances et, au besoin, se montrer réfrigérante. Dans les dix années de notre amitié, il y eut une fêlure que je regrettai. Natasha Richardson m'invita à la projection de *Doux oiseau de jeunesse*, où elle jouait, et elle espérait du fond du cœur que je pourrais venir avec Jackie. Je crus que ce serait une projection privée, au lieu de quoi des hordes de photographes se jetèrent sur Jackie, la priant de regarder comme ci, comme ça, et d'un ton sec, elle me dit : « Edna, ce n'est *pas* une projection privée. »

Le lendemain, d'une boutique, elle me fit parvenir en cadeau une bourse de velours avec un lacet auquel elle joignit un billet : « Pour une mèche de cheveux de ton grand amour. » Elle n'était pas romantique, mais s'accrochait à des shibboleths pour l'aider à traverser le monde carnivore de la célébrité.

Nous devons nous retrouver dans un cinéma de la 62ᵉ Rue, et il pleut à verse. J'arrive de bonne heure et me rends compte qu'on n'y donne aucun film, la salle étant réservée ce soir-là pour une projection privée. Voitures et taxis, pare-chocs contre pare-chocs, éclaboussures, et maintenant une dispute entre un chauffeur de taxi et un autre chauffeur, les obscénités qui volent, « *trouduc, trou-duc* », et eux qui descendent dans la rue pour se battre. La passagère du taxi sort furtivement et me demande de la cacher, je vous en prie, car elle ne veut pas que la police la convoque comme témoin. Les deux hommes chancellent et, tels des lutteurs dans un clip comique, alors même qu'ils se malmènent, s'accrochent l'un à l'autre pour garder l'équilibre sans pour autant abandonner la mêlée.

Jackie arrive, avec un foulard qui dissimule largement son visage et un parapluie dont une baleine est cassée. Non que personne le remarque, car toute l'attention se focalise sur les pugilistes, les voitures qui klaxonnent, la circulation bloquée et le vagissement des sirènes, de plus en plus près. Jackie regarde la scène et observe qu'elle n'est pas vraiment du genre à trouver place dans le «Talk of the Town» («Tout le monde en parle») du *New Yorker*. Elle est désolée du retard. Je lui explique ce qu'il en est, pas de film ce soir, et nous continuons à pied, cherchant vainement un taxi. Elle suggère que nous prenions le bus, mais il y a des kilomètres de queue, alors, sans un mot, elle fait un signe de tête et je la suis dans l'entrée de Bloomingdale's, sur la Troisième Avenue, où se trouvent les chauffeurs. Elle tape à la vitre de la toute première limousine, dérangeant un chauffeur dans sa sieste, et de cette voix inimitable, légèrement haletante, demande: «Vous croyez que vous pourriez nous conduire Cinquième Avenue, au 1040 ?» Puis, avec une belle dextérité, elle baisse son foulard, se tapote les cheveux, si bien que, incrédule, il comprend que c'est Jackie Onassis qui lui demande de la ramener chez elle, en haut de la Cinquième Avenue.

Ce soir-là, dans son appartement, il n'y avait que nous, car son compagnon, Maurice Tempelsman, nous croyant sorties au cinéma, était convenu de nous retrouver plus tard au restaurant. Elle parla des Kennedy, de leur magnétisme incontestable et héréditaire, et de leur faiblesse, faisant implicitement allusion à leurs infidélités, sur lesquelles elle glissa. Mr Kennedy senior ne se gênait pas pour lui frôler le genou sous la table – ce qui ne manquait pas d'offusquer son mari, tout président qu'il était. La toute première fois qu'elle rencontra Jack, elle «craqua», même si elle se cacha qu'elle avait craqué; elle savait, dans son cœur, qu'en l'épousant sa vie ressemblerait à des montagnes russes, mais l'autre solution serait impensable. Après l'assassinat du président, c'est Robert Kennedy qui l'empêcha de s'effondrer, passant la voir dans son veuvage tous les soirs, tant et si bien que bien des matins elle devait trouver son chien à lui devant sa porte, comme Argos, le chien d'Homère, qui attend Ulysse, son maître. Jamais elle ne se montra plus confiante et tendre que ce soir-là. J'étais une des trois personnes au monde qu'elle aimait le plus. Je demandais comment ça se passerait si elle et moi devions tomber amoureuses du même homme, sur quoi elle protesta, dit qu'il serait pour moi, elle y tenait, et qu'elle serait ma demoiselle d'honneur, mais je ne l'ai pas crue.

Elle n'avait pas de chien à cette époque, mais il fut un temps où elle et Ari Onassis en avaient un. Dans la plupart des salons, à New York, présidaient de petits chiens blottis sur des coussins de tapisserie à leur image. C'est le producteur Tom Johnson qui m'a raconté l'histoire sur le chien d'Ari et la froideur de Jackie. Un soir, tard, il descendait la Cinquième Avenue avec une très jolie jeune fille, quand ils tombèrent sur Onassis qui promenait le chien. Ils furent invités à monter, et Jackie, qui s'apprêtait à se mettre au lit, se montra fort peu cordiale. Pour aggraver les choses, Ari flirta avec la jeune fille, qui était à la fois éblouie et légèrement éméchée, et la visite fut abrégée. Le lendemain, Jackie fit envoyer à la fille un gros bouquet de fleurs, avec une carte portant la signature d'Onassis. Après quoi la fille se ridiculisa en appelant Onassis, qui ne se souvenait même pas d'elle. Ça m'apprit quelque chose sur Jackie, et ce trait inscrutable qui est l'essence du pouvoir mais aussi des servantes du pouvoir. Elle était différente des autres femmes, tout à la fois plus souple, plus indiscrète et pourtant à distance. Elle lisait, travaillait dans une maison d'édition et aimait la littérature. Elle m'écrivit sur mes livres et ceux des autres. Une fois que je lui fis parvenir *Nature morte avec bride et mors* de Zbigniew Herbert par l'intermédiaire de la librairie Loeb, sur Madison Avenue, elle m'écrivit le soir même une lettre de trois pages, célébrant ce poète polonais dont elle n'avait jamais entendu parler. Sa dernière lettre, sur du papier à lettres hyacinthe bleu foncé, alors qu'elle se mourait, était pleine d'espoir : le printemps, les choses que nous ferions, de nouveau la vie à cent à l'heure. Ce n'était pas sentimentalité, mais instinct de conservation. Bien avant d'être First Lady, elle avait la certitude de qui se sait chérie, et la petite fille en elle s'y accrocha ; c'était son armure et cela l'aida à traverser divers cauchemars avec un étonnant équilibre. Paradoxalement, Marilyn Monroe, qui dans sa robe fourreau chanta pour l'anniversaire du président Kennedy en 1962 (où Jackie brillait par son absence), n'avait pas le moindre fourreau, la petite fille en elle ayant été coupée à la racine. Jackie était l'opposé, elle traversa la vie voilée, et la quitta sans qu'elle eût rien perdu de sa magie.

*

Les amitiés new-yorkaises survécurent aux longs intervalles, et chaque fois que j'y retournais il semblait qu'elles ne demandaient qu'à reprendre. Roger Strauss quittait son bureau d'Union Square pour m'emmener déjeuner à La Côte Basque, ce bastion de la civilisation qui servit de cadre au roman inachevé de Truman Capote, *Prières exaucées*. Roger, si pimpant dans son costume blanc avec son mouchoir de soie, un zeste de cancans et son mystérieux instinct littéraire. De tous ses auteurs, et je m'honorais d'en être, son préféré avoué était Joseph Brodsky, et il avait toujours un livre de Brodsky avec lui, juste pour le montrer.

Brodsky était un homme brillant, cassant, avec un souverain mépris pour les « flibustiers littéraires ». C'était une de ses rengaines à lui, avec les « pyjamas de chat », toutes sortes de mots qu'il avait triés sur le volet. Il avait un faible pour la ballade *The Night Before Larry Was Stretched* (« La veille du jour où Larry s'est fait étendre »), que Brendan Behan lui avait chantée. Une drôle de chanson : Larry est sur le point d'être exécuté quand ses amis, une bande de vauriens de Dublin, mettent leurs habits au clou afin d'acheter de quoi boire toute la nuit et lui faire de beaux adieux avec boisson, tabac à priser, cartes et chansons, avant qu'on lui passe la corde au cou.

Joseph avait la générosité d'un pharaon et souvent, avec David Rieff, j'étais invitée au Russian Samovar, où Roman, le patron, nous accueillait. Un jour, il me fit cadeau d'un œuf de porcelaine bleu, un porte-bonheur que je gardai sur moi. On aurait volontiers imaginé que Joseph et Roman venaient de débarquer de Russie à New York, non pas de la Russie totalitaire, avec ses empoisonnements et ses purges, mais de la Grande Mère Russie des steppes et des toundras qui avait donné naissance à des génies aussi complexes et subversifs que Pouchkine, Gogol, Mandelstam et Boulgakov, que Brodsky citait avec pléthore de fioritures. Il n'était pas question de son internement dans des hôpitaux psychiatriques ni de la prison dans le Nord glacial, ni de son jugement pour «parasitisme» avant d'être expulsé. Toute sa vie, il s'était battu pour la poésie, et il gagna. Il blaguait : le camarade Gorbatchev avait une moustache, comme le camarade Staline, le montagnard du Kremlin, dont le nom était aussi celui d'un cirage géorgien. Il nous arriva de nous disputer sur Tchekhov, parce qu'il partageait l'avis de sa muse, Anna Akhmatova, qui l'avait inclus dans son cycle de poèmes, *Le Rosaire*, assurant que Tchekhov était «uniformément gris, une mer de boue, sans héroïsme ni martyre, sans profondeur ni obscurité, ni sublime». Pasternak était d'un autre avis, ce que je ne manquais pas de rappeler à Joseph, mais la paix revint quand il admit que *La Salle n° 6* était une grande nouvelle. La vodka arrivait en petits godets qui, du fait de leurs couleurs vives, étaient trompeusement inoffensifs, et je ne saurais dire que nous étions totalement sobres quand Roman nous introduisait dans l'arrière-salle pour signer son livre d'or, où Joseph avait déjà écrit et rayé plusieurs lignes en russe. Une nuit, ils me raccompagnèrent de la 54ᵉ Rue Ouest à la 58ᵉ, deux derviches chanteurs, récitant du Pouchkine dans leur langue natale, de leurs voix profondes et sonores, roulant les *r*, avec leurs sons si étrangers attirant pourtant un auditoire qui n'y comprenait goutte, mais ressentait la passion des mots.

Les rues de New York m'ont toujours semblé avoir plus de vie, plus d'immédiateté que ces immeubles d'habitation sans âme avec leurs longs couloirs solitaires, leurs tapis marron foncé, leurs journaux datant de plusieurs jours et ce silence mortel, chargé d'attente, comme dans les grands romans de Georges Simenon.

Chaque fois que je pouvais, je sortais, même en hiver, je choisissais un banc devant un café de la 64ᵉ Rue et m'y asseyais pour voir passer le monde. C'était décembre, en plein Noël, et le père Noël à un bloc d'immeubles, ses souliers râpés contrastant vivement avec le rouge et le blanc festifs, et dans le jardin jouxtant l'église catholique la neige s'était logée sur divers buissons, formant des fleurs blanches flapies de la taille d'un chou-fleur. Il y avait les voix et les clochettes, bribes de vie et dissensions sur portables, et la cacophonie des klaxons et des oiseaux qui grattaient à la recherche de miettes. Maintes passantes portaient des manteaux de fourrure, et l'on voyait le frisson sur les poils plus fins des cols que le vent faisait onduler. Des gens qui se hâtaient et trottinaient, des mères avec des poussettes, deux femmes qui s'arrêtèrent pour regarder le prix de gâteaux au café et reculèrent, choquées, et l'une qui dit : « Tu sais quoi... Je vais en faire un moi-même. »

Une femme, qui avec son mari Ted avait dernièrement vu une pièce très cochonne, racontait à son amie à quel point depuis, à la maison, la vie avait « dégénéré ». Au milieu de ce pot-pourri passa un petit Asiatique, portant une orchidée blanche dans une boîte, bien au chaud dans son lit de papier, aussi fier que s'il portait la flamme olympique. La femme assise à côté de moi sur le siège étroit toussa à plusieurs reprises et dit que « les fleurs lui faisaient toujours ça ». Il y avait des galeries d'art sur la route, si raffinées que seul un connaisseur aurait l'audace de s'y habituer. Mais plus haut, dans les mêmes immeubles, il y avait les showrooms de fortune, et les appareils d'air conditionné, noirs et ensuifés, et les rideaux aux fenêtres.

*

Je me fis des amis et des connaissances dans tout New York. J'étais souvent allée dans le centre voir des charlatans qui devaient me conduire à mon moi intérieur, ma zone de combat et mes endorphines en quête de plaisir. Une astrologue m'avait dans ses griffes et, avant chaque séance, sa vieille mère me soulageait de deux cents dollars, des vingt roses rouges obligatoires et d'un bijou. C'est là aussi qu'un dimanche, dans l'un de ces appartements, je fus invitée à rencontrer Kazuko, la belle artiste japonaise. Elle était célèbre pour ses cristaux, pareils à autant de milliers de fleurs : breloques, pendentifs, bagues et colliers, de petits mondes bordés de lumière, la lumière des crépuscules, la lumière du jaune muscat, la lumière des roses roses et du lapis, du saphir et des rubis chatoyant sur des bandes de linge blanc. Plus tard, elle emménagea 57e Rue, dans un appartement qui donnait sur les brumes, les levers et couchers de soleil de Central Park. Alors qu'elle s'habillait autrefois de noir, elle portait du blanc maintenant, telle la future mariée qui attend son promis. Ce promis serait le «Bobby Bird».

Un matin, sur le rebord de sa fenêtre, il y avait un oiseau blessé, petit et brunâtre, visiblement à l'article de la mort. Elle le recueillit, le ramena à la vie par ses soins, le nourrit de glucose et de miel à l'aide d'une pipette, et lui fit retirer son aile brisée. Il se mit bientôt à sautiller, quoique bandé, et Bobby Bird était presque prêt à commencer ses trilles, hélas dépourvus de la douceur de la musique. Elle avait lu quelque part que les oiseaux, chaque nuit, rêvent les chants qu'ils vont chanter, et elle décida donc d'enrichir les rêves de son pupille en lui passant du Mozart à longueur de journée. Son atelier fut envahi par les sonorités mozartiennes et, quand je fus rentrée au pays, ses lettres devaient être pleines de nouvelles des prouesses de Bobby, qui chantait à cœur joie, sans intérêt ni curiosité pour le monde au-delà, ni désir de s'échapper vers l'un des arbres de Central Park et les rosées matinales. Elle s'étendait sur le génie du chant naissant de Bobby, comment ils étaient passés à l'*Oratorio* de Bach, avec la fierté d'une mère qui voit son enfant exceller à l'école, sans oublier ses rages et sa jalousie irrationnelle quand des acheteurs venaient voir sa toute dernière collection.

Chaque fois que j'arrivais au Wyndham, un cadeau m'y attendait, un collier ou une bague, et un nouveau tableau du répertoire toujours plus large de Bobby. Quand j'allais la voir, apportant des fleurs blanches maintenant qu'elle ne portait que du blanc, je devais subir les rages de Bobby qui donnait des pichenettes aux cristaux ornant sa cage, ces mêmes cristaux qui contenaient les pouvoirs curatifs spécialement choisis pour son tempérament si électrique, et qu'il menaçait de détruire.

Puis, un jour, je débarquai et ne trouvai aucun paquet au Wyndham. Dans le hall de son immeuble, le vieux portier, me reconnaissant, sortit de son bureau, levant les mains dans un geste d'impuissance. Il n'eut pas besoin d'ajouter que le Bobby Bird et sa maîtresse étaient partis.

*

L'homme qui me conduisait au City College était un dénommé George, qui gardait un fusil-mitrailleur Sten sous son siège. C'était un bavard impénitent, et tous les matins j'avais un aperçu des meurtres, viols et cambriolages de la nuit. Quitter Park Avenue pour remonter au nord et entrer dans Harlem, c'était entrer dans un autre monde, avec les pierres brunes délabrées qui s'effritaient, les rues presque désertes, les rares enfants sur le trottoir et les hommes, seuls ou en bande, repliés sur eux-mêmes tout en vous dévisageant, tandis que George me mettait au courant des derniers chiffres de la criminalité. C'était avant la «Renaissance», avant que Harlem ne goûte aux nourritures de l'âme et aux tournées d'évangélisation. Je pensai à Lorca, qui s'y était promené en 1930, quand il étudiait à Columbia, et qui y avait vu une ville d'éclipse, sentant couler dans son sang ce qu'il appela une «violence grenat».

N'étant jamais allée à l'université, j'ai toujours été intimidée par les abords des campus, avec toutes les bicyclettes, les consignes, les toges et l'anonymat. Dans la salle de cours proprement dite, je pensais au jugement possessif et sans appel de Vladimir Nabokov, dénigrant les «best-sellers plantureux». L'autre enseignant qui occupait mes pensées était Joyce, avec ses méthodes dilatoires, ses embardées d'un sujet à l'autre, des courtisanes de la Chine antique à la grossesse de la Vierge Marie.

Je commençais par lire aux étudiants quelque chose d'émouvant, la montée d'allégresse de la jalousie de Iago, ou les paraboles bibliques de Faulkner sur le Sud profond, mais ils avaient plutôt hâte qu'on lise leur travail et n'aimaient guère que je leur rappelle l'édit de Lorca pour l'écrivain : «Vraie poésie, vrai effort et renoncement». Parmi les étudiants se trouvait un Walter Mosley avide d'apprendre, aux goûts éclectiques, et qui comprenait bien les ressorts d'une nouvelle parfaite. Longtemps après, quand il eut publié sa fameuse série de polars «Easy Rawlins», je ne laissai pas de me poser des questions sur le jour où je l'avais pris à part pour lui dire : «Tu es noir, juif, avec une éducation pauvre, il y a des trésors d'écriture là-dedans. »

*

Les jours où je n'enseignais pas, je corrigeais le travail des étudiants, rédigeais des rapports, puis marchais, marchais dans New York comme jamais je ne l'avais fait dans aucune autre ville.

Parfois, ce fut comme si je voyais des spectres, ou assurément que je voyais des choses que les autres New-Yorkais n'avaient pas vues. Un jour que je me rendais au magazine *Traveller*, qui se trouvait alors sur Madison Avenue, près de la 30e Rue, j'aperçus dans un coin un groupe de Noirs, coiffés de casquettes, silencieux, d'un certain âge, tous avec des bâtons, attendant, me parut-il, un assaut programmé. On sentait tant d'appréhension en eux, plantés là, telles des figures vengeresses de l'Ancien Testament, dans l'attente de leur destin.

Souvent je me réfugiais au sixième étage du département « habitation » de Bergdorf Goodman, avec ses trésors : tables hautes et basses, commodes, étagères, assiettes exquises, verres, ivoires, cloches canneberge – un véritable palais dont ma mère se serait régalée. Un jour, sur l'escalator, j'aperçus un tailleur au département mode et descendis aussitôt y jeter un œil. Dessiné par Valentino, c'était de la belle georgette de soie verte avec de pâles rosettes d'or gaufrées. J'y allai semaine après semaine, regardant, attendant que les prix baissent. Chaque fois que j'y retournais, j'étais certaine qu'il serait parti, mais non, il m'attendait. Puis, une semaine, il atteignit un chiffre, encore exorbitant certes, mais qui était juste dans mes moyens. À ma grande consternation, c'était un deux-pièces, quand je voulais juste la jaquette, sans la minijupe assortie, un peu chiche. On appela une responsable. Une Chinoise, à qui ma demande pathétique arracha un sourire déroutant. Finalement, pour sept cents dollars, la jaquette fut à moi et à ma façon de la tenir, dans son emballage, j'aurais aussi bien pu tenir mon trousseau.

Au sixième, j'imaginais parfois ce que serait une vie de femme, de femme privilégiée, je veux dire, avec des tas de paquets, que l'on escorterait jusqu'à la porte dérobée où un chauffeur l'attendrait pour la reconduire dans une maison blanche, au nord de New York. Le gravier bien ratissé, la vaste pelouse bordée de cèdres, des lampes en onyx de part et d'autre de l'immense lit, puis je me rappelais les histoires de John Cheever – mariages rances, boisson, infidélités – , et ma rêverie s'arrêtait brutalement.

C'est dans un magasin de luminaires que se produisit ma petite aventure suivante. Depuis un certain temps, j'admirais une lampe orange, dont l'abat-jour de verre avait le délicat affaissement d'un champignon vénéneux, parsemé de mouchetures brunes. Je me disais que ce ne serait pas trop difficile de la rapporter à la maison. Je finis par m'enquérir du prix. Je fus accueillie avec effusion. Le jeune homme, costume noir et mocassins de daim noir, évoluait avec une agilité furtive. Un homme du Moyen-Orient, qui parlait d'une voix très posée, disant que ma présence ici était un honneur.

Pour l'heure, il débitait ses lettres de créance. Il était passé par Cornell puis par la Harvard Business School, mais c'est l'ésotérisme qui l'intéressait vraiment. Il ne tenait ce magasin que pour faire plaisir à son vieux. Apprenant que j'étais écrivain, son intérêt s'éveilla. Il en avait, des histoires à raconter, des histoires qui me feraient dresser les cheveux sur la tête. Faisant allusion à un passé piquant qu'on aurait pu croire échappé des *Mille et Une Nuits*, il dit que, si nous apprenions à nous connaître, il pourrait bien partager avec moi quelques-unes de ses aventures. Nous pourrions collaborer : sa vaste expérience, mon art, ouah, bon Dieu, quel contrat ! J'emportai la lampe. Pour rien. Il n'était pas un cavaleur, non monsieur, il pouvait avoir toutes les évaporées qu'il désirait, avec toutes les pétasses qui tournaient autour avec leurs pensions alimentaires, sauf qu'il avait du goût, il avait une âme... et l'ésotérisme. Il suggérait que nous allions lui et moi au Plaza Hotel, où il avait une suite réservée, ce qui éviterait les tracas à la réception avec passeport ou carte d'identité. La suite était imposante, avec deux salles de bain, et les couleurs avaient quelque chose d'apaisant. Je commençai à envisager des scénarios. Je serais en kimono de soie, couleur huître, dégustant un Délice turc ou du sorbet avec une cuiller en bois. Je serais l'Emma Bovary que Woody Allen glissa dans une histoire courte, et qui, ayant goûté à la grande vie, refusa de retourner dans le roman et se suicida. Puis, de nouveau, je serais un cadavre, enfermée dans une housse noire à fermeture éclair et emportée par l'entrée de service. Il vit que j'hésitais, et je me retrouvai fièrement en possession de deux lampes, qu'il allait m'expédier à Londres. La seconde lampe était verte, le vert d'une grotte, et je les imaginai sur une table ou un bureau à la maison, une soirée d'hiver, dans la grisaille de Londres, et ces lampes ensorcelantes avec ces veines de couleur qui ondulaient.

Puisque j'étais du « vieux pays », il énuméra les divers *blends* d'Irish whiskey du bar du Plaza, et comme le temps passerait agréablement à écouter de la musique, siroter nos cocktails et apprendre à se connaître. Il se trouvait si près de moi maintenant que je voyais les lettres gravées sur les médaillons d'or accrochés sur sa sombre poitrine. Toute l'expérience, était-il en état de promettre, serait à jamais gravée dans ma mémoire. C'est au mot *gravée* que je me mis à trembler. Je me dirigeai vers la porte, et il suivit. Nous étions dehors maintenant, sa voix à peine audible, parce que sur le pas de porte voisin un homme avec des chats et une portée de chatons, dont c'était la place, tenait un carton alertant les passants sur son triste sort.

*

Il m'arrivait d'être invitée à donner des conférences dans divers États à travers l'Amérique.

Dans un restaurant tournant de Duluth : il neigeait dehors et j'avais la sensation d'être piégée dans un presse-papiers. «Jamais je ne sortirai de Duluth», me dis-je à part moi en observant la lenteur d'escargot du trafic, rampant pour ainsi dire sur les diverses voies, avec leurs phares si blêmes. Bob Dylan avait quitté Duluth, comme Scott Fitzgerald avait quitté les emblavures du Minnesota, même si pour Gatsby il prit modèle sur un magnat local qui construisait des voies ferrées, reliant les Grands Lacs au Pacifique.

J'avais été invitée à donner une conférence dans un *college* situé à quelques kilomètres de la ville : une invitation si séduisante qu'il m'était difficile de la décliner. La réalité était différente. Duluth et ses grands lacs étaient pour les navires de haute mer, pas pour moi. Plus tôt, dans la journée, j'étais allée me promener Main Street, une rue principale d'aspect triste et morose, comme les rues principales à travers le monde. Sous le porche d'une église, à côté de divers prospectus, il y avait une annonce pour un concours de chant, dont le premier prix était un voyage pour voir la comédie musicale *Anything Goes* à New York. Il y avait la Red Bull Inn, d'où ne parvenait pas le moindre bruit, et, un peu plus loin, des hommes qui faisaient la queue pour donner leur sang, moyennant une indemnité de deux dollars le demi-litre. Je les pris en pitié, tout en sachant qu'ils me mépriseraient de les prendre en pitié. Ils portaient des vestons matelassés, des hommes paisibles, des hommes austères, le genre d'hommes qui devaient inspirer à Bob Dylan un grand poème de la solitude.

Après ma conférence, une chose m'avait démontée. On ne cessait de dire qu'elle était «remarquable» et le mot circula dans la salle où se tenait la réception. Très affable. Les femmes portaient des jupes longues et des chaussures commodes, et il y avait tout un choix de salades ou de hors-d'œuvre avec du vin blanc et du vin rouge chaud dans une cruche. Je buvais du vin rouge quand un jeune étudiant passionné me demanda pourquoi je m'étais montrée si implacable envers ma mère dans ma fiction, et voilà que le verre de vin rouge me glissa littéralement des mains, et je cessai de me sentir remarquable. Je vois encore la petite flaque cramoisie sur la carpette blanche. Un message de l'au-delà.

Là-haut, dans cette salle tournante, je pensais à tous les écrivains qui avaient parlé de la neige, aux domaines noyés sous la neige de Nabokov, à Hemingway évoquant le crissement des skis sur les pentes des pistes autrichiennes, à John McGahern et aux gouttes de sang sur une chouette blessée, traînant un piège d'acier sur la neige, et au vers de Sylvia Plath, « La neige n'a pas de voix », sauf qu'elle en avait une : roquant au-delà des vitres, elle me disait que jamais je ne sortirais de Duluth. Quatre jours plus tard, j'en sortis.

Je dois dire que, à peine m'éloignais-je de New York, je me sentais un peu en rade. À Los Angeles, où j'allai rencontrer des producteurs qui avaient pris une option sur ma nouvelle *Paradis**, je fus plus ou moins confinée dans un bungalow du Beverly Hills Hotel, tout en effectuant de petites balades dans leurs jardins tropicaux. Je reçus de gros bouquets de fleurs, mais

---

* Nouvelle reprise dans le recueil *Un cœur fanatique*.

ne rencontrai personne, et dans le bungalow adjacent un homme à la voix forte appelait son courtier tous les matins aux aurores à New York et beuglait contre la personne qui se trouvait au bout du fil.

Mes incursions dans le monde du cinéma furent intermittentes. En 1963, après que j'eus quitté mon mari, j'avais travaillé avec Desmond Davis sur *La Fille aux yeux verts (Seule)*, et l'expérience m'avait paru si heureuse et si agréable que je remontais Curzon Street le soir, attendant avec impatience la collaboration du lendemain. Peu après, je fus invitée à Rome pour un court travail de rewriting sur un film avec le réalisateur Damiano Damiani. Notre méthode de travail était la suivante ; j'écrivais chaque jour, et chaque soir il passait au Hassler Hotel en ayant lu mon travail de la veille, et d'une manière charmante, mais résignée, il me rendait mes pages en disant : « Je crois que c'est une *herreur*. » Finalement, dans ce même hall, le producteur me prit à part pour me dire qu'on n'avait plus besoin de mes services tandis qu'on escortait mon successeur à la table où j'étais installée à l'instant.

Pour l'adaptation de *Three Into Two (Auto-stop Girl)* d'Andrea Newman, réalisé par Peter Hall, où, avec une belle retenue, Claire Bloom jouait la femme trompée, Frances, je travaillai avec le producteur américain Julian Blaustein. Tous les matins, quand j'arrivais à son appartement londonien de Chesham Place, il brandissait une fiche blanche, avec toujours la même question perplexe : « *Quelle est la motivation du vagin de Frances ?* » Je n'avais pas de réponse.

C'est à Londres, un samedi soir lumineux et solitaire, que je reçus un appel-surprise de John Huston, que je n'avais pas vu ni entendu depuis au moins dix ans. Et le revoilà, avec cette voix inimitable, persuasive, m'invitant à Puerto Vallarta pour travailler avec lui sur un scénario. J'exultais. Il s'agissait d'un roman d'A. E. Ellis, *The Rack*, et là, dans la chaleur du Mexique, j'espérais concocter des scènes d'amour dans un sanatorium des neiges profondes de la Suisse.

Les séances de travail commencèrent bien, et au départ Huston ne tarissait pas d'éloges sur les scènes que j'avais écrites. Il arrivait tous les matins vers onze heures, tel un grand prêtre, dans une longue chemise tunique blanche, toussant dans les escaliers. Il était suivi par son chien, Don Diego. Par Lupa, la bonne, je savais que Don Diego était capable de déchiqueter quelqu'un. À l'école canine que fréquentait Don Diego, on lui avait appris des mots-clés qui, prononcés, valaient ordre de sauter sur la jugulaire. Il n'était pas toujours facile de se concentrer sur les problèmes du scénario en voyant les gencives rhubarbe de Don Diego et ses molaires sombres, sachant que si, par le plus grand des hasards, je lâchais l'un de ces mots fatidiques, c'en était fini de moi. Il n'était pas question non plus d'en parler. Huston adorait les animaux et ne respectait que les gens qui aimaient aussi les animaux. « Mon chou, je supporte pas les lâches ! » Combien de fois ai-je entendu ce refrain ? Les choses se passèrent bien le premier mois, même si je faillis expirer dans la chaleur et dus me tartiner de crèmes et sprays divers pour me protéger des moustiques. J'avais été soulagée de toutes mes possessions, en sorte que ma garde-robe pour les dix semaines restantes était maigre, mais qu'importe.

Pour son anniversaire, en août, je m'étais débrouillée, avec ce qu'il faut bien appeler de la clairvoyance, à dénicher les deux seules bouteilles de Dom Pérignon de tout Puerto Vallarta. Huston arriva avec sa petite amie, Mariella, bien plus jeune que lui, et ce fut une de ces nuits enchantées. Il était d'humeur particulièrement expansive, parlant et se souvenant, évoquant son affection pour certains acteurs, mais surtout Bogey et son père, Walter Huston, qu'il appelait «Dad, Dad», avec les sentiments d'un jeune homme. Il parla aussi de la maison d'Irlande, St Clarens, et des chasses de Galway, des peintures de Juan Gris et de la première fois qu'il avait vu la *Sainte Thérèse* en extase du Bernin.

Un peu plus tard, il commença à réviser son opinion sur le scénario, d'un ton véhément et implacable. Les scènes qu'il admirait, il les détestait maintenant. Les dialogues qui n'avaient pu être écrits «que par un esprit» n'étaient désormais ni faits ni à faire. «Mon chou, mais c'est quoi, ces trucs à la noix?» demandait-il, et je perdis mon assurance, si sûre d'échouer que je ne pouvais dire si «hello» était une bonne réplique ou une catastrophe. Chaque jour, sitôt qu'il partait vers midi, je fondais en larmes. Lupa me demanda pourquoi je pleurais. Dans un espagnol hésitant, je lui dis que la maison me manquait, mes enfants, les roses. Ça paraissait un peu prétentieux, mais mon vocabulaire était limité. Le lendemain matin, elle arriva avec trois roses qu'elle avait chapardées en chemin dans un jardin. Trois roses, flétries par la chaleur, que l'on mit dans un verre d'eau. Quand Huston arriva pour une autre séance de travail tendue, il les remarqua, vit leur piteux état et demanda : « Laquelle es-tu, chou ? » Je montrai la plus flapie des trois. Il gloussa : « Oh là là, tu te rends pas service, je crois que t'es plutôt celle-là », fit-il d'une voix basse et obligeante. Sur ce, il prit une autre rose, à seule fin d'en voir les pétales tomber un par un dans sa main avec la blancheur du lait. Encore quatre semaines d'épreuves à tirer.

Le film ne fut jamais tourné. J'ai su que les nababs de Hollywood étaient livides quand il leur montra le scénario et j'eus honte de lui avoir fait faux bond. La dernière fois que nous avons discuté, pourtant, il fut magnanime. Bien que malade, il était tout excité à l'idée de tourner *Les Morts* de Joyce, dont son fils Tony avait écrit le scénario et où sa fille Anjelica devait jouer. Il n'était plus le Chasseur blanc au Cœur noir, comme Peter Viertel l'avait appelé, mais un Prospero qui, pour sa dernière œuvre, avait choisi la tendre élégie de Joyce sur la mort.

*

C'était en décembre 2009, pour la première de ma pièce *Haunted*, au Théâtre de la 59ᵉ Rue, à New York. La critique anglaise avait été enthousiaste et je m'attendais plus ou moins au même accueil. Il n'en fut rien. Je m'étais réveillée de très bonne heure à l'hôtel, attendant les bonnes nouvelles. À huit heures, ne tenant plus en place, j'appelai mon amie Marilyn Lownes, qui organisait une fête pour mon anniversaire le soir même. À peine avais-je entendu les premiers adjectifs décevants et accablants, je la priai d'arrêter. La presse, je le savais bien, avait été livrée vers six heures. Elle m'attendait accrochée à la poignée de la porte, dans un sac en plastique, mais je n'étais pas d'humeur à l'ouvrir. Ayant entendu le verdict, je pris le sac et descendis le couloir jusqu'aux quartiers du personnel et trouvai les doubles portes entrebâillées, avec le bourdonnement des réfrigérateurs, les gros aspirateurs et les chariots encombrés des petits déjeuners à moitié mangés, avec de grandes serviettes pliées sur eux, comme sur un cadavre. Le contraste était désolant avec la propreté des couloirs, les tapis pelucheux, les grandes fleurs qui devaient vivre dans une sorte de zone crépusculaire et les images sans âme et inoffensives accrochées aux murs. Un jeune, en qui je reconnus le revêche qui ne cessait de contrôler le minibar, se montra légèrement contrarié de mon intrusion, puis perplexe quand je lui tendis le journal plié en lui disant : « Brûlez-moi ça. »

La rue où habitaient Marilyn et Victor partait de la Première Avenue vers Sutton Place et East River, et continuait de s'accrocher à ses légendes chéries : Marilyn Monroe, Arthur Miller, Bobby Short et Cy Coleman, qui avaient tous habité là. Il y régnait une atmosphère de conte de fées, avec de la vraie neige et de la neige artificielle, des guirlandes de Noël, les bougies de Hanoukka et les portiers en smoking, filant en coup de vent chercher des taxis à grand renfort de coups de sifflet stridents et rivaux dans l'air glacial et cassant.

« C'est Fellini... c'est éclectique », dit Marilyn à propos de la soirée qui battait son plein quand elle m'accueillit dans le hall d'entrée. Portant une robe de brocart or et des souliers de dentelle or, elle m'entraîna dans une pièce qui bruissait de bavardages, avec la touche de sorcellerie que donnait la chanson de Frank Sinatra :

Those fingers in my hair
That sly come-hither stare
That strips my conscience bare
It's witchcraft

Ces doigts dans mes cheveux
Ce regard furtif qui m'appelle
Et qui met ma conscience à nu
C'est de la sorcellerie.

Sur une desserte s'entassaient les cadeaux que j'avais reçus, avec une coupe de roses en chocolat, couleur crème, et qui ressemblaient exactement à de vraies roses, jusqu'à la petite étamine de sucre brun au centre. Robert Downey me racontait qu'il n'y a pas de Dieu, ni de Lumière blanche quand on trépasse. Il peut en répondre, car, à la suite de mauvaises prescriptions qui lui ont presque été fatales à cause de son diabète, il a failli y passer.

« Tu n'étais pas assez mort, mon chou, fit sa femme Rosemary.

— Ni Dieu ni Lumière blanche, reprit-il.

— Tu n'étais pas certifié mort », renchérit Rosemary, et tout le monde rit, et d'autres personnes arrivèrent, dont les trois acteurs de *Haunted* : Brenda Blethyn, aussi énergique que Mrs Berry, Niall Buggy, le mari rêveur qui la trompe, et Beth Cooke, la misérable enfant qui sans le vouloir sème le trouble dans leur logement défraîchi de Blackheath, à Londres.

Philip Roth était déjà là. Jouissant d'une réputation d'ermite, il lui arrive de sortir et il est invariablement le mage de toute assemblée. Scrupuleux jusqu'à l'intransigeance quand il s'agit d'écrit, doué d'une intelligence tranchante, il peut être aussi l'homme le plus drôle de la terre quand il est d'humeur enjouée. Je l'ai vu trousser des histoires à une allure si vertigineuse qu'on a le sentiment d'un esprit en perpétuel dépassement. Sur ses encouragements, Jake rejoue les combats qu'il a livrés, et auxquels il a survécu, les bons combats, les grands et les minables, les sales, les morsures, les corps à corps, la vitesse, les accroupissements, les combinaisons, les échecs, les come-backs, poursuivant son récit jusqu'au massacre de Chicago, le jour de la Saint-Valentin, les treize rounds avec sa Némésis, Sugar Ray Robinson, qui en fit de la charpie. Pour Philip, qui me le confia par la suite, ce fut comme une page de fiction, rencontrer le héros de son enfance, dont il avait assidûment suivi la carrière en s'abonnant au magazine *Ring*. Il observa que, se retrouvant ainsi assis en face de Jake dans ses années crépusculaires, il avait peine à imaginer la violence que ce corps avait encaissée et la violence qu'il avait infligée.

«Treize rounds et pas une seule fois il ne m'a abattu», dit Jake, et tout le monde applaudit parce qu'on sait bien, et que ça a été souvent écrit, qu'au regard du courage de LaMotta dans la défaite, les «anciens Spartiates paraissent lâches».

Un haut-parleur fut installé dans le hall et on nous fit sortir pour la surprise. En tant qu'invitée d'honneur, on m'assit sur l'unique chaise haute, le trône, les hommes se rangeant derrière, et les femmes devant, une lueur d'expectative dans les yeux: Patricia Harty, Brenda Blethyn, Beth Cooke, Kim Cattrall, Alexandra Schlesinger, Rosemary Downey, Mary Downe et bien d'autres. Marilyn et son professeur de tango glissaient sous la lumière tamisée du lustre; comme deux rêveurs miraculeusement emportés par une envie de tango, serrés et pourtant étrangement détachés, pendant que leurs pieds, pour ainsi dire, peignaient des images sur le sol et, de temps à autre, alors qu'il la faisait tourner et tourner encore, un coup de pied les écartait, puis un second, triomphal, plus haut, et elle se séparait de lui, pour fusionner à nouveau avec lui. Le jeune homme qui s'occupait de l'ascenseur était tellement sous le charme qu'il ne cessait de monter et descendre, tirant les portes, rien que pour voir, se remplir les yeux.

« Ça vous prend ou pas », fit Marilyn, se détachant soudain des bras de son professeur, et maintenant timide, tandis que nous retournions dans la pièce, et elle qui disait que pour rien au monde elle ne ferait un discours. Les femmes entouraient le professeur de tango, toutes voulaient des leçons, son secret, sur quoi il répondit avec une courtoisie énigmatique : « Le tango est une belle excuse pour vivre. »

Ce fut mon tour de m'asseoir avec Jake LaMotta. Il portait un Stetson marron, identique à celui que portait sa jeune femme, et que Victor venait de lui offrir. Il ne quittait pas sa femme des yeux, l'apostrophant pour lui reprocher de passer trop de temps avec tel barman. Son visage ne portait aucune trace des dérouillées qu'il avait prises, hormis une petite motte de chair au-dessus du nez, et ses mains étaient lisses, blanches et soignées.

Je me surpris à dire comme une idiote : « Vous avez les mains d'un pianiste de concert », et il me répondit : « Quand vous vous cassez les os, ils reviennent plus forts. » Comme nous n'avions rien en commun, s'ensuivit un silence de plomb. Marilyn vint s'agenouiller à côté de nous, lui parlant de *Haunted* et de l'injustice commise, et il tourna ses yeux vers moi, puis de nouveau vers elle, et demanda : « Elle peut mettre dans le mille ?

— Elle le peut », fit Marilyn, et il me gratifia d'un regard, d'un petit sourire entendu.

L'heure était venue des chansons, et il revint surtout à Niall Buggy de puiser dans son grand répertoire de chansons irlandaises, y insufflant une telle émotion que l'atmosphère de la pièce changea, les visages s'adoucirent et les yeux s'embuèrent de larmes. Ce serait bientôt le dernier verre. J'avais déjà retrouvé mon hôtel, longeant le long couloir et entendant le bruit du vent dans la cage d'ascenseur, réplique des vents qui soufflaient de l'Atlantique, et je songeai aux voyageurs qui, quand ils entendent ces vents, en pleine mer, y reconnaissent l'appel du pays.

QUATRIÈME PARTIE

Donegal

C'est à Donegal, à la pointe nord-ouest de l'Irlande, que j'allai dans les années 1990, pour me faire construire une maison. Avec ses noms de lieux si rudes et musicaux, un pays parsemé de lacs et cerné de montagnes : Errigal, Muckish, Blue Stack, Doonish West et Snaght.

C'est Stephen Rea et sa femme Dolours qui me conduisirent là, Stephen à sa manière désabusée de Belfast disant : « C'est le meilleur du Nord et le meilleur du Sud sans la merde de l'un ni de l'autre. » En quoi il se fourrait copieusement le doigt dans l'œil.

L'aventure ne devait pas aller sans excitations ni obstacles, drames et mélodrames, et l'acquisition d'un site nécessitait assez d'astuce pour comprendre qu'un nom pouvait bien signifier un oui et que tout oui pouvait être équivoque. Du jour au lendemain, un site qui avait été promis était retiré, à cause d'un coup de fil à un fils, une fille, un frère ou une sœur, en Angleterre, en Amérique ou en Australie, qui s'y opposait.

Dans ma recherche, mon notaire Paddy Sweeney et l'entrepreneur Phil Ward crapahutèrent avec moi, s'enfonçant souvent dans la fange et les bourbiers, à seule fin de se retrouver sur une langue de terre qui pouvait, juste pouvait, être à vendre. À Bloody Foreland, les coups de vent étaient tels qu'on se trouva littéralement rabattus l'un sur l'autre et séparés comme les rabats de vieux journaux. Une autre fois, Sasha, en tant que futur architecte, fut dirigé de l'aéroport vers l'autre parcelle de baronnie isolée où nous étions, avec les vagues qui déferlaient sur le cap et des autres rouleaux qui s'écrasaient à nos pieds. Il me fit observer que l'obstacle, ce n'étaient pas seulement les sables mouvants, mais les canaux cachés sous les sables si bien que, tel Kubilaï Khan je finirais dans une maison qui commencerait par flotter, puis serait littéralement emportée par la mer.

J'avais presque renoncé.

Puis un matin, à Londres, mon ami Manus Lunny m'appela pour dire que, son avion décollant de Carrickfinn, il avait remarqué un écriteau « À Vendre » sur un poteau, tout en bas. Une crique tranquille, que les gens du pays appelaient Point, et je me voyais déjà là-bas, goûtant la « paix qui passe l'entendement ».

Ce soir-là, je réservai une place dans le même avion, qui rentrait à Carrickfinn, et j'eus droit à ma première vue spectaculaire du pays. Tel un paysage lunaire : roc et eau, et l'immense bassin de la mer qui remuait à peine. Les maisons, toutes blanches, pareilles à des colombiers, si douillettement nichées dans ce tendre archipel apparemment délavé. Je devais voir ces maisons plus distinctement, car Paddy, Phil et moi longeâmes la route côtière : des maisonnettes avec des portes d'entrée rouge verni et des tonnes de lessive sur chaque corde à linge. Pittoresque de carte postale. La soirée était douce et, sur la côte, des vaches fauves amblaient : une scène qui, dans sa simplicité et son caractère atemporel, rappelait les tableaux de Constable. Certes, la Church of Ireland, une construction de pierre au sommet d'une colline, avait l'air abandonné, et la porte de verre du téléphone public, restée ouverte, était le dernier mot de la désolation.

Et là, au bout de la route, la pancarte « À vendre », sans portail, une petite allée envahie par les mauvaises herbes, des saules qui s'accrochaient les uns aux autres et la petite ruine d'un cottage face à l'Atlantique. Deux habitations voisines, un cottage et une maison plus grande sur une colline avec, en façade, des jardins en pente. L'Errigal dominait la mer, zébré de marbre blanc, telles des veines de neige fraîche. Les gens l'appelaient « Elle ». Ils disaient « Elle brasille pour vous », et de fait, lave cristallisée depuis des millions d'années, elle était là pour nous accueillir. Un coin secret, où des familles vivaient depuis des décennies, avec des souvenirs enracinés de méfiance à l'égard de l'étranger, que j'étais.

Puisque me voilà, qu'est-ce que j'envisageais ? Gentils voisins, apprenant à connaître les multiples facettes de la mer, les oiseaux de mer et, peut-être, un dernier amour durable.

Face à nous, les lumières de Gweedore nous arrivaient en scintillant, se rattachant aux lumières du long hôtel peu élevé, donnant l'impression de regarder vers une métropole. Me souvenant que Maud Gonne avait monté son cheval parmi les paysans de Gweedore, alors qu'on rasait leurs cabanes jusqu'au sol, je songeais que je donnerais son nom à ma future maison, sauf que finalement et, par accident, elle devait s'appeler la Maison rose.

Depuis mon départ de Londres ce matin, deux autres parties avaient fait une offre, si bien que, m'informa Paddy, la vente se ferait aux enchères. Le lendemain, j'étais sur des charbons ardents, allongée sur un lit à une place du petit hôtel, attendant les appels, qui arrivaient régulièrement au gré de l'escalade des prix. La pluie glissait sur la fenêtre étroite avec une telle célérité que je me serais crue dans une voiture, avec un pare-brise qui n'en finissait pas de prendre la saucée, et je m'interrogeai sur le bon sens de mon aventure.

À quatre heures, le site était à moi. Ce soir-là, Paddy, Phil et moi y allâmes d'un coup de voiture. D'Errigal, un arc-en-ciel formait une boucle sur l'estuaire, fléchissant sa dernière extrémité peinte juste au-dessus de la ruine. On le vit tous les trois et on sourit. Il s'estompa lentement, en cadence, se faisant de plus en plus discret, l'orange étant le dernier à passer : une peau de mandarine. Les hommes ouvrirent le cadenas, poussèrent la porte, et nous nous retrouvâmes dans une petite cuisine avec un escalier raide qui menait à l'étage. Tout sentait l'humidité et la moisissure, puisque l'endroit était inoccupé depuis près de vingt ans, et dans un coin, sur le mur de ciment, il y avait une fresque, apparemment une image du Christ, le Bon Berger, en habit rouge, une baguette à la main. Je fis jurer à Phil que, quoi qu'il en soit des modifications apportées aux lieux, le Bon Berger resterait.

Le site était à une petite dizaine de mètres au-dessus du niveau de la mer et, plutôt que de faire sauter les rochers, Sasha décida que notre « datcha » serait construite sur plusieurs niveaux. Suivirent bien des réunions affligeantes avec le service de l'urbanisme. Nous ne voyions pas toujours les choses du même œil, déconcertés par l'insistance sur le « classique contemporain », qui était le vernaculaire du moment. La maison, nous dit-on, ne devait pas trop s'écarter de la tradition existante, si bien que les grandes pièces que je voulais (encore des extravagances) devaient être nichées dans une série de petits bâtiments reliés les uns aux autres, telle une série de cottages. Moyennant toutes ces contraintes, elle finit par être construite et peinte en trois roses différents, car la boutique locale de peinture n'avait qu'un nombre limité de pots de chaque teinte, et on les acheta tous.

Juste avant que le chantier ne commence, j'eus un pressentiment : soupçonnant qu'il y avait anguille sous roche, je retournai une nuit à Donegal. Quand j'entrai dans la cuisine, avant même d'allumer la torche, la première chose que je sentis, ce furent les traces d'un feu récent ; les murs étaient noirs de suie et le Bon Pasteur méconnaissable tant il était calciné. Je me rendis chez la voisine, une vieille à qui j'avais adressé une fois la parole et, dans un esprit de camaraderie, avais cédé une parcelle de terre pour sa citerne de mazout, qui légalement se trouvait sur notre propriété. Les lumières étant éteintes, les rideaux tirés, je m'assis sur un gros rocher et écrivis un billet affolé, demandant si elle avait remarqué le feu. Sa lettre à Londres, une semaine plus tard, n'aurait pu être plus rassurante. Elle peignait un tableau hypothétique : comme c'était Halloween, des jeunes de Dungloe (à une quinzaine de kilomètres) avaient dû venir à vélo, voir la pancarte « À vendre » jetée sur le sol, entrer par curiosité et décider, par gaminerie, de faire un feu, qui malheureusement leur avait échappé. J'y crus sans y croire. Le courrier suivant m'apporta une lettre de Birmingham : « Nous, les six sœurs, avons l'intention de contester le testament de fortune de notre défunt père. » Ce qui me conduisit à craindre que l'achat ne fût pas valide. D'autres auteurs s'étaient installés dans des coins étranges et avaient été chaleureusement accueillis. J. M. Synge, un auteur que j'adore, avait à ses basques des hommes et des garçons qui lui racontaient des histoires, des filles qui lui donnaient des cheveux-de-Vénus ramassés entre les rochers, et au coin du feu, la nuit, il avait entendu des histoires d'une telle force d'imagination qu'elles inspiraient ses grandes œuvres. Des écrivains de moindre envergure écrivirent aussi des récits enviables de leur installation en Provence, en Toscane ou dans les îles grecques, et moi j'étais en fâcheuse posture. L'incendie et la lettre d'avertissement n'étaient que le prélude à des épisodes sinistres. Des ajoncs sur un tertre devant ma maison furent également incendiés, et je reçus un coup de fil furieux de la fille de la vieille dame, qui habitait la maison sur la colline, appelant pour me dire que la maison que j'envisageais était trop grande, qu'elle lui gâtait la vue, qu'elle ne s'accordait pas avec le cadre et que c'était hors de question.

Puis un soir, à Londres, un homme qui ne voulut pas donner son nom, mais qui avait l'accent de Donegal, appela pour me dire que ma maison allait chuter, bloc par bloc, et que, de surcroît, le ciment utilisé était pourri. C'est alors seulement que j'appris par mon entrepreneur que tous les soirs, dès qu'ils avaient quitté le chantier, les blocs de ciment qu'ils avaient posés étaient retirés, avant d'avoir eu le temps de durcir, et jetés à terre par défi. Phil, qui était du coin, ne cessait de me dire de ne pas me décourager, que les mauvais sentiments finiraient par se dissiper. Il n'en fut rien. Un bateau bleu fit son apparition aux amarres de la maison, et c'est en vain qu'on écrivit pour demander son retrait. Un des nombreux membres de la classe finit par répondre à une lettre de mon notaire, disant que, si j'étais une concitoyenne respectable, j'arrêterais toutes ces «foutaises» pour faire un saut chez ma vieille voisine et la tranquilliser. Impossible de savoir qui tirait vraiment les ficelles dans toutes ces affaires – de quelle maison, de celle-ci, de celle-là, ou d'une maison dans les collines que je n'avais même pas vue – , toute une communauté, peut-être, qui se serrait les coudes. À la Garda locale, je fus reçue avec une certaine froideur. Moi, une étrangère, qui construisait une grande maison et qui me bilait avec des voisins qu'ils connaissaient bien et auxquels ils étaient peut-être vaguement apparentés, puisque tous avaient le même nom de famille. Il fallut la menace de la cour de Letterkenny et de la Haute Cour de Dublin, si nécessaire, pour que la situation cesse de s'envenimer, mais les hostilités continuèrent de couver.

*

L'installation se fit en décembre et le bruit des gros camions de déménagement roulant sur la route étroite avait quelque chose de palpitant après quatre ans de revers et d'espoirs contrariés. La liste de la salle des ventes, où j'achetai le mobilier, et que j'ai conservée, témoigne des extravagances auxquelles je me laissai aller. Il y avait, par exemple, un cabinet chinois de laque rouge, décoré de pagodes et d'un jardin paysager, sur un support de baguettes de bois dorées, des panneaux chinois dorés et polychromes, des fauteuils de bois doré avec un canapé deux places assorti, une table de salle à manger et des sièges sculptés à la main, couleur manguier et acajou, sans compter un ensemble de chaises de jardin métalliques et de miroirs en forme de poire, gravés et surmontés d'une houppe feuillue et d'un tablier folié, à la vénitienne. La belle cheminée gothique en grès souffrit d'une balafre frontale quand les déménageurs la laissèrent tomber dans les trois marches du balcon menant au reste du salon, mais mon ardeur était telle que je me surpris à dire que ça ne faisait que lui ajouter une touche d'authenticité.

Moi qui rêve de silence, j'héritai de la chambre à coucher la plus calme du monde, et la seule chose que j'entendais, c'étaient les moutons fauchant les maigres brins d'herbe entre les pierres roulées, dans le champ voisin, et le vrombissement du petit avion qui partait chaque matin de bonne heure.

Mon ami David McKittrick l'avait baptisée « Tara's Hall » quand il était venu avec sa femme Pat pour une petite pendaison de crémaillère. Les enfants de Carlo, Georgia et Euan, respectivement de huit et cinq ans, montaient une pièce. Toute la journée, les préparatifs furent intensifs : hormis l'écriture de l'épopée, il fallait imprimer les programmes, qui furent ensuite décorés à l'aquarelle, choisir les costumes et les accessoires et décider sur quelle aile du balcon mettre en scène le spectacle. Il était prévu pour l'après-dîner, et l'on nous fit asseoir à la table « manguier-acajou » puisque la surprise était impérative. Nous y restâmes un bon moment. Georgia finit par venir, abattue. Son frère avait le trac. Il avait enlevé sa peinture de guerre et son costume, qu'il avait piétiné, et s'était enfermé dans la chambre au rocher, décrétant qu'il était le garçon le plus nul qui ait jamais vu le jour. Il fallut des cajoleries sans fin. Sa mère et son père le supplièrent, et moi aussi. Sasha jura d'entrer par la fenêtre et, de ce fait et grâce au doublement du prix des programmes, Euan finit par en ressortir attifé d'un chapeau d'homme et d'un kimono de soie avec une boucle dont les propriétés magiques jouaient un rôle significatif dans le drame. Georgia était en blanc, telle une vestale. Le spectacle, au regard du battage publicitaire, fut étonnamment court et le dialogue, pour autant qu'on pût l'interpréter, était un méli-mélo d'anglais, de teutonique et d'elfique.

« Là... là » furent ses premiers mots, quand, avec force froncements et connivence, il montra du doigt l'ennemi, un dragon, représenté par une chaise tombée derrière un rideau. Le rideau, dois-je préciser, était une belle balle de tulle couleur citron que j'avais destinée à plusieurs fenêtres, mais ce soir-là c'était « Tout pour Hécube et Hécube pour moi ».

Suivit une quantité de Naa Naa et de Raa Raa, avec la répétition du mot « Longue-selle », qui indiquait vraisemblablement une fuite imminente à dos de cheval. Le dragon derrière le rideau devait être plongé dans le sommeil par les sortilèges de quelque objet. L'objet en question était une horloge, une des trois horloges qui s'étaient arrêtées depuis que j'avais emménagé, n'appréciant visiblement pas l'air marin chargé de sel. L'horloge, quand on la mettait sur la tête, pouvait étourdir une personne. Ce que nous apprîmes quand elle fut placée sur la tête de Georgia qui eut l'obligeance de tomber en pâmoison. L'idée était qu'elle devait se faufiler sous le rideau et assommer le dragon. C'est ici qu'elle prononça sa première ligne de dialogue, qui avait été dûment traduit dans le programme. Elle demanda nerveusement *Sut an ?*, ce qui voulait dire « Combien de temps ? ». Il essaya de la rassurer, lui dit que son cœur chantait pour elle, puis de sa boucle, en guise de protection, traça un cercle autour de son visage et de son front, et elle s'en alla. Les pourparlers avec le dragon étaient muets, hormis le tintement d'une petite cloche de druide, également chipée dans le tiroir de ma table de chevet. Sortant de son personnage, Euan profita de l'occasion pour nouer son lacet, puis revint à Naa Naa et Raa Raa, le temps qu'elle ressorte, souriante, portant deux choses importantes : un rouleau noué avec un ruban rouge et une mantille de dentelle blanche.

« Mariés », fit-elle, d'une voix douce, à peine audible, tandis que son frère, ayant lu le rouleau, lui mit officiellement le voile sur la tête, puis, les mains jointes, ils descendirent du balcon et sortirent par une double porte vers Longue-selle et le soleil proverbial. Les applaudissements furent époustouflants. Il y eut cinq rappels, avec la bergère à dôme, certainement choisie à cause de ses pattes griffues, qui représentait le dragon. Tout le monde, y compris les protagonistes, versa des larmes de fierté et de joie, les sommes promises furent versées, et les verres, grands et petits, remplis de champagne.

*

Sur ce même balcon, Stephen Rea et Marie Mullen lurent du Yeats et du Joyce en vue d'une émission que je préparais pour la BBC. Un dimanche ensoleillé, Stephen réunit quelques musiciens de talent, dont Neil Martin, qui joua au violoncelle son cycle de chansons de l'Oileán na Marbh, l'Île des Morts. Une musique qu'il avait écrite pour des poèmes de Cathal Ó Searcaigh, où la mère de l'un des nombreux enfants non baptisés parle de sa peine et de sa rage contre l'Église catholique, qui n'autorisait pas ses enfants à reposer en terre chrétienne. Par un des accidents de l'histoire, la marée rejeta sur la côte de Donegal les corps de soldats torpillés par des sous-marins allemands au cours de la Seconde Guerre mondiale, et ils furent inhumés à côté des enfants dans des tombes anonymes. La solitude de la musique associée à la solitude des lieux et au sanglot de la mer me donnait le sentiment que tout était en ordre, que je m'étais fixée, mais une nuit de tempête, quand j'étais seule, pouvait triompher de la certitude.

*

La tempête n'avait cure des saisons, venait à tout moment, beuglait sa colère.

Les vagues portées par la bourrasque et les vents de travers avançaient, rugissant, moutonnant, puis basculant sur la mousse, alors qu'un nouvel assaut, et encore un autre, s'effondraient dans la même confusion et son écume de rage. Je fis le tour de la maison, vérifiant les moraillons aux fenêtres, une vingtaine au total, et fourrai des serviettes dans les jambages des portes de devant et de derrière. Dehors, dans la cour, les alarmes de sécurité s'affolaient, ne cessant de s'allumer et de s'éteindre, et par la fenêtre de la cuisine, je vis que les saules avaient succombé et gisaient en tas. Des oiseaux, rabattus sur les glaces flottantes, étaient balayés de-ci de-là, et l'un d'eux, un cormoran peut-être, n'était plus que loques, jouet tournoyant impuissant, tel un cerf-volant sans ficelle. La pluie lavait à grande eau les rochers qui affleuraient dans la cour, suintant dans la Maison rose et ses fondations. Je me signai, attendant le matin avec impatience.

Les matins : clairs comme le cristal, la mer soyeuse, de toutes les couleurs, le bleu pâle et le rose pâle des vestes de bébé que j'avais vues dans la boutique de souvenirs de Dungloe, avec l'omniprésente croix de Cong en marbre vert, et une cuvette de toilette Belleek avec écrit « Juste pour les fesses ». Mais impossible de garder ces couleurs bien longtemps, car il y avait toujours une petite précipitation, joliment appelée « averse de soleil », et les draps de la corde à linge de ma voisine prenaient une deuxième saucée. Je vivais pour ces matinées, le calme primordial après la tempête, quand le monde, pour ainsi dire, est rétabli dans ses droits. Je sortais, les sables blanc colombe qui imitaient les vagues et les foulards d'algue couleur moutarde qui séchaient sur les rochers. Mais, tempête ou soleil, le constat me tenaillait que je n'écrivais pas beaucoup. Je disais en plaisantant que les chambres que Sasha avait conçues étaient trop grandes, trop somptueuses, et ne favorisaient pas la concentration, mais j'aurais pu me cacher, ce que je fis, dans la bergère à dôme, pour éviter les distractions. Les lieux sont au cœur de l'écriture, et je n'étais pas de taille à affronter ce monde déchiqueté de rochers escarpés, de granit et d'éboulis. Je penchais pour des lieux plus doux, plus feuillus, des fossés gorgés de fleurs sauvages, de mauvaises herbes et de liserons, des petites rivières où filaient des truites brunes et mouchetées. Je n'arrivais pas à m'y imaginer, ses dictions étaient trop noueuses pour moi.

*

L'arrière d'une ambulance est trop spacieux pour s'y retrouver seule. Un samedi de Pâques, on me diagnostiqua une hernie étranglée, et n'était la présence de Sasha et d'une fille qui s'appelait Shoba, je serais passée «parmi les ombres». La Maison rose était si éloignée que l'ambulance, appelée par le médecin, ne nous trouvait pas. Sasha s'était posté au portail, gesticulant à toutes fins utiles, pour la voir tourner en rond quand elle prit un coude où la route semblait avancer dans la mer. Il courut de toute son énergie et réussit à la rattraper, encore perdue, à un autre embranchement, si bien qu'à l'heure où l'on m'embarqua, recouverte d'une couverture rouge, j'étais dans les vapes des suites de l'injection que le médecin m'avait faite. L'ambulance dépassa Errigal, puis franchit la Gorge empoisonnée, sauf que je n'en avais pas conscience, ballottée en avant et en arrière, dans ce que je ne saurais appeler qu'un quasi-monde. Quand je fus admise à l'hôpital, j'eus le plus grand mal à me rappeler mon nom et le nom de jeune fille de ma mère, et j'eus le sentiment que le barrage de questions était trop pour moi. Puis ce fut un grand pavillon, avec les postes de télévision qui braillaient, et après ce qui me parut une trop longue attente, je fus emmenée en civière par deux jeunes hommes qui discutaient avec passion du match de hurling du lendemain, le dimanche de Pâques. Le chariot bringuebala dans les couloirs, direction l'étage supérieur, puis redescente et remontée jusqu'à la salle d'opération, avec quantité d'étranges personnages en blouse blanche, bonnet blanc et masque blanc qui attendaient pour quelque rituel.

Je me réveillai la bouche pleine de tubes, haletant de soif. Un jeune vint me faire un prélèvement de sang, mais n'arrivait pas à trouver la veine et, comme je l'implorais d'arrêter, il me dit qu'il y avait une « courbe d'apprentissage » pour lui aussi. Plus tard, il fut remplacé par une Sri-Lankaise qui fut une joaillière avec l'aiguille – le sang bouillonnant joyeusement dans la fiole de verre.

La femme du lit d'à côté se mourait. Ses geignements et les nombreux parents qui ne cessaient d'affluer ne me laissaient aucun doute. Puis on déplia le paravent autour d'elle, et peu après le prêtre arriva, portant les huiles dans un coffret de bois, pour lui administrer son viatique. Suivit une infirmière, avec une grande bougie allumée dans une main et un linge blanc dans l'autre. Le bourdonnement paisible de leurs voix qui récitaient le rosaire, l'odeur de bougie allumée et des huiles chaudes composaient une scène heureuse, qui ne ressemblait pas du tout à la mort, comme si elle passait simplement d'un chapitre de sa vie à un autre. Je brûlais de la suivre tant la soif devenait presque insupportable, avec l'appareil qui me donnait l'impression d'avoir un gerbeur dans la bouche. On l'évacua dans son lit et, une fois le paravent retiré, je vis mes deux boules Quies roses qui étaient tombées de ma table de chevet et qui traînaient par terre. Une chance que je les eusse trouvées dans mon sac à main après avoir été admise à l'hôpital, où elles m'avaient été d'un grand soutien contre le bruit constant et les beuglements de la télévision. Elles furent récupérées et lavées. Cette nuit-là, les bruits furent de nouveau assourdis.

Le jour où l'on me retira les tubes et où je pus de nouveau déglutir et goûter les premières gouttes d'eau qui me firent l'effet d'un nectar, j'éprouvai une immense reconnaissance d'être en vie.

Mais c'est de retour à la maison que je me mis à peser les choses à leur juste valeur, assise à lire les cartes de vœux de prompt rétablissement et regardant par la fenêtre les jonquilles d'un côté, la mer de l'autre. Force me fut de reconnaître que, ne conduisant pas, j'avais choisi un avant-poste en vérité bien isolé. Je ne suis pas de la mer. Mais une année s'écoula avant que je ne remette la maison sur le marché.

*

Arriva donc le jour où j'emballai les verres et les diverses décorations, accrochai des draps déchirés sur les miroirs, vidai les tiroirs, trouvant des notices sur l'entretien des tapis et des idées originales de recettes de cocktails. Les cartons entassés formaient déjà de grandes piles, donnant au salon des allures de sac. Entendant un petit coup frappé à la porte, je me levai d'un bond. Une jeune femme, une des « six sœurs » qui avait construit une maisonnette sur la colline, au-dessus de la mienne. Elle portait une jupe longue de calicot et un chemisier blanc à lacet parsemé de coquelicots. À voir son hésitation, sa timidité était évidente. Je l'avais souvent aperçue depuis que j'habitais là, preste comme une chèvre de montagne, sautant d'un rocher à l'autre, et un Noël, croyant qu'il n'y avait personne dans les parages, elle s'était défaite de tous ses vêtements pour courir littéralement dans l'eau glaciale. Elle en était ressortie quelques minutes plus tard, Ève verdoyante, tartinée d'algues vertes qui s'accrochaient à elle – de laitue de mer, comme on les appelle. Quelle impulsion l'y avait poussée ? Je la voyais souvent le soir, une boîte de conserve à la main, fouillant sous les rochers en quête de moules pour son dîner, mais nous ne nous étions jamais parlé, ni l'une ni l'autre n'avait osé briser la glace.

Elle entra, demandant si j'avais besoin d'aide, et sans me laisser le temps de répondre s'était déjà mise à emballer des affaires. Il y avait une chose que j'avais toujours voulu lui demander. Ma présence ici, ces dix années, l'avait-elle contrariée ? « Oui. Deux fois. » La première fois quand elle avait vu une seconde cheminée dans le mur à pignons qui était le mur de pierre de la maison dans laquelle elle avait grandi. La seconde, la nuit de notre emménagement, avec des lumières dans chaque pièce, si bien que pour elle, à quelques centaines de mètres plus haut dans la colline, c'était le château féerique, dont elle avait été bannie. Il y avait encore une petite chose que je devais demander. Qu'est-ce qui l'avait fait plonger dans la mer froide le jour de Noël ? « Ça alors », fit-elle évasivement.

Empilant les livres, elle demanda si je les avais tous lus et mentionna le seul qu'elle avait lu depuis des années, *Sur la route de Madison*. Puis son œil tomba sur la page ouverte de l'un des livres, et elle lut, à voix haute : « *La mer, et Homère... tout est mû par l'amour.* » Ça lui plut, et elle le copia au dos d'une recette de cocktail, puis le glissa dans la poche de sa jupe longue. C'était un homme grand, un étranger du Pays des Nuits blanches et des Framboisiers et, à Noël dernier, il avait mis son bateau à quai dans le port de Gweedore, et elle avait glissé un billet idiot dans une bouteille de bière vide qui traînait sur le pont de son bateau, baptisé d'après une déesse nordique. Non, elle ne rêvait pas de naviguer en haute mer avec lui, jamais elle ne quitterait cette côte, elle était mariée avec elle, comme jamais on ne saurait l'être à un homme.

Montrant du doigt la fenêtre basse, elle ajouta : « C'est là qu'ils ont déposé ma mère, la nuit de sa mort. » Elle n'était qu'une enfant à l'époque. Sa mère avait donné naissance à onze enfants dans cette minuscule maison, à laquelle elle appartenait, comme jamais je ne le pourrais.

Sous les escaliers, je trouvai une dernière bouteille de champagne, et nous nous assîmes au bord d'une table longue que les déménageurs devaient bientôt démonter, regardant la mer, sans dire un mot.

*

Il faisait encore nuit, le lendemain matin, quand je partis et glissai la clé de la porte arrière dans la boîte aux lettres de la grosse et imposante porte de chêne avec ses rivets de fer. J'avais aussi laissé une lettre marquée « urgent » pour le commissaire-priseur. Il devait passer plus tard examiner une tache d'humidité qui avait été découverte et qui préoccupait les acheteurs, si bien que la vente menaçait de capoter. J'en ai gardé une copie dans mon livre de memorabilia :

Cher Brandon, j'en ai parlé avec mon entrepreneur et il dit qu'il n'y a pas lieu de s'inquiéter de la tache d'humidité et qu'elle ne s'étend pas à l'entrée. La cause en est qu'un coin de la maison a été construit sur le rocher (voir Saint-Pierre !). Ils comptent placer des électrodes dessous, puis un plâtre étanche qui sera peint, si bien qu'il n'y aura plus trace d'humidité. L'extérieur est repeint comme demandé.

Le chauffeur de taxi n'était pas le jeune homme que j'avais espéré, mais un homme plus âgé, visiblement contrarié, peut-être à cause de l'heure matinale.

Dans cette lumière pâle nous attendait un étrange spectacle, presque spectral. Un champ plein de lièvres, par douzaines, singulièrement immobiles, oreilles dressées. Il y avait là quelque chose de sinistre, une suggestion de folie et de menace. Je demandai au chauffeur de ralentir, ce qu'il fit, et certains, de toute évidence les femelles, s'éparpillèrent d'un côté, pour permettre aux tournois de commencer. Dressés sur leurs pattes arrière, deux par deux, les mâles commencèrent à se boxer. Ils le firent en experts, avec un certain formalisme, comme s'ils avaient répété, ce qui était inconcevable : crochets, directs qu'ils connaissaient par quelque instinct inné, la bataille qu'ils devaient livrer pour conquérir la main de la dame de leurs pensées.

Craignant que je rate mon avion, le chauffeur ralluma le moteur et, comme un cheveu sur la soupe, déclara : « J'étais heureux en ménage », tout ça pour me dire que sa femme était morte subitement, qu'on lui avait dit que tout allait bien quand elle avait fait un check-up et qu'on l'avait appelé dans la salle d'attente, et qu'il les avait tous trouvés en larmes, le toubib et les deux aides-soignants, un homme, parce qu'elle n'avait qu'une semaine à vivre. Il ne se souvenait pas de ce qu'il avait fait dans les deux années qui avaient suivi sa mort, il ne se souvenait pas chez laquelle de ses filles il était allé pour le réveillon de Noël. Il dériva dans la vie, hébété, recevant des conseils qui ne pouvaient pas l'aider. Finalement, il se décida à faire taxi, pour rencontrer des gens, puis, un soir tard, on l'appela pour ramener une dame chez elle. Quand elle descendit de voiture, elle suggéra qu'ils fassent un petit tour ensemble. Ils avaient déjà fait une sortie en voiture jusqu'à Letterkenny pour voir les boutiques et une autre sur le promontoire venteux, au-dessus de Gortahork, où le vent avait failli les emporter. Il ne disait rien, mais peut-être bien que, si je revenais en visite, je verrais un changement en lui, peut-être qu'il serait de nouveau chef de famille.

*

L'avion décollait toujours dans une des deux directions, selon le vent, et comme je l'avais espéré, il croisa au-dessus de la Maison rose, si heureuse en bas, odalisque aux contours tendres ouverte aux éléments.

La nuit du temps

Le cri d'un renard la nuit a quelque chose de funeste. Au départ, je crus que c'était celui d'un enfant. Il s'était fait piéger dans un rêve, un rêve auquel je n'avais aucune envie de me faire piéger, même si j'oublie de quoi il retournait. Le renard était une renarde, une mère putative, effectuant une reconnaissance préliminaire pour y creuser son terrier, et le jardin, couvert de buissons, de figuiers et d'arbustes qui avaient poussé tout seuls, était la planque idéale.

Il neigeait. Amoncellements sur les plates-bandes et les haies – neige qui tombait, neige qui voletait, neige qui se posait et neige en attente, dans les maussades toisons du ciel.

Elle commença à venir en plein jour, elle arrivait soudain, s'installait, apparition brunie juxtaposée à la blancheur de la neige, avec son menton si hardi et pointu, et dans l'expression une étrange désolation qui était curieusement humaine. M'ayant jaugée, elle sortait par les figuiers et le mur haut, à l'arrière, avec un tel sarcasme dans le frémissement de sa queue brune et parfois, quand elle jetait un coup d'œil en arrière, il y avait une montée de sang qui augurait la terreur, dans les deux renfoncements, derrière mes lobes d'oreille.

Janvier 2011, et selon les bulletins météo, le pire hiver depuis 1963, quand un manteau de neige recouvrait entièrement Wimbledon Common et que, dans leur blancheur virginale, on ne pouvait compter les marches qui conduisaient aux grandes maisons d'en face.

C'est l'hiver où je quittai mon mari et avais loué une chambre sur le Common, quand Sasha écrivit « Help » dans la condensation de la vitre, trop gêné pour admettre qu'il voulait retourner dans la maison de son père, parce que c'était l'endroit qu'il connaissait, même s'il y était malheureux comme une pierre. Son frère et lui ne devaient être séparés que pour cette nuit, et puisque je n'avais droit qu'à l'un ou l'autre, ils jouèrent à pile ou face, et c'est Sasha qui gagna.

Nous étions dans le nouvel appartement, dépouillé, hormis un matelas par terre, une chaise de cuisine, quelques mugs et une plaque de gaz. J'avais mis la bouilloire à chauffer pour faire du cacao quand, sur la condensation, du fait de la vapeur, le mot « help », en grandes capitales, apparut sur la fenêtre.

Un peu plus tôt, nous avions subi une petite humiliation au grill-room du Ridgeway. Je n'avais d'argent que pour un repas, un seul steak-chips, et demandai si nous pouvions le partager. Le serveur éméché appela le patron, qui, de son air supérieur et suffisant, décréta que toutes les tables étaient déjà réservées, nous obligeant à une retraite piteuse.

Je suggérai à Sasha que peut-être il avait envie de rentrer à la maison et il fit « oui » de la tête. Il ne nous restait qu'à enfiler wellingtons et manteaux pour aller à la cabine téléphonique. Je fis le numéro et son père décrocha ; Sasha lui parla d'une voix hésitante, et il fut convenu que son père passerait le chercher dans une demi-heure. Nous l'attendîmes en bas, sous le porche de la maison, sans trouver grand-chose à se dire au cours de ces trente interminables minutes. Sous le lampadaire, le chemin enneigé avait une couleur rose et glissait.

Le lendemain matin, je quittai les lieux et, après quelques suppliques, un jeune vendeur d'un magasin de Wimbledon accepta de reprendre le matelas, puisque je lui expliquai que je n'avais pas retiré la protection de plastique et n'y avais pas dormi. Je trouvai une chambre à Putney, donnant sur le fleuve, pas très loin de la femme qui m'avait accueillie la nuit du brouillard à la dérive. Cette chambre de location fut un effort futile et lamentable pour me faire un nid. Je pensais, irrationnellement, que, si nous pouvions nous enfoncer au fond d'une congère et nous y cacher, nos soucis seraient résolus, j'obtiendrais la garde des enfants, leur père s'y habituerait et la vie retrouverait un parfum de normalité. Dans le nouveau meublé, j'étais souvent seule, car la propriétaire allait dans sa maison des Cornouailles, et j'y emmenais les enfants pour des visites. Une collection de cartes et de boussoles dans le bureau de son père ne laissait pas de les intriguer : un musée nautique qu'il ne reverrait probablement pas, car il était invalide, dans sa maison des Cornouailles qui donnait sur la mer.

Je reçus une commande de Francis Wyndham, rédacteur en chef au magazine *Queen* : il voulait un article descriptif sur les chevaux.

Le chèque de cent livres exigeait une sortie. Le samedi suivant, je les emmenai au Strand, chez un philatéliste. Ayant acquis un intérêt précoce pour les timbres, Sasha se voyait déjà collectionneur. Après quoi, nous allâmes déjeuner au Savoy. Le garçon leur présenta à son bras une série de cravates à louer, parmi lesquelles ils firent leur choix, puis nous conduisit dans l'opulence de la salle à manger où il nous installa à une table ronde centrale. Que de suavité, que d'attentions, avec les garçons qui volaient pour satisfaire la moindre commande, et peu après, alors qu'un chariot avait été approché de notre table, un demi-plateau d'argent relevé, il s'enquit de la préférence des «jeunes messieurs».

«C'est *pukka... pukka,* authentique», fit Carlo, s'appropriant les expressions anglaises qu'il avait surprises, oubliant les formules irlandaises qu'ils connaissaient, et même leurs accents étaient légèrement changés.

Après quoi, un peu pompettes du fait du vin du dessert, dans une antichambre équipée d'un beau secrétaire blond, ils se servirent d'un papier à lettres gravé pour écrire une lettre à ma mère, qui leur inspirait une affection débordante. De Sasha, elle reçut un traité sur les timbres, suivi d'un long récit du siège de Khartoum en 1884, quand le général Charles Gordon résista dix mois durant à l'armée soudanaise, mais finit par être battu, débordé sur ses flancs par un ennemi qui profita du faible niveau du Nil, se rua sur les murs et enfonça les portes. Il espérait qu'un jour, dans une brocante, il dénicherait au fond d'une boîte un timbre de cette époque, avec son cachet égyptien, et le plus merveilleux de tout, fourré dans l'enveloppe, le récit d'un soldat racontant les faims et les afflictions qu'ils avaient endurées. Résolu à écrire une lettre tout aussi longue, Carlo rapporta une prière, la «Desiderata», fustigeant les épreuves «vexatoires» de la vie. Moi aussi, je me servis de papier à lettres, fourrant des feuilles dans mon sac, imaginant qu'il me porterait chance pour le roman que j'avais entrepris d'écrire. Au moindre moment de liberté, j'écrivais, dans le bus, à la gare, aux portes de l'école, et *La Félicité conjugale*, le roman écrit dans cette période de frénésie, fut jugé en rupture avec mon ton lyrique antérieur, chatoyant.

C'est l'hiver où je fis la connaissance du réalisateur Jack Garfield, qui m'envoya un panier garni de Fortnum & Mason, des mets auxquels je n'avais jamais goûté – aspic de jambon, foie gras, gelée de coing, fromages et truffes fourrées au cherry brandy et au kirsch. C'est l'hiver où T. P. McKenna m'invita à une soirée donnée par Sam Peckinpah, sans que je rencontre jamais mon hôte, ce qui n'était pas rare dans les années 1960, puisque les invités amenaient des amis qui encourageaient à leur tour d'autres amis, et les resquilleurs n'avaient qu'à entrer dans une maison, dont la porte d'entrée était sans doute entrebâillée avec *I'll Send All My Lovin' to You* qui passait à plein tube.

C'est l'hiver où j'achetai un chapeau cosaque d'astrakan du gris le plus pâle, et qu'un ou deux hommes m'embrassèrent, mais je n'étais pas prête à embrasser quiconque, j'étais encore glacée.

C'est l'hiver où Sylvia Plath se donna la mort après avoir écrit des poèmes d'une vérité si fulgurante et meurtrière. Son mari, Ted Hughes, dans un livre qui lui était dédié, avait écrit un poème dans lequel le Mari est l'ombre de la Dame, mais les ombres troquent leurs places dans la vie, comme cela arrive dans la poésie courtoise. J'avais rencontré Sylvia Plath une fois, après une lecture poétique au Queen Elizabeth Hall, quand Robert Graves nous présenta, et je sentis en elle quelque chose d'hostile et d'âpre. Avec le temps, pourtant, et mes adversités croissantes, ses poèmes, pétris qu'ils sont de la présence de la mort et de la présence des enfants, ont été les bulletins de mon âme. J'ai eu le sentiment de pouvoir supporter des choses rien qu'en les lisant, avec leurs mots si parfaitement placés, si parfaitement aiguisés, la beauté des images, la gravité : « Muguets. Muguets », « La Lune [...] avec son regard fixe sous son capuchon d'os ».

Dans mon meublé, avec le fleuve au-delà, les volets fermaient mal, et la lumière froide de la lune glissait sur le sol, illuminant les glands sur le miroir au dos argenté et les rosettes d'une mule de tissu rose. J'avais peur de dormir au cas où il se passerait quelque chose de drastique, au cas où mon mari chercherait à brûler les étapes et les emmènerait en Nouvelle-Zélande comme il avait menacé de le faire, puisqu'il avait une sœur là-bas. En rêve, j'essayais constamment de les rejoindre, montant au pas de course la volée d'escalier de la gare de Wimbledon à seule fin d'arriver sur le quai à l'instant où le train partait, et ils agitaient tristement la main. Dans un autre rêve, je repassais et, soudain, l'odeur de linge roussi se transformait en odeur de chair brûlée, et leur peau se détachait, grésillant sur la semelle du fer, et je me réveillai, catastrophée de ce que j'avais fait.

Une petite Irlandaise qui travaillait autrefois pour nous, et qui suivait une formation de bonne d'enfants, venait à l'occasion aider leur père et, le samedi matin, quand elle ne pouvait pas venir, ils avaient pour consigne de passer l'aspirateur et, sur le coup d'une heure, d'apporter le petit déjeuner de leur père : thé Earl Grey et toast de pain brun au gluten, légèrement brûlé et arrosé d'huile d'olive. Je sus que la petite Irlandaise, encline à rougir en sa présence, prenait le parti de leur père, et je redoutais son travail de sape contre moi, ce qu'elle fit, quand arriva le jour noir de ma comparution devant la cour. À la gare, quand elle me les remettait, elle ne m'adressait jamais un mot, leur chuchotait juste des tendresses à l'oreille avant de transmettre les ultimatums de mon mari – qu'ils devaient se coucher tôt, bien se brosser les dents, et la nécessité de mouvements réguliers de l'intestin. Aussi, histoire d'asseoir mes pouvoirs déclinants sur eux, je lui demandai de m'apporter des vêtements et sous-vêtements de rechange, ce qui d'un certain côté me rapprocha d'eux du simple fait de voir leurs tricots, leurs chaussettes et leurs pulls Fair Isle jetés sur des chaises.

*

C'est fin février, cette année-là, que commença le dégel.

La neige tombait des toits en petites avalanches, les conduites d'eau éclataient et les chemins de halage n'étaient que gadoue, ce qui n'avait pourtant pas empêché quelques perce-neige de se frayer un chemin dans la terre humide et plombée.

La renarde vint plus fréquemment, avec ses cris nocturnes si sinistres, comme la Dame blanche, un appel aux vivants et aux morts. Il y avait deux terriers, mais je ne savais pas qu'il y avait un tunnel entre eux. Je commençai à m'inquiéter et consultai diverses organisations pour savoir ce que je pouvais faire. J'appris que les renards étaient des mammifères nocturnes, qu'ils passaient la nuit à chasser et fouiller les détritus, et que leur espérance de vie pouvait être de douze à quinze ans. Les attaques de renard, disait-on, étaient rares : un renard n'attaquerait qu'à la dernière extrémité. Mais à la dernière extrémité quand même. L'organisation que j'appelai ensuite fut tout aussi peu secourable. Savais-je que les renards avaient commencé à coloniser Londres en 1930 ? Non. Le renard « urbain », ce que devait être le mien, avait trouvé l'équilibre en ville, et le tirer ou le piéger serait inacceptable. Les renards étaient plus heureux dans un coin de jardin avec un mur de part et d'autre, où ils se sentaient à l'abri. Je devais résister au besoin pressant de les apprivoiser, même si de nombreux propriétaires trouvaient plaisir à les faire manger dans la main. Verser d'infects produits chimiques dans les terriers était illégal en vertu de la loi de 1985 sur l'alimentation et la protection de l'environnement, et on se fourrait le doigt dans l'œil en imaginant qu'on pouvait pousser un animal sauvage vers une autre région, où il ne pourrait s'établir ni trouver les meilleurs sites pour se nourrir. Ce faisant, je commettrais un autre crime, également passible d'une peine de prison. Un service de dératisation que je repérai recommandait un répulsif qui simulait l'odeur d'un renard rival, le seul inconvénient étant qu'on n'en trouvait plus dans aucune droguerie, jardinerie ou magasin de bricolage tant la demande avait été excessive.

Une nuit, le détecteur ne cessa de s'allumer et de s'éteindre, sans discontinuer, et quand je sortis du lit pour regarder par la fenêtre, je vis ce que je ne croyais pas possible. Il y avait en bas huit ou neuf renards avec les renardeaux et leurs folles cabrioles d'écureuils, qui couraient, s'ébattaient dans les plates-bandes, secouaient les buissons à feuilles persistantes dont la neige tombait élégamment sur leurs manteaux de fourrure, laquelle était d'un brun plus sombre que celle de leurs parents. La mère était là, manifestant, je dois bien le dire, un bonheur sans borne, absolument immobile, légèrement accroupie, alors qu'ils la tétaient de temps à autre, puis filaient dans un tourbillon endiablé.

Je vidai la chambre à coucher.

La chambre voisine servait aux réceptions, mais elles se font plus rares au fil des ans. C'est l'heure, je le savais par un des romans de Sebald (ce mystérieux spectre littéraire), que Sir Thomas Browne appelait «la nuit du temps qui surpasse le jour». L'heure où Scott Fitzgerald envisagea sa «fêlure» et la vécut. L'heure du loup et des renards urbains. Partout des livres. Sur les étagères et sur le petit espace au-dessus des rangées de livres, et par terre, sous les chaises, des livres que j'ai lus, des livres que je n'ai pas lus; par exemple, je n'ai jamais lu *The Rise and Fall of Athens* de Plutarque*, dont je possède trois exemplaires. Partout des prospectus. Sutras védiques. Une coupure de journal, avec en titre «La ligne du Seigneur», offrant aux catholiques l'occasion de se confesser par téléphone pour cinquante pence la minute. Une lettre qui m'a été adressée par erreur et qui confirme mon rendez-vous avec un coordinateur de l'augmentation mammaire. Doux Jésus ! Il y a les manuels d'exercice physique que je consultais dans mes jours heureux, le Tummy Toner, le B I Press-Mono, le Hip Hop,

---

* Sous ce titre ont été réunies en anglais neuf des *Vies parallèles*.

avec des images idéalisées de tour de taille en sablier. Une brochure du conseil local donnant des instructions pour les plus de soixante-cinq ans. « Êtes-vous prête ? » demande le gros titre, à quoi je réponds un « non » véhément.

C'est en voyageant à Singapour que je compris que j'avais atteint un nadir. L'amour avait pris le maquis. Écrivain, on me jugeait impudique et irrationnelle, avec des gammes trop étroites et obsessionnelles : simple concoction de clichés destinés aux étrangers. Suivant mes détracteurs, j'étais incapable de mettre la moindre expérience en perspective ; l'histoire était toujours la même. Une journaliste anglaise, manifestement d'extraction irlandaise, jugeait ma prose « asphyxiante » et, avec la sensibilité d'une garce de ville de province, ajouta que j'avais été assez bien inspirée de ficher le camp d'Irlande.

L'aéroport de Singapour était nickel.

J'ai connu au moins trois personnes qui se sont suicidées. Un homme, qui me demanda une fois en passant de l'épouser et qui devait en fait en épouser une autre, était allé dans un bois, sur la route de Londres, avec un pistolet chargé dans son nécessaire de voyage. Dans le sac, retrouvé par la suite, se trouvaient des pyjamas et une demi-bouteille de champagne Bollinger, si l'attrait de la vie s'était révélé plus fort que celui de la non-vie. Un jeune garçon de Genève, souhaitant bonne nuit à ses amis devant un café bondé : « Je vais dormir sur mes deux oreilles cette nuit », et il ne s'est jamais réveillé de l'overdose qu'il avait prise.

Un matin, en France, dans un hôtel de la côte atlantique, une jeune femme se proposa de m'accompagner au casino pour changer de l'argent, l'appareil de l'hôtel étant en panne. Elle était le dernier mot du chic, des tenues différentes chaque jour et des talons très hauts, tout en veillant aux multiples besoins de la clientèle. Elle devait se marier plus tard dans l'année et envisageait diverses villes où ils pourraient, ou non, passer leur lune de miel. C'était l'hiver. La mer allait sagement au bout de ses rouleaux, dégorgeant des vagues d'un éclat somptueux, aussitôt avalées et anéanties dans des dépressions noires et indigo. Le carrousel, en revanche, était au repos, ses chevaux de porcelaine blanche avec leurs crinières dorées et leurs pattes de devant inclinées, sans cavalier, emperlées de rosée. Je changeai de l'argent et on s'installa dans la salle de jeu pour prendre un café, et elle me raconta son histoire. Pourquoi avait-elle besoin de me le dire, je ne le saurais jamais. Sans croupiers ni tablées, avec les lampes tamisées suspendues au-dessus des tapis verts, peut-être la salle, sans sa solennité, ressemblait-elle à une sorte de confessionnal.

Elle vivait avec son futur mari depuis près de dix ans, puis elle avait commencé à remarquer une différence, un refroidissement. Il était voyageur de commerce et elle crut, et en fait elle en eut plus tard la preuve, qu'il avait une liaison à Deauville. Jamais elle n'en fit état, bien qu'elle découvrît le nom de la femme en question, la pharmacie où travaillait la femme et les restaurants qu'ils fréquentaient. Un jour qu'il était encore absent, elle décida de se noyer. Excellente nageuse, elle nagea très loin, en sorte que personne, depuis la côte, ne voie plus monter et s'enfoncer cette tête blond cendré. Là, dans l'immensité solitaire, elle perdit la volonté de mourir et commença à revenir, mais elle perdit aussi la force de nager, ou presque. Elle ne pouvait trop dire comment elle était restée des heures dans l'eau, comment après de longues heures elle avait fini par regagner la côte et s'y allonger, ce qu'elle savait, c'était qu'on l'y avait retrouvée, dans un maillot de bain trempé, frigorifiée et muette. Le couple qui la découvrit lui parla, la releva, essaya de la faire parler et finit par la conduire à l'hôpital, où on la plaça en psychiatrie. Des semaines passèrent avant que son futur mari ne fût contacté. Quand il lui rendit visite, on aurait dit un morticien, formel et distant ; il ne lui demanda pas pourquoi elle avait fait ça, mais se contenta de dire qu'elle pouvait habiter chez lui le temps qu'elle récupère. Maintenant, m'annonça-t-elle ce matin-là dans le casino désert, ils devaient se marier, mais ce qu'elle ne me dit pas, c'est que l'amour avait changé de nature, qu'une métamorphose s'était produite.

L'hôtel de Singapour, que mes éditeurs m'avaient réservé, avait un parc, avec des jardins magnifiquement entretenus – herbes, buissons, arbres et feuilles de rhubarbe en éventail qui se balançaient sans souci. On était en octobre.

Le «Quartier des affaires et du shopping», je l'appris en feuilletant la brochure trouvée dans ma chambre, n'était qu'à sept minutes à pied et, bien qu'ayant l'intention d'en finir avec la vie, je demeurais attachée aux raffinements des vivants. J'allais en Australie faire la promotion de mon livre, j'étais attendue dans trois villes : Melbourne, Adélaïde et Sydney. J'apporterais des cadeaux aux gens qui m'accueilleraient là-bas. Le grand magasin où je me retrouvai était sur plusieurs étages, tous d'un éclat froid et implacable, avec une musique inepte. Au rayon cosmétiques, mon visage avait l'air blême et grotesque dans un miroir sur pied grossissant. Deux jeunes filles faisaient leurs intéressantes. Elles portaient des robes-chasubles identiques, avec de toutes petites sangles tressées ornées de boutons de rose plats en tissu. Riant aux éclats, elles essayaient des rouges à lèvres choisis sur un présentoir géant. Elles s'en tartinèrent les lèvres de plusieurs couches, puis ce fut le tour de leurs mains et de leurs joues d'être balafrées de tatouages brillants. Puis elles firent les clowns, glissant d'un stand à l'autre, proclamant leur bonheur, leur jeunesse et leur allégresse. Je les détestais. Je détestais leurs gloussements, leur exubérance, leurs queues-de-cheval qui rebondissaient sur leurs clavicules minces et mates. Que savaient-elles de l'amour, que savaient-elles du désespoir ? Il me vint à l'idée que, si je devais leur dire : « Excusez-moi, je vais me tuer ce soir, à huit heures trente », le rire dans le grand magasin serait devenu contagieux. Je m'autorisai alors la vision fugitive d'un homme dont j'étais amoureuse, puis me retirai sans même un geste entendu. Par de tristes associations de ce genre, l'amour s'étiole.

J'achetai des foulards de soie et des cravates de soie pour les inconnus que j'étais censée rencontrer en Australie, mais que je ne rencontrerais pas.

À l'hôtel, le jardin inondé de lumière ressemblait à un décor de théâtre en plein air, avec des verts encore plus éblouissants, de petites granules dorées de lumière qui grimpaient sur les troncs, les arbustes éclairés d'en haut et d'en bas, et les couronnes des haies de buis taillées, comme des coupoles, en feu. Que la vie pouvait être belle. Sur les terrasses, des couples dégustaient des cocktails, les hommes en vestes crème et blanches, les femmes avec des perles et des étoles de fourrure. Au loin, on entendait de la musique de danse, et de tuyaux d'arrosage cachés perlait un filet d'eau calme, fidèle et apaisant.

Dans ma chambre, le couvre-lit était retourné, avec sur l'oreiller des orchidées de Singapour d'un violet très léger, un petit carré de chocolat noir et le menu du petit déjeuner. Les cachets étaient dans un mouchoir depuis longtemps, très longtemps. Soie jaune avec une bordure de dentelle blanche et une devise touchante : « Aime qui te donne. » Au fil des ans, j'y avais vidé les flacons de comprimés prescrits par divers médecins, pour le décalage horaire, mes voyages en Amérique et ailleurs. N'aimant pas le goût du whiskey, je commençai par un verre de champagne. Puis je m'assis à la fenêtre, les rideaux ouverts, entendant les voix qui venaient d'en bas, la musique des valses et le bruit incessant de l'eau qui suggérait tant bien que mal un lavement d'estomac – chose à quoi je me refusais de penser. Les choses devenaient plus effrayantes. Juste une heure à passer.

J'en étais à mon second verre de champagne, quand on frappa un léger coup à la porte. Qui ça pouvait bien être ? Il y eut trois coups en tout, puis une enveloppe glissée sous la porte, avec « Fac-similé » imprimé à l'extérieur. Le message était de Sasha, avec son écriture cyrillique familière. Il disait : « Tu sais quoi, tu déjeunes avec Polly White demain dimanche. Elle passera te prendre à une heure. » Elle avait été son amie à Bedales, et son premier grand amour avait été sa sœur Lucy. Je supposai qu'il était tombé sur elle à Notting Hill Gate à Londres, alors qu'elle rentrait à Singapour, où elle vivait maintenant, et que le rendez-vous avec moi avait été convenu là, à ce moment-là. Je fis le tour de la pièce, ne cessant de me répéter : « Tu sais quoi, tu déjeunes avec Polly White demain dimanche. »

Impossible d'imaginer le moi dément d'il y a quelques instants. Je décidai de descendre, de parler à quelqu'un, n'importe qui, pour rejoindre la vie. Regardant l'écriture manuscrite que j'aimais, le message à la hâte et jovial, mais assurée dans le savoir et la certitude que je déjeunerais avec Polly White le lendemain, et donc que je serais.

*

De temps à autre, je retourne dans la chambre dans l'espoir irrationnel que les renards sont partis. Ils sont encore là, joyeux et folâtrant. Si seulement William Faulkner pouvait venir. Lily Cushing, que j'ai connue en Amérique, a raconté une visite qu'elle et son mari reçurent de Faulkner, qui passa l'après-midi entier à regarder deux renards par la fenêtre – comme dans une frise, l'apothéose de l'immobilité, les Vladimir et Estragon du règne animal. Mais William Faulkner n'est pas dans mon salon, bien que tous ses livres soient dans la vitrine, parmi les livres que j'aime le plus.

La mère de Flaubert disait que son amour des mots lui avait durci le cœur. Cela se pourrait-il ? Cela se pourrait-il ?

Dans une pile de lettres, il en est une de Carlo enfermant une lettre qu'il a choisie pour moi dans les immenses memorabilia de son père. L'écriture de mon mari si fanée et pourtant si familière. Une lettre qui m'est adressée et que je n'ai jamais reçue, ou peut-être l'avait-il simplement écrite pour le plaisir de l'écrire. Il l'avait écrite cinq ans avant sa mort. « Ma chérie », commence-t-elle. Ce « ma chérie » me laisse perplexe. Cela avait été vrai jadis et pour un temps, et jamais je n'en avais éprouvé davantage la vérité que le soir, à Lake Park, quand je m'asseyais dans son bureau, avec la lumière du plafond éteinte, mais peut-être sa lampe Tilley était-elle sur le bureau, où il la posait, rentrant tout juste de l'atelier où il passait la journée à bricoler. Dans ces premiers mois de vie commune, il disait qu'il n'avait pas envie d'écrire, qu'il était trop heureux pour écrire. Il m'encourageait à lui raconter des histoires de la maison, à parler patiences et orties, hommes ivres qui rentraient à la maison par beau temps et qui se soulageaient sur les piliers de notre portail, mais aussi odeurs, bouse et chèvrefeuille sauvage, et l'odeur qui était pour moi la plus persistante de toutes, celle de la crème anglaise instantanée, du rose le plus pâle, le plus éthéré. Il aimait entendre ces anecdotes et il n'était pas jaloux alors.

Le soir qui me laissa l'empreinte la plus durable est celui où, de façon timide mais avec émotion, je lui dis que j'aurais peut-être un bébé. Cela faisait quelques semaines que j'avais des nausées le matin et que j'allais vomir dans les bois. Un homme étrange, avec un manteau de peaux diverses, un chasseur peut-être, tomba sur moi par hasard et dit que, dans mon état, le meilleur remède serait de sucer une tomate crue. Un autre soir, j'aperçus une harde de cerfs qui filait déjà, dans une fuite désordonnée, en état d'apesanteur, escaladant les barbelés mouchetés de morceaux frissonnants de laine de mouton blanc-jaune, et je sus avec certitude que j'allais avoir un enfant, et la sensation fut étrange et saisissante.

Dans la lettre qui commençait par « Ma chérie », ce mari devenu étranger suggérait que nous reprenions la vie commune parce que, bien que conscient de mes innombrables défauts, il en était arrivé à la conclusion que je ne serais jamais heureuse sans lui. Je l'avais aimé jadis, ou je l'avais cru, et il y avait eu trois, peut-être quatre, autres amours – un qui avait l'étoffe d'un poète, un autre qui choisit la voie du pouvoir, et encore un autre qui m'avait repoussée comme si j'étais une Didon, essayant de le détourner de la conquête pour qu'il retourne à Carthage et à l'amour.

C'est dans un beau jardin du Dorset, avec l'odeur des roses, du lilas et de l'herbe fraîche, des maillets de croquet sur les marches, et un livre ouvert, renversé, sur une table de bois, que ça arriva. L'heure de la sieste. J'attendais mon heure pour descendre à la piscine. C'était le jardin d'une maison que Harold Pinter et Antonia Fraser louaient chaque été, et Francis Wyndham et moi, tels deux cousins de province excitables, nous retrouvions à la gare de Waterloo, mettant les voiles pour quatre jours de vacances. Je me souviens encore de ce grand bol d'air, de nos exclamations mutuelles à la première vue de la mer, telle une nappe de mercure, avec sa lumière si éblouissante, entrevue puis perdue, alors que le train sinuait à l'intérieur des terres et quittait cérémonieusement Bournemouth vers les champs et les haies, les schistes argileux et les boqueteaux du Dorset. Quatre jours heureux au cours desquels la conversation ne fléchit jamais et où Harold raconta des histoires qu'il avait déjà souvent racontées, mais qui comme le vin vieux (dont il y avait aussi abondance) s'enrichissaient avec l'âge et non sans la présence de la mort. Adoptant le grasseyement écossais du professeur qui l'avait traité dans sa maladie, Harold disait : « Mais vous êtes notre élève star, Mr Pinter. » Souvent, il récitait pour moi des vers de Yeats, même si aucun de nous ne pouvait nommer le poème-titre, pour Constance Gore-Booth, que le poète vit chevaucher jusqu'à son rendez-vous sous le Ben Bulben dénudé, « la beauté de sa campagne avec toute la sauvagerie solitaire de la jeunesse » en elle.

Lors d'une visite, le bruit courut que Jude Law et un producteur allaient venir déjeuner pour parler d'un scénario avec Harold. Ce n'était pas encore confirmé et j'espérais qu'ils ne viendraient pas puisque nos rythmes étaient maintenant bien établis. J'étais dans ma chambre donnant sur la longue allée avec ses échos de *L'Année dernière à Marienbad* quand je vis leur voiture franchir la grille à bestiaux, les deux hommes en descendre et sortir du coffre leurs affaires, y compris leurs costumes de bain.

C'est l'après-midi au jardin, avec ses arbres centenaires, et une promenade ombragée et, au-dessous, de toutes petites fleurs mouchetées dont je ne savais pas le nom, mais qui de toute évidence préféraient l'ombre. Tout est calme et somnolence. Et voilà Jude Law, Adonis, dormant à poings fermés. Je revins sur mes pas, contrariée dans mon intention d'aller me baigner. Ne sachant pas nager, je portais des brassards sur lesquels, une fois gonflés, on pouvait lire « NIVEA CRÈME » écrit en capitales bien visibles. De surcroît, j'avais une chaise de cuisine, couchée, à laquelle je pouvais m'agripper avant de m'aventurer dans l'eau. Chaque jour, j'avais choisi cette heure, quand le jardin était désert, mais voilà qu'Adonis pouvait se réveiller à tout moment et se promener. Je retournai m'asseoir au bas des marches et veiller. Il se dirigeait vers moi, avec ses cheveux dorés, éclairé par le doux soleil d'août, quand, contre toute attente, il approcha et, sans un mot, s'inclina et m'embrassa. Comme une fiction. Je savais l'histoire que ça m'évoquait, une nouvelle de Tchekhov, inévitablement intitulée *Le Baiser*. Un groupe d'officiers avait été invité à prendre le thé sur la propriété du lieutenant von Rabbek, où il y avait là aussi l'odeur des roses, du lilas et de l'herbe fraîche. L'un d'eux, manquant d'assurance pour jouer au billard ou se joindre à la mazurka, se promena dans la grande maison, débouchant à l'aventure dans des couloirs et de petites antichambres, puis, voyant un rayon de lumière dans l'embrasure d'une porte, l'officier s'arrêta, entendit des pas et le frou-frou d'une robe, la lumière qu'on éteignait et une voix féminine, essoufflée, qui chuchotait «Enfin». Deux bras tendres et parfumés, incontestablement féminins, se referment autour de son cou, une joue chaude qui se presse contre la sienne et le doux impact d'un baiser. Comprenant qu'elle s'était trompée d'officier, la donatrice du baiser lâcha un petit cri et recula. Mais ce n'est pas ce qui arriva dans le jardin du Dorset, avec ses roses et ses odeurs d'herbe coupée. Comme le narrateur de la nouvelle de Tchekhov, qui des heures après s'abandonnait encore à la sensation, je gardai le souvenir que Jude Law m'avait embrassée, n'avait pas dit un mot, puis avait disparu dans la maison. Pourtant, à la tombée de la nuit, alors qu'ils étaient partis, je me dis que j'avais de la veine d'être vieille, poussant un soupir de soulagement que ce ne fût pas le commencement de quelque chose, d'un saut sur le trampoline de l'amour :

plus d'intensités, plus de ferveur, plus d'espoir, plus de désolation, plus de tout.

Après des semaines de chambard dans le jardin, avec les allées et venues des renards, je finis par dégotter une société disposée à les emmener à la campagne. Deux messieurs vinrent examiner les lieux. Ils firent le tour du jardin d'un air louche, reniflant, suivant les pistes, ne cessant de m'appeler par mon prénom. Ils apporteraient des cages, dirent-ils, ce qu'ils firent, ou plutôt l'un d'eux le fit. Grandes cages pour les parents, petites pour les renardeaux.

L'appât fut une aile de poulet, légèrement sanguinolente, et suspendue à un crochet de métal à l'extrémité, la ruse étant que, dès qu'un renard l'atteignait, il actionnait un ressort et le piège se refermait. La vue dans le jardin était lugubre, laide, avec des cages trapues, sept au total, et l'appât de poulet sanguinolent de plus en plus fétide au fil de la journée. J'avais prévu la suite. Des renards en cage et ceux qui avaient été assez malins pour éviter l'incarcération venant donner de la voix par compassion. Des lamentations qui n'en finiraient pas. Sauf que ça ne se passa pas du tout comme ça. Tout devint étrangement calme.

À quelle heure de la nuit, me demandai-je, le renard qui ne soupçonnait rien, peut-être la mère qui m'avait si souvent fixée, alla-t-il au-devant de son malheur ? Parce que le lendemain matin, faisant mon tour, je vis un arrière-train – marron acajou, et étrangement immobile. Je me figeai, puis m'en retournai en toute hâte appeler le monsieur, lui demandant de passer tout de suite, sauf qu'il n'y avait personne pour me répondre au bout du fil. Quand il finit par passer prendre la cage, le renard était fou furieux, bondissant dans tous les sens, lâchant des miaulements auxquels il répondit par de légères aspirations, ni tout à fait *o* ni tout à fait *a*, alors qu'il chargeait la cage à l'arrière de sa fourgonnette pour sa longue virée, quelque part à la campagne.

Tout les matins, désormais, je sortais, retrouvant les portes des pièges refermées, mais sans renard à l'intérieur. Ils avaient pigé. Quand j'appelai, il dit que ça pouvait être les coups de vent, mais je n'en crus rien parce que plusieurs renards étaient revenus, allant et venant entre les cages, et je les craignais et les attendais à la fois. Puis cinq matins plus tard, je retrouvai un autre renard, bien plus jeune, mais pas un renardeau, dans une cage, sous les figuiers, silencieux et bouillonnant. Il ne cessait de me regarder, d'un regard si fixe, sans remords, qu'il me rappela une chose que j'avais chassée de mon esprit, le regard du père avec qui je ne m'étais pas réconciliée.

Nous étions au foyer, mon amie Agatha et moi, avec mon père. Notre visite touchait à sa fin, et il le sentit. Elle ne s'était pas mal passée, mais pas bien non plus. Questions et réponses. « Pourquoi tu ne manges pas au réfectoire avec les autres patients ? – Je t'ai dit que j'veux pas et je t'ai dit pourquoi. Des Mohawks, rien que des Mohawks. Tu reviens quand ? » Je dis que je retournais en Angleterre dans un jour ou deux, mais espérais revenir à Noël. « Noël, le jour le plus solitaire de ma vie. – Alors pourquoi ne pas partager le repas des autres, avec les papillotes et tout le reste ? – Je t'ai dit que je voulais pas et je t'ai dit pourquoi. Le jour le plus solitaire de ma vie. » Nous réussîmes tant bien que mal à nous glisser hors de la chambrette : Agatha et moi, debout, et sa silhouette furieuse à lui, maintenant debout. Nous longeâmes le couloir, et je sus qu'il suivait. Il nous rattrapa dans une grande salle, qui était la salle de concert telle que je l'imaginais, avec un piano de bébé, une guitare et une fresque de ballerines dans les pourpres les plus écœurants. À une corde basse et blanche étaient suspendues des cartes d'anniversaire sur lesquelles était écrit le mot « Papy » dans toutes les formes de lettres et couleurs possibles et imaginables. Il y en avait même une qui clignotait. Combien d'heures de clignotement depuis qu'elle était là ? me demandai-je. Il nous avait rattrapées et il tira une des nombreuses chaises sur le sol, raclant les dalles de pierre. Il s'assit et se mit à chanter *Danny Boy* : « La cornemuse, la cornemuse appelle... » Il la chanta jusqu'au bout, et il y avait des larmes dans ses yeux, et quand il eut terminé, il leva les yeux d'un air désespéré, implorant. Je sus qu'il voulait que je m'approche et lui jette les bras autour du cou, et je le voulais aussi, mais je n'y arrivais pas, et la solitude se referma autour de lui dans cette pièce caverneuse.

Les renards étaient partis en juin.

Chevaux sauvages

Le Connemara n'avait pas connu gel et neiges pires depuis de longues années. Le jardinier de l'hôtel a dit que le gel brûlerait l'herbe du printemps et « bousillerait » les fuchsias et les herbes de la rivière. La rivière était lisse et gelée, sauf sous le petit pont, où l'eau parvenait à percer avec un grand souffle d'air pour se répandre ensuite en un flot sombre et souple. Sur les sapins en surplomb, la neige qui fondait était suspendue tels des panneaux de dentelle effilochée, voilant les arbrisseaux d'un tulle délicat. Les poneys Connemara se roulaient et folâtraient dans l'herbe de montagne enneigée.

Le Connemara est un de mes coins préférés, où les épithètes « sauvage, pittoresque et rude » sont encore vraies, et où les visiteurs venaient pour avoir un aperçu des « indigènes », mais aussi des farfadets qui se posent sur les mottes de tourbe.

J'avais passé la nuit précédente au Ballynahinch Hotel, où je trouvai un petit livre, relié cuir, où Maria

Edgeworth faisait un récit haut en couleur de sa visite là-bas en 1834. Elle avait pour compagnons sir Culling Smith, baronnet et philanthrope, et Isabella, sa jeune épouse. Ils partirent de Galway, ignorants des périls de la route qui les attendaient. Ils voyagèrent dans un gracieux barouche avec des casiers pour ranger de quoi écrire, leurs nécessaires de toilette et des cartes, sauf que les cartes se révélèrent inutiles parce que les routes s'arrêtaient et qu'il n'y avait pas de panneaux pour les guider. Très vite, la beauté rude cessa de les impressionner, et sir Culling, bien que fourmillant de projets et d'améliorations pour les paysans irlandais, dut en appeler à certains d'entre eux parce que les chevaux qu'il avait loués à Galway refusaient d'aller plus loin. De nulle part, des hommes et des jeunes garçons, « trotteurs des tourbières », surgirent, sauvages et excitables, parlant une langue que les visiteurs ne comprenaient pas. De leurs bras nus, ils saisirent la voiture, debout puis sautant de pierre en pierre, un géant nommé Ulick soulevant les dames comme il soulèverait une poupée, puis les hommes dans leurs manteaux de ratine, et pour finir les chevaux pour les déposer sur la terre ferme. Mais sir Culling ne poussa pas la philanthropie jusqu'à donner aux trotteurs de tourbière le shilling qu'ils réclamaient, chacun, pour leur peine. Il estima six pence plus raisonnables. Ils hurlèrent, maudirent, rouspétèrent, cependant que les femmes, naturellement déconcertées, lançaient des pièces sur leur chemin, qu'ils fussent escortés en sécurité jusqu'au château de Ballynahinch.

À cette époque, le château était la propriété de Thomas Martin, et les visiteurs furent un peu surpris de trouver une maçonnerie, tout juste blanchie à la chaux, une porcherie et un tas de fumier à deux pas des lieux, des chambres à peine meublées, des fenêtres sans rideau, aux fenêtres des carreaux branlants et pourtant, comme dit Miss Edgeworth, le souper fut tel que les bons vivants de Londres eussent été comblés de surprise : venaison, saumon, homard, huîtres et gibier, le tout arrosé de champagne et des vins français les plus fins.

J'arrivai tard dans la nuit, le taxi remontant lentement l'allée sinueuse, et les pierres peintes d'un blanc pur qui bordaient la pelouse. Le château était à peine éclairé, ses murs et tourelles plus hauts que les grands arbres qui l'entouraient. Poussant la porte d'entrée, je trouvai un jeune homme en manches de chemise, sur une échelle, récitant tout seul. Le soliloque de Hamlet, la « trop, trop solide chair » de Gertrude et le « petit mois, avant d'avoir usé les souliers avec lesquels elle suivait » le corps de son pauvre père. Se retournant, il m'aperçut, s'arrêta soudain, descendit, retira sa cravate de l'intérieur de sa chemise et, montrant le seau bleu et l'éponge humide et filandreuse, il dit, un peu confus : « Voici ce que je fais », et se présenta : le veilleur de nuit.

Du hall, je fus introduite dans le salon de chasse, où le feu préparé pour le lendemain devait bientôt craquer, avec du vin et du cake devant moi. Je fus régalée d'autres passages coulants, frénétiques et mélodramatiques, en sorte que ce n'est pas simplement un salon dans le Connemara avec un tableau de chasse à l'ours au mur, mais un pavillon en France où Constance, la femme de Geoffrey, prétend qu'elle n'est pas folle, et prie cependant le ciel qu'elle le soit, ou en compagnie de Marguerite d'Anjou, la louve de France, menant son armée dans la bataille de Tewkesbury, ou le dialogue de Thomas Jefferson entre la tête et le cœur. Les soliloques appris par cœur lui tenaient compagnie tandis qu'il passait la serpillière, nettoyait les théières, cirait les chaussures et préparait les plateaux du petit déjeuner. Il avait, comme il dit, son petit théâtre à lui pour passer le pire de la nuit.

Plus tard, on se posta à la porte ouverte pour regarder la nuit. Un ciel bleu marine embrassait les champs enneigés et les cimes des montagnes luisaient d'une splendeur céleste, surnaturelle.

Maintenant que l'Irlande avait perdu son mojo, qu'allait-il advenir d'elle?

«La poésie», dit-il, avec la ferveur extravagante d'un mystique, la poésie dont l'Irlande avait été le berceau.

«Elle est là... toujours là», fit-il, montrant du doigt cette beauté renversante, et il était difficile dans ces moments de transcendance de douter de lui.

Il s'appelait John.

*

C'était le matin, et je me mettais en route avec l'artiste Dorothy Cross, qui avait accepté de venir photographier Drewsboro, alléchée par ma description. Mère

Nature, selon mon neveu Michael, était désormais suprême : bruyère, patiences, lierre, orties et même les chétifs petits frênes avec les minuscules pousses qui se frayaient un chemin dans les fissures du ciment et les encadrements de fenêtres qui pourrissaient.

Elle était encore inoccupée.

Dorothy est une artiste qui prend parfois des photos, et celle de son chien Louis est l'image d'isolement et d'indécision la plus adorable et solitaire que j'aie jamais vue. Louis était sur une piste déserte, sous un ciel bleu, avec une montagne encore plus bleue derrière, et le rivage de galets couvert d'un filet d'algues vertes déchiquetées. Louis tournait la tête de côté, incapable de se décider à reculer ou à avancer.

Elle avait couru le monde, les Andes, l'Amérique, Tahiti, où elle travailla avec des cultivateurs de perles, et, en Papouasie-Nouvelle-Guinée, elle avait entendu les appels des requins, les sorciers de la mer. C'est sa sculpture *Virgin Shroud* (« Linceul de la Vierge ») qui l'a rendue célèbre : une Vierge couverte de peaux de vaches frisonnes, avec leurs tétons en couronne d'épines enfoncés dans sa tête transformée en pis. Par contraste, la vierge aurait pu sembler se rendre à un bal, drapée qu'elle était de satin et d'un voile que Dorothy avait trouvé dans la malle de sa grand-mère. À la fois primitive et éthérée. Jeune fille, dans le comté de Cork, elle avait lu dans le *Farmers Journal* quelque chose qui la hantait : *L'endroit le plus sombre au monde est l'intérieur d'une vache*. Son travail a parfois suscité la critique, mais elle en a ri. Un paysan aurait dit que les gobelets de verre argenté qu'elle avait collés sur certains apôtres, dans un couvent de Madrid, étaient la version policée du « mec qui bande ». Mais c'était elle qui était revenue vivre en Irlande et moi qui n'étais pas rentrée.

Elle était désormais la reine de deux hectares, qu'elle acquit par un pur hasard, après avoir perdu son atelier de Dublin au profit d'un requin de l'immobilier. Elle suivait cette route isolée du Connemara, quand elle aperçut une pancarte écrite à la main, « À vendre », et elle descendit de voiture. Du coffre, plein de camelote et de ferraille qu'elle ramassait pour ses œuvres, elle sortit son fer à cheval porte-bonheur qu'elle enfouit dans la terre sous le regard intrigué d'une vache. Les deux hectares entouraient une baie ouverte sur les rouleaux de l'Atlantique, et au-delà jusqu'au Nouveau Monde, avec des îlots au large des côtes de Galway et de Clare, entrevus à travers la brume, telles des cuvettes flottantes de vert maillé.

Les six premiers mois, alors qu'elle attendait le permis des services d'urbanisme pour restaurer la maison, elle dormit dans une petite cabane de tôle ondulée au bord de l'eau sous la protection d'un bouddha birman du XVIIe siècle, d'une loutre qui venait boire tous les matins à une source et de la vache qui l'avait dévisagée la première fois et qu'elle baptisa *Hairdo*, « Coiffure », tant sa couronne était crépue. Elle avait maintes fois sauvé Hairdo de l'abattoir en faisant des faveurs au paysan du coin, qui croyait naturellement qu'il y avait un meilleur usage à faire de la bonne herbe. Son seul ami, après son installation, était un dénommé Mickey, un vieil homme dont elle taillait les haies, tandis que Mickey lui tenait l'échelle et l'appelait sa *Mrs Darlin*, sa «Madame Chérie», proclamant fièrement que le jardin de son cottage allait éclipser les Jardins de Babylone. Elle lui rendait visite le soir, seul dans son cottage au coin du feu, ses doigts longs et fins, disait-elle, pareils à des tenailles sur la crosse de sa canne, non pas solitaire, n'attendant rien et ne se plaignant pas non plus, un homme robuste du Connemara qui avait couru le monde et qui était revenu se fixer sur sa frange occidentale.

Elle me racontait l'histoire du réveillon de Nouvel An chez sa mère, à Cork, les feux d'artifice d'un bout de la ville à l'autre, Louis qui devenait fou furieux, mâchonnant le duvet de sa mère, puis une liseuse, puis des mules et, pour finir, le fil qui raccordait le téléphone au mur, déclenchant l'alarme incendie, si bien qu'ils passèrent le réveillon en compagnie de six robustes et vigoureux pompiers de Cork.

Les bourgs que nous traversions se réveillaient : un store à l'étage relevé, une femme se hâtant sur le chemin de halage, portant deux mugs et une théière; des barriques de bière roulées sur le trottoir jusqu'à une cave.

J'avais connu certaines de ces localités du temps où je courais le guilledou, des villes avec une rivière, un pont de pierre, la flèche d'une église, les impers suspendus à l'extérieur, les vitrines du magasin de nouveautés. Oughterard, avec sa cascade, où un jour d'excursion Carlo et Sasha, âgés de douze et treize ans, dans quelque mystérieux rituel de cour, avaient bombardé leur cousine Marian de pierres et où Sasha avait laissé son anorak sur la rive. Galway, où une soixantaine d'années auparavant j'étais allée avec ma sœur Patsy aux courses annuelles, avec un chapeau si frappant qu'il s'était retrouvé dans le journal le lendemain. Bien que chroniquement à court d'argent, j'avais acheté un chapeau dessiné par un certain Signor Forte, un organza noir qu'il fallait porter sur le côté, comme une soucoupe volante. Il attira aussi l'attention de quelques galants qui nous invitèrent au bar, dont un qui s'énamoura de ma sœur au point de lui faire sa demande, mais le lendemain matin, dans la salle à manger, renfrogné, la gueule de bois : « T'es infirmière ? Ton visage me dit quelque chose. » Puis ce fut Clarinbridge, célèbre pour ses huîtres et où j'avais assisté à une fête de l'huître à l'époque où j'étais ostracisée. L'évêque de Galway, Mgr Casey, était si hostile à ma présence qu'au dîner de gala, à l'hôtel d'Eyre Square, je me retrouvai seule, à l'écart, le jeune patron de l'hôtel mortifié de devoir faire ça.

Mais tout a « changé, entièrement changé ».

L'empire des évêques et de leurs clercs a cessé. Deux rapports, le rapport Ryan et le rapport Murphy, viennent d'être publiés, illustrant dans un luxe de détails sordides et caustiques l'abus systématique des enfants pendant plus de cinquante ans par des prêtres, des frères et des religieuses, dans les orphelinats, les blanchisseries, les noviciats et les écoles.

Les innombrables révélations de sévices, privations de nourriture, châtiments et abus sexuels continus, étaient d'autant plus graves qu'ils avaient toujours été obstinément niés avec la collusion de l'Église et de l'État. La colère bouillait, à fendre le cœur.

Un dimanche de Pâques, devant la pro-cathédrale de Dublin, les grilles furent couvertes de souliers de petits enfants, attachés avec des rubans noirs, pour toutes les enfances perdues, tandis que des messages, sur diverses affiches, révélaient de cruels destins. L'une d'elles, évoquant la pierre de meule de l'Évangile de Luc, disait : « Une pierre de meule. Un cou. Jésus a pleuré » ; une autre proclamait que la religion catholique était « une religion nazie ». Dans l'enceinte de l'archevêché de Drumcondra, un homme, qui faisait la grève de la faim depuis des semaines, apporta ce qui aurait pu être sa nécrologie : « Frappé chaque jour pour faire de moi un catholique. »

Le Rocher de Rome chavirait, et le légendaire Tigre celtique aussi, passant du jour au lendemain de la prospérité à la faillite, pour ainsi dire, au point d'être maintenant connu comme la Carcasse celtique. Le paysage affligé de dettes, les maisons et lotissements qui ne seront jamais terminés, la pluie suintant dans le béton étaient autant de spectres livides et de rappels des années de forfanterie et de la chute ignominieuse. L'Irlande était d'humeur belligérante. Dans une impudente débauche de cupidité, de corruption et de témérité, et peut-être aussi de défiance pour avoir été si longtemps les fils d'une race associée à la faim et aux privations, il y avait eu une gargantuesque frénésie d'emprunts, et encore des emprunts, et de construction. Les ambitieux, avec l'aval tacite des politiciens, avaient volé le pays, si bien qu'avec la «tonte financière», des milliards se sont envolés en fumée et des millions de gens ont vu leur fortune fondre à un dixième de sa valeur antérieure.

«Le Karma, le Karma», entendait-on répéter, sauf que personne ne savait au juste ce que Karma voulait dire, de même que nul ne savait pourquoi l'Irlande eût été sauvée si, insistait un ponte, elle avait suivi la politique budgétaire de Maynard Keynes.

Un entrepreneur avait conduit sa bétonnière aux portes du Parlement, pris les clés et disparu, tandis que quelqu'un avait eu l'idée neuve de vendre aux enchères une BMW qui avait appartenu à un des ventriloques de la banque, le principe étant qu'elle soit ensuite broyée, écrabouillée, sous les hurlements de la foule et devant les caméras de télévision.

Des ministres durent se rendre à Bruxelles avec une sébile, pour être renfloués par les poids lourds de la finance connus sous le nom de Troïka, et désormais honnis et accusés d'injecter les «poisons de l'austérité» dans la vie irlandaise. Devant l'«effroi» des politiciens, on organisa des élections, et dans les lettres à la presse, on appela les gens à voter de plus belle à la pointe de leurs plumes. Un candidat non conformiste, se prétendant «pur de tout pastiche» et cultivant son cannabis, jura de libérer l'Irlande de la contagion et de la pourriture de l'argent.

Sur un pont, sur la route, j'avais lu un slogan qui résumait tout : « La cupidité est le couteau, les blessures sont profondes. »

Nous avions quitté le comté de Galway pour celui de Clare. Le pays. Au lieu des murs de pierre branlants, églantiers, fourrés et noisetiers se serraient pour former des frontières entre les champs, et les routes qui eussent été herbeuses en été étaient peu fréquentées et nacrées. Et soudain, un souvenir brûlant, qui m'était revenu la veille au matin, dans une librairie de Dublin, où dans *Saints, Scholars and Schizophrenics* (« Saints, savants et schizophrènes ») de Nancy Scheper-Hughes, j'avais lu l'histoire d'un éleveur de moutons d'An Clochán qui fustigeait mes écrits et affirmait, avec une satisfaction évidente : « Ils ont chassé cette femme du comté de Clare. »

Les bestiaux se pressaient aux portails, comme ils l'avaient toujours fait, figures solitaires attendant aux portes du purgatoire, et les arbres et les bois, qui avaient leur équivalent dans l'une ou l'autre des poésies de Yeats, étaient encore beaux, encore frappés par la tempête, et la lumière d'un or blême, avec un chatoiement aqueux en elle, et Dorothy qui dit son espoir que ça resterait comme ça, parce qu'elle ne voulait pas que Drewsboro ressemble au Connecticut.

Michael nous attendait à la porte et, l'espace d'un instant, je crus halluciner. Il était si heureux de notre arrivée que, dans son enthousiasme, il avait arraché cela même – les ronces, le lierre, les frênes, tout l'attirail lyrique – qui avait rendu l'idée de photographier la maison si alléchante pour Dorothy. Sa fourche avait eu raison de toute la poésie.

« Je peux tout remettre », fit-il, un peu déconfit par ma consternation, tandis que je fixais la porte d'entrée, dont la charmille avait disparu, sa peinture rouge écaillée et passée, la maison aux allures de vieille petite harpie gauchie qui s'enfonçait dans ses propres fondations.

Il ne restait qu'à entrer. Fièrement, il nous fit passer par la porte arrière, qu'il avait crue verrouillée tout au long de ces années, car une fois, lors d'une précédente visite, il avait dû me faire rentrer par la brèche étroite d'une fenêtre, et lui qui demandait « Tu y arrives, tu y arrives ? » pendant que je m'y faufilais. La cuisine avait un côté étrange, inhabité, la porcelaine sale sur la table comme si des voleurs de grand chemin venaient de passer et y avaient cassé la croûte, et que la petite radio sur l'appui de la fenêtre bredouillait encore, sa pile ayant expiré de longue date. Direction la salle à manger, où le meuble de noyer, couvert de poussière, abritait une autre radio morte, qui dans le temps faisait la fierté de mes parents, assis devant, quand ils pouvaient s'installer face à un bon feu. Il y avait une moitié de rideau orange, tel un accessoire de théâtre, et des corneilles mortes tombées par la cheminée. La présence de ma mère était encore bizarrement partout : dans les fronces du rideau orange, dans le seau à charbon où elle cachait les barres de chocolat et sur les coussins de flanelle où elle avait brodé de vieux motifs celtiques, imaginant qu'ils m'impressionneraient. Comme elle avait bataillé pour réunir tout ça.

À l'étage, une porte de la penderie s'ouvrait et se fermait en grinçant, et adossée au mur, dans la vieille chambre de mon père, se trouvait la tête de lit en chêne avec sa tache irrégulière, blanchie par l'effleurement de sa tête, et d'où il ne cessait d'appeler, encore et encore, qu'on lui apporte du thé. Dans un fouillis de vêtements, il y avait des abat-jour de soie, un rouleau avec une bénédiction papale, consacrant le mariage de mon frère et de sa femme, et un jockey jovial monté sur échasses et coiffé d'un casque noir.

Le lierre, le lierre fou, s'était insinué par les fenêtres et dans certaines pièces les lits avec leurs édredons humides semblaient abriter des cadavres. Encore des corneilles, mais ce n'était pas *La Mouette* de Tchekhov, c'était Drewsboro, dans les affres de la mort.

Je jetai un œil dans le placard où mon frère avait gardé une conserve de pêches qu'il avait gagnée dans un concours de musique et ne trouvai qu'un pull en mohair grouillant de mites. De l'autre côté du palier, dans la chambre de ma mère, le bénitier avait un résidu de sel séché, amer sur la langue. Je m'assis au bord du lit. La tapisserie, repeinte, représentait maintenant un magnolia pâle, où je pouvais juste discerner les branches plongeantes auxquelles s'accrochaient de tout petits boutons roses, si vivants sur leurs minces tiges, que j'aimais à croire qu'ils fleuriraient, comme les vraies roses sur les églantiers.

C'est dans cette chambre que je dormais avec ma mère et que, chaque nuit, nous pressions le crucifix de métal froid sur nos corps, sur nos lèvres, en récitant la prière du Christ au Calvaire : « Ils ont percé mes mains et mes pieds, ils ont compté mes os. » Nous étions toutes seules dans cette maison, seules et parfois à couteaux tirés.

Dans la chambre voisine, où dormait mon père, j'entendis une nuit le craquement du feu, les flammes bondissant en rafales, et, me précipitant, je vis une table de chevet en bambou en feu, et les couvertures tirées sur lui dans son sommeil, oublieux de tout, également en feu. Sans réfléchir, j'ouvris la fenêtre et jetai les affaires dehors, et chose étonnante, dans les réminiscences des derniers jours, ma mère raconta cet épisode à la religieuse de l'hôpital, et d'autres épreuves qui nous avaient assaillies, comme s'il n'y avait rien dont il fallût encore avoir honte.

Dorothy ne cessa de circuler, prenant des photos, s'émerveillant de trouver tant de choses étranges et évocatrices. La chambre était si fraîche que mon souffle envoya un nuage de buée bleuâtre sur la lentille de son petit appareil, ajoutant au caractère spectral qu'elle était décidée à saisir. Soudain un troglodyte, affairé et alerte, vivant reproche aux corneilles mortes, entra dans cette chambre et voleta au milieu des tristes débris, se délectant de ce nouveau cadre. Quand il s'assomma contre le carreau, titubant çà et là sur ses petites pattes jaunes, on essaya de l'attraper, mais il nous échappa. Finalement, avec les baleines d'un parapluie cassé qui se trouvait sur le tas, on réussit à le diriger vers l'entrée, au-dessus de l'escalier, puis à le faire descendre dans le hall, où la curiosité – ce ne pouvait guère être l'instinct – le poussa à se poser sur un vieux bouquet de mariée : des fleurs artificielles blanches qui avaient rouillé aux entournures.

*

Les champs étant déserts, Michael en profita pour y amener ses chevaux, un rouan, un brun et un louvet, qui se tenaient sous le châtaignier dont les branches avaient dans la lumière de l'hiver une couleur de daim noir charnu. Dès son plus jeune âge, Michael adora les chevaux, leur contact, leur odeur, tout cela et la compagnie des cavaliers, montant en amazone avec son père, car il était de toutes les chasses dominicales à travers le pays. Il se souvenait du taïaut, des paysans en veston écarlate, et la meute qui aboyait, ne demandant qu'à filer ; le bruit du cor de chasse si joyeux – des dimanches comme des matins de Noël. Il continua pour devenir champion d'équitation et fut record du monde pour le saut à cru, en sorte que leur buffet débordait de coupes, de médailles et de rubans.

Avant de dire au revoir à Drewsboro et à ses fantômes, il décida que, pour Dorothy, il devait raconter une fois encore l'histoire de Paddy's Gold, le cheval, dont tout le pays avait parlé des bizarres aventures.

Paddy's Gold, seize mains de haut, un hongre, avec une raie blanche sur la tête, appartenait à Jack Malone, qui vivait dans les montagnes. Jack avait bien entraîné Paddy aux tours de gymnastique, lui avait appris le nombre de pas à faire pour se lever et le ressort exact pour un bon saut. Tout ça en vue de la compétition d'exercices à la longe qui avait lieu tous les mois d'octobre à Ballinasloe. Là, chaque cheval était envoyé séparément dans un enclos, attaché à une longue corde, et devait franchir une succession d'obstacles – une série de barils de pétrole disposés sur un socle de barriques de bière brune, et de plus en plus haut pour les dix derniers chevaux sélectionnés.

Paddy's Gold s'était surpassé et, bien que vainqueur de droit, les deux juges, homme et femme, le privèrent de ses lauriers, car ils comptaient l'acheter. Classé troisième, son prix baissait. Ils étaient convaincus d'avoir affaire à une « superstar » et que l'investissement de trois mille huit cents livres se transformerait sous peu en filon de vingt mille livres. On devait passer le chercher au centre d'équitation de Michael dans quelques jours.

Le couple arriva, avec leur cousin, un prêtre, et une fois les politesses terminées, voilà qu'ils se rendent compte qu'ils ont oublié leur chéquier. Le prêtre, à leur grand chagrin, offrit de payer, disant qu'ils n'auraient qu'à le rembourser. Jack prit le chèque, puis sortit le billet porte-bonheur de vingt livres de sa casquette, cracha dessus et le tendit.

Moins d'une semaine plus tard, Michael reçut un coup de fil. Ils s'étaient fait rouler. On lui ramenait Paddy's Gold. Paddy's Gold ne jouait pas le jeu, il n'avait rien de la « superstar » qu'ils avaient imaginée.

Michael dit qu'il était douteux que Jack reprenne le cheval puisque, somme toute, c'était un risque commercial, et une affaire était une affaire. Jack fut intraitable. Pas question de reprendre le cheval. « Paddy-Waddy », c'était son mot de code, dès que surgissait la moindre discorde. Il ne fléchirait pas. Il revint à Michael d'appeler l'acheteur et de lui suggérer d'amadouer le cheval, de lui apprendre quelques tours, de lui donner l'impulsion pour qu'il se lève.

« Bon à rien, ce cheval, fit l'homme.

— Montré de l'aversion pour vous deux, pas vrai ? dit Michael.

— Montré ? mon cul ! » s'entendit-il répondre, tout en se voyant rappeler sèchement que le cheval revenait.

Comme ils ne savaient pas où Jack habitait, les voisins furent alertés et prévenus qu'ils ne devaient pas donner les coordonnées de Jack si un couple étranger débarquait, et ne pas accepter le cheval. Bientôt on vit un van attaché à une jeep multipliant les déplacements en vain, les propriétaires essayant de manœuvrer sur des sentiers étroits et des voies sans issue, appelant dans les champs et les fenils les paysans qui les rembarraient et lâchaient les chiens sur eux. Souvent, il leur fallait reculer, parce que les chemins étaient trop étroits pour faire tourner le van, et les gamins, derrière les fossés, se moquaient d'eux.

Ce même soir d'hiver, cependant, quand Michael rentra de l'usine où il travaillait, « nuit noire », comme il dit, « et pluie battante », qu'est-ce qu'il entend, sinon Paddy qui s'ébroue et ses longs souffles, crâne comme jamais. Paddy était installé. Sa tête avec la raie blanche, penchée au-dessus de la demi-porte, attendant son avoine. Le lendemain matin, chèque refusé. Jack se cabrait, dit qu'ils le prenaient pour un idiot, qu'ils n'avaient jamais eu l'intention de le payer. Crise. Jack ne voulait pas du cheval, les nouveaux propriétaires ne voulaient pas du cheval et les gardes ne voulaient pas savoir. Michael appela le couple, répétant que Jack exigeait un nouveau chèque et leur rappelant qu'il allait leur facturer une semaine pour les frais d'entretien du cheval. Et le type à l'autre bout du fil qui dit « voyou » et raccroche. La procédure commença, et de semaine en semaine les lettres entre avocats se firent plus bilieuses. Pendant ce temps, Paddy's Gold vadrouille joyeusement dans les champs, flaire et renifle les autres chevaux, avale son demi-seau d'avoine concassée deux fois par jour et la nuit rumine dans son écurie pépère.

L'affaire mit six mois pour remonter jusqu'à la cour du district de Birr, et le juge, la qualifiant de « très bizarre », trancha que le couple devait reprendre le cheval et verser les trois mille huit cents livres qu'il devait. Mais il ne tint pas compte des plusieurs centaines de livres que ça avait coûté entre-temps à Michael, et commença alors le chapitre deux de la saga.

« Enfermez-moi ce cheval », fut le conseil que lui donna un garde alors qu'ils quittaient la cour, et Jack et lui engagèrent tous deux l'offensive. Michael acheta un cadenas, histoire de pouvoir enfermer Paddy's Gold, car le jour il travaillait à l'usine. De retour à la maison, dans la nuit noire proverbiale et la pluie battante, il

aperçut le nouveau cadenas abandonné sur le pavé, et Paddy envolé. Jack et lui, comme il dit, se décidèrent pour la « méthode physique », le coup de poing américain. Ils se dirent qu'en octobre prochain Paddy's Gold serait engagé dans la compétition d'exercices à la longe et qu'ils toucheraient leur livre de chair.

Là, sur la belle pelouse, sur l'herbe sablonneuse, exactement comme ils l'avaient prévu, au milieu d'une centaine de chevaux, Paddy's Gold, désormais parfaitement indifférent à eux, que l'on conduisait dans un enclos, tête en l'air, où il franchit les obstacles par des sauts magnifiques. Quand vint l'heure du dernier round, la foule se pressait contre le treillis de l'enclos, buvant des yeux le spectacle sensationnel, n'en laissant pas échapper une seconde : la perspicacité de Paddy, ses pattes avant repliées sous son ventre, tête et épaules baissées, donnant des chiquenaudes de ses pattes arrière pour ajuster ses sauts à la perfection.

Le point culminant suivant, c'est le brouhaha du saloon, avec tous les embellissements nécessaires, vivats, ribotes, cuites à la bière, et le fier propriétaire qui se fait porter sur les épaules des admirateurs excités, et qu'on fait boire à la coupe d'argent qui est pleine de whiskey, ne se doutant pas que sa némésis le guette. Sa némésis est un Serbe, surnommé Docteur Jivago, deux mètres de haut, qui bosse au dépôt et qui a été recruté pour l'occasion. Pas de Michael en vue, il est assis dans le van qui est sur le départ. Jack, apparemment doux comme un agneau, est tout seul, buvant une pinte solitaire, regrettant d'avoir laissé filer Paddy. Et la tension monte jusqu'à l'instant crucial où le proprio se dirige en titubant vers les toilettes. Il y entre, Docteur Jivago suit, et Jack vient se poster devant la porte, empêchant les autres d'entrer. Les toilettes, c'était une petite cabine avec un lavabo carré et un seul trône. Et là les deux hommes se font face, comme les protagonistes de Dangerous Dan McGrew.

« Tu dois de l'argent à quelqu'un : raque. » Mais il fit celui qui pigeait pas. Suit un échange d'obscénités, et il se met à remonter ses manches pour la bagarre, au lieu de quoi, il est saisi et renversé, la tête plongée dans le lavabo d'eau glacée, mais aussi soulagé du portefeuille qu'il gardait dans sa poche intérieure. La menue monnaie roula sur le carrelage.

« On a décampé, vite fait », dit Michael avec bravade, revivant le plaisir de la scène au saloon, les hommes fous furieux et jurant de se venger, et eux, les trois boucaniers, qui décampèrent avec le butin.

*

Sans se presser, on marcha jusqu'à l'endroit où se tenaient les chevaux, presque immobiles, telles des apparitions peintes. Ils commencèrent alors à se diriger vers nous, levant haut leurs têtes hautaines, par curiosité, et comme nous approchions, la baie, sentant que j'étais une inconnue, secoua sa crinière, la secoua encore, puis se dressa en l'air, Michael la suivant avec des «waouh... waouh» pour la calmer. Ses flancs brillaient, ses dents étaient à nu, et elle exsudait un souffle chaud, saccadé, ses yeux s'agitant dans toutes les directions. Il me dit de la caresser, de faire amie avec elle, mais j'hésitai.

«Allez», fit-il, et il me prit la main et la posa sur sa nuque, et je sentis sa nervosité en passant mes doigts sur la protubérance osseuse, puis sur sa tête, pratiquement sans chair, jusqu'aux naseaux et la chair rose de sa mâchoire.

«C'est parfait», dit-il, mais mon cœur palpitait comme je pensais aux chevaux d'autrefois, aux écuries la nuit, enfonçant leurs cloisons de bois et hennissant pour qu'on leur rende leur liberté, avec une énergie contenue si grande, si sauvage, qu'ils auraient brisé la porte. Et la peur qu'ils inspiraient à ma mère et à moi, inséparable de la peur de mon père.

*

Ce soir-là, dînant dans un hôtel de Galway, la grande salle à manger était loin d'être aussi pleine qu'elle l'eût été un ou deux ans auparavant. Quelques jeunes couples, de sortie le vendredi soir, parlaient sur des tons un peu feutrés, et les remous des si nombreuses chandelles donnaient l'impression qu'on était dans quelque basilique ancienne. Fixant le sédiment pourpre de son verre de vin, Dorothy se mit à pleurer.

«Quand je pleure, je dois pleurer trois fois», dit-elle, et elle tenta de rire pour cacher son embarras.

Ça avait quelque chose à voir avec le retour, l'éternelle nécessité de s'en retourner, comme les éléphants qui parcourent des milliers de kilomètres pour revenir auprès de l'homme qui murmure aux oreilles des éléphants.

« Nous revenons pour le chuchotis », dit-elle, la réconciliation rêvée.

Banquet

J'allai voir mon premier film en 3D. Je chaussai les lunettes, un peu lourdes sur l'arête du nez, et pris place sans trop savoir à quoi m'attendre. Soudain, après les crédits, un sentier herbeux me passe à travers la tête, et je suis à deux doigts de hurler. J'essaie de l'éviter, me ratatinant sur mon siège, plongeant, mais il continue, bientôt des branches isolées à éviter, et il sinue et bifurque, comme les routes secondaires d'antan – mémoire et réalité se chevauchant. Puis il y a les piliers de pierre saillants, une immense grotte, car c'est *La Grotte des rêves perdus* de Werner Herzog. Piliers, bêtes sculptées, chevaux, bisons, rhinocéros me traversent, pénètrent mes yeux, ma bouche et ma tête, exactement comme dans l'enfance quand rien ne pouvait être fermé. L'homme, Werner Herzog lui-même, semble littéralement marcher juste au-dessus de mon épaule, mais sans l'effleurer, puis il avance sur une plateforme, portant un casque, une torche à la main. Suivent neuf ou dix autres personnages pareillement vêtus. J'ai envie de partir, mais ces hommes et le rocher en saillie me barrent la route.

Je me dis que, si je pouvais changer de place, je pourrais leur échapper, mais se déplacer est bien trop alarmant. Je décide que la seule chose à faire est de tenir bon et, peu à peu, je m'habitue à regarder, à voir les merveilles sur les murs, les stalagmites de cristal, presque hérissées, et les figures d'hommes et de bêtes, qui me regardent depuis trente milliers d'années. Une femme sort d'un renflement du mur de pierre, murmurant, murmurant : une Cassandre affolée ou l'une des mères avec les nouvelles du Jugement dernier. En fait, c'est une membre de l'équipe d'archéologues de Werner, au bord de l'écran, et elle est sur le point de tomber. Je tends la main pour la rattraper.

Par bonheur, il y a une rémission et le film se transporte à l'extérieur de la grotte, quelque part en Allemagne. Un homme vêtu de peau de renne et de fourrure de renne se tient sur un plan incliné quand, soudain, sa botte droite se dirige sur mon front. Il se penche et ramasse un pipeau de bois, joue quelques notes de *La Bannière étoilée*, et c'est beau, plus que beau pour moi qui connais si mal la musique, et ça allège les peurs, enfouies de longue date, mais ramenées à la vie par un pur accident. Je me dis que tout ce que j'ai toujours voulu, c'était quelqu'un à qui dire mes peurs, et de là coulerait une musique emprisonnée.

Peu après, nous sommes dans une autre grotte, et Werner, de cette voix soporifique qui est la sienne, et que je connais pour l'avoir rencontré quelques fois, raconte une histoire. Il montre du doigt deux empreintes de pas sur le sol, celles d'un homme et d'une femme, et demande si l'un suit l'autre en amitié ou pour l'assaillir. Puis il spécule que, l'intérieur de ces grottes ayant changé au fil du temps, des milliers d'années séparent peut-être ces deux empreintes. Un hoquet m'échappe. Je n'ai aucune envie que des milliers d'années les séparent, cet homme et cette femme, je les veux ensemble.

C'est à la brune que je suis ressortie King's Road, dans le fatras du soir, l'heure violette de *La Terre vaine*, sauf que le ciel avait la couleur de l'étain et que les gens entraient ou sortaient en courant du supermarché voisin. J'avais la tête encore pleine de ces grottes, incapable d'imaginer les vies vécues en elles, pas plus que, regardant quelques étoiles, je ne pourrais imaginer les étendues noires de l'espace au-delà.

J'empruntai les ruelles dont, après cinquante ans de vie à Londres, je commençais à être familière. Je passai devant une terrasse de maisonnettes qu'en plein jour je sais roses, vertes et bleues, couleurs de confiserie, puis m'engageai dans une rue plus isolée, avec des maisons en retrait et, pour certaines, des persiennes. Une fois, dans une de ces rues, j'avais écrit quelques vers, m'imaginant jeter un œil dans ces pièces le soir, sur leurs lampes, leurs sofas, leurs ottomanes, leurs livres, et exprimer mon envie de me glisser dans ces chambres, dans ces vies, oubliant que quelqu'un pourrait passer sous ma fenêtre et voir ma chambre rouge et éprouver le désir identique d'y être – mais je ne voulais pas en tenir compte, «inextricablement prisonnière que j'étais de ma Maison de Cécité».

Je passai devant la pelouse triangulaire, avec le banc où s'asseyaient et vomissaient parfois des ivrognes. Le rebord de la fenêtre de l'office, où j'achetais souvent des gâteaux et des fondants pour envoyer à un ami de New York, était entièrement nu, hormis un petit ours en peluche placé au centre sur un chevalet.

Plus loin, une femme m'arrêta et dit qu'elle espérait que je n'en prendrais pas ombrage, mais que nous étions payses et qu'elle aimerait me serrer la main. Infirmière à la retraite, elle habitait elle aussi dans le coin. Histoire de sortir un peu et de ne pas se morfondre, comme elle dit, elle s'était inscrite à des randonnées à travers Londres; elles ne coûtaient presque rien, et elle rencontrait des gens, de toutes sortes, dont des veuves qui avaient du mal à s'accommoder de leur chagrin.

Sans raison particulière, elle se mit à me parler d'une riche tante qu'elle avait à Dublin, sa tante Geraldine, qui habitait Foxrock. Chaque printemps, fidèlement, tante Geraldine l'invitait à un voyage au Burren pour voir les fleurs sauvages qui poussaient entre les plaques de calcaire, tout l'endroit étant saumuré, oui, saumuré, de fleurs sur de fines tiges, blanches, mouchetées et bleues, le plus aguichant de tous étant le bleu gentiane. Quelle merveille, dit-elle, de partir d'un hôtel de Lisdoonvarna en voiture à cheval pour faire un tour et, à intervalles, mettre pied à terre, juste pour admirer ce festin de couleurs.

« Ce bleu », reprit-elle, comme s'il avait fondu en elle. C'était aussi le bleu que j'avais vu à l'intérieur d'une mosquée à Istanbul et le bleu de la teinture Reckitt que nos mères et nos grands-mères versaient dans le bac d'eau de rinçage pour rafraîchir le linge et lui redonner un peu de couleur. Elle dit que, l'essentiel dans ces excursions en voiture avec tante Geraldine, c'est qu'elles ne changeaient jamais : les fleurs bleues, les sièges taillés dans la roche par les vagues sauvages de l'Atlantique et toujours, sur la côte, un chien courant après une balle.

Elle observa alors que, dans les années 1960, elle m'avait souvent aperçue dans ces mêmes rues de Londres, élégante, avec de longues boucles d'oreilles, un manteau de daim patchwork, et quelle vie j'avais dû vivre. Il y avait tant de « moi » : le moi qu'elle avait vu ; le moi qui s'asseyait sur un coussin au marché Antiquarius avec Isabella, la voyante des Highlands, avec sa boule de cristal enveloppée de couches et de couches de tissu, telle une momie, attendant comme je pourrais le faire devant l'oracle de Delphes ; le moi qui ne sut jamais dominer la peur de nager, alors même que j'avais pris des leçons dans les bains publics voisins, avec un homme qui se tenait au bord, tenant une corde à laquelle je m'accrochais, et lui qui croyait que nous progressions alors que ce n'était pas vrai.

Avant de prendre congé d'elle, je lui confiai que je venais de voir *La Grotte des rêves perdus* : « Fabuleux, n'est-ce pas ? » dit-elle. Elle avait vu le film pas plus tard qu'hier. Je dis ma désolation en apprenant que des milliers d'années, peut-être, séparaient les deux empreintes de pas, les deux humains, que peut-être ils ne s'étaient jamais rencontrés. « Ce n'étaient pas deux hommes, ce n'étaient pas un homme et une femme, c'étaient un loup et un enfant », dit-elle d'une voix calme, comme si elle ne voulait pas me froisser. Ses mots me frappèrent telle une flèche, et je compris que là-bas, dans cette chambre noire, les empreintes de pas séparées d'un homme et d'une femme avaient ranimé en moi un amour si fort qui, même s'il n'avait pas fleuri, n'était pas mort non plus, et continuait de vivre, dans cette obscure petite gorgée de secret.

Nous étions sur le point de nous séparer, elle assurant que nos chemins se recroiseraient sans doute, et moi disant que je l'espérais.

« Mais nous vivons ici maintenant, dit-elle.

— De fait », et ce fut comme si deux pays bataillaient, joutaient et se liaient d'amitié en moi, telles les deux moitiés guerroyantes de mon moi.

À la maison, j'allumai toutes les lumières, y compris la lampe rouge de la chambre du haut, et elle ne parut pas vide du tout, elle était pleine de lumière, comme une chambre qui se prépare à un dernier banquet.

REMERCIEMENTS

Je rechignais à écrire des Mémoires, mais mon agent Ed Victor se montra très enthousiaste et finit par me persuader que je devais le faire. Je croyais à tort que le voyage serait facile. Andrew O'Hagan me fit entrer chez Faber et me présenta à mon éditeur, Lee Brackstone, qui avec mon éditrice américaine, Pat Strachan, s'ingénia à m'aider et à m'encourager tout du long. L'aide me vint de maints côtés, souvent inattendus, notamment de sœur Reparata, Ian McKellen, Louise Hardy, Graca Marquez, Nadia Proudian, Monique Henry, Carrie-Anne Brackstone, Emma Couper, Mary Morris, David McKittrick, John Horgan, Albert Kelly, Patsy McGarry, Des Lally, Patrick O'Flaherty, Dorothy Cross et Roxy Beaujolais. Tout en écrivant, je lus de nombreux livres de mémoires, et ceux qui me viennent à l'esprit maintenant sont Tolstoï, *Enfance, Adolescence, Jeunesse*; Virginia Woolf, *Instants de vie*; Nabokov, *Autres rivages*; Richard Wollheim, *Germs*; Philip Roth, *Patrimoine*; Bob Dylan, *Chroniques*; Carlo Gébler, *Father & I*; Chateaubriand, *Mémoires d'outre-tombe*; Elizabeth Hardwick, *Sleepless Nights*; John Cooney, *John Charles McQuaid*; John Ryan, *Remembering*

How We Stood; Lionel Fleming, *Head or Harp*; *The Best of Patrick Campbell*, publié par les soins d'Ulick O'Connor; *Downstart* de Brian Inglis; *La Lanterne magique* d'Ingmar Bergman; *Making Sense of Troubles* de David McKittrick; *Letters Home* de Sylvia Plath; *A Self-Portrait in Letters* d'Anne Sexton; *Conversations with Elizabeth Bishop*, publié sous la direction de George Monteiro; John McGahern, *Mémoires*; Dennis O'Driscoll, *Stepping Stones – Interviews with Seamus Heaney*; et *Bowen's Court*, d'Elizabeth Bowen. Je crains, dans les années d'immersion, d'avoir oublié certaines des personnes et quelques-uns des livres qui ont été pour moi une source d'inspiration. Je devrais aussi ajouter que les *dramatis personæ* de mon enfance m'ont fourni le matériau le plus riche, et que je dois un immense remerciement aux vivants et aux morts.

Table

Prologue	11
Première partie	13
Fantômes	15
Abdullah	30
La salle à manger	36
Visiteurs	43
La classe	51
Carnero	61
Vacances d'été	73
Livres	82
Épouses du Christ	96
Deuxième partie	117
Percée	119
La Léa Glouton de la littérature	159
Maison de poupée	183
Garde	227
Nocturnes	243

La manche de Saskia	262
Chelsea	274
Troisième partie	305
Page blanche...........................	307
Le Nord	325
New York, New York....................	346
Quatrième partie	389
Donegal...............................	391
La nuit du temps	412
Chevaux sauvages.......................	436
Banquet...............................	458
Remerciements	465

Du même auteur :

Romans

LES FILLES DE LA CAMPAGNE (*The Country Girls Trilogy and Epilogue*), Fayard, 1988
   1. *Les Filles de la campagne* (*The Country Girls*) sous le titre *La Jeune Irlandaise*, Julliard, 1962
   2. *Seule* (*The Lonely Girl,* rééd. *The Girl with Green Eyes*) sous le titre *Jeunes filles seules*, Presses de la Cité, 1962
   3. *La Félicité conjugale* (*Girls in Their Married Bliss*)
QUI ÉTAIS-TU, JOHNNY ? (*Johnny, I Hardly Knew You*), Fayard, 1990 ; Stock, « Bibliothèque cosmopolite », 1994
LES GRANDS CHEMINS (*The high road*), Fayard, 1990 ; Stock, « Bibliothèque cosmopolite », 1995
LES VICTIMES DE LA PAIX (*Casualties of Peace*), Fayard, 1991 ; Le Livre de Poche, 1994
VENTS ET MARÉES (*Time and Tide*), Fayard, 1993
NUIT (*Night*), Fayard, 1994
LA MAISON DU SPLENDIDE ISOLEMENT (*House of Splendid Isolation*), Fayard, 1995 ; 10-18, 2004
LES PAÏENS D'IRLANDE (*A Pagan Place*), Gallimard, 1973 ; Fayard, 1996

Le Joli Mois d'août (*August Is a Wicked Month*), Gallimard, 1968 ; Fayard, 1998
Tu ne tueras point (*Down by the River*), Fayard, 1998 ; Le Livre de Poche, 2001
Décembres fous (*Wild Decembers*), Fayard, 2001 ; 10-18, 2004
Dans la forêt (*In the Forest*), Fayard, 2003 ; 10-18, 2005
Crépuscule irlandais (*Light of Evening*), Sabine Wespieser éditeur, 2010

Nouvelles

Un cœur fanatique (*A Fanatic Heart*), Fayard, 1986 ; Le Livre de Poche (2 vol. : *Un cœur fanatique*, vol.1 ; *Une rose dans le cœur*, vol. 2), 1988
Lanterne magique (*Lantern Slides*), Fayard, 1992 ; Stock, « Bibliothèque cosmopolite », 1996
Saints et pécheurs (*Saints and Sinners*), Sabine Wespieser éditeur, 2012

Essai

James Joyce (*James Joyce*), Fides, 2001

Le Livre de Poche s'engage pour l'environnement en réduisant l'empreinte carbone de ses livres.
Celle de cet exemplaire est de :
500 g éq. CO₂
Rendez-vous sur
www.livredepoche-durable.fr

PAPIER À BASE DE
FIBRES CERTIFIÉES

Composition réalisée par INOVCOM

Achevé d'imprimer en septembre 2014 en France par
CPI BRODARD ET TAUPIN
La Flèche (Sarthe)
N° d'impression : 3007082
Dépôt légal 1re publication : octobre 2014
LIBRAIRIE GÉNÉRALE FRANÇAISE
31, rue de Fleurus – 75278 Paris Cedex 06

31/9412/3